VOYAGE
EN ÉGYPTE ET EN SYRIE,

PENDANT

LES ANNÉES 1783, 1784 ET 1785,

SUIVI

DE CONSIDÉRATIONS SUR LA GUERRE DES RUSSES ET DES TURKS,

PUBLIÉES EN 1788 ET 1789.

PAR C. F. VOLNEY,

COMTE ET PAIR DE FRANCE, MEMBRE DE L'ACADÉMIE FRANÇAISE,
HONORAIRE DE LA SOCIÉTÉ ASIATIQUE SÉANTE A CALCUTA.

TOME PREMIER.

PARIS,

PARMANTIER, LIBRAIRE, RUE DAUPHINE.
FROMENT, LIBRAIRE, QUAI DES AUGUSTINS.

M DCCC XXV.

OEUVRES
DE C. F. VOLNEY.

DEUXIÈME ÉDITION COMPLÈTE.

TOME II.

IMPRIMERIE DE FIRMIN DIDOT,
RUE JACOB, N° 24.

ÉTAT PHYSIQUE

DE

L'ÉGYPTE.

CHAPITRE PREMIER.

De l'Égypte en général, et de la ville d'Alexandrie.

C'est en vain que l'on se prépare, par la lecture des livres, au spectacle des usages et des mœurs des nations; il y aura toujours loin de l'effet des récits sur l'esprit à celui des objets sur les sens. Les images tracées par des sons n'ont point assez de correction dans le dessin, ni de vivacité dans le coloris; leurs tableaux conservent quelque chose de nébuleux, qui ne laisse qu'une empreinte fugitive et prompte à s'effacer. Nous l'éprouvons surtout si les objets que l'on veut nous peindre nous sont étrangers; car l'imagination ne trouvant pas alors des termes de comparaison tout formés, elle est obligée de rassembler des membres épars pour en composer des corps nouveaux; et dans ce travail prescrit vaguement et fait à la hâte, il est difficile qu'elle ne confonde pas les traits et n'altère pas les formes. Doit-on s'étonner si, venant ensuite à voir les modèles, elle n'y reconnaît pas les copies qu'elle s'en est tracées, et si elle en reçoit des impressions qui ont tout le caractère de la nouveauté?

Tel est le cas d'un Européen qui arrive, transporté par mer, en Turkie. Vainement a-t-il lu les histoires et les relations; vainement, sur leurs descriptions, a-t-il essayé de se peindre l'aspect des terrains, l'ordre des villes, les vêtements, les manières des habitants; il est neuf à tous ces objets, leur variété l'éblouit; ce qu'il en avait pensé se dissout et s'échappe, il reste livré aux sentiments de la surprise et de l'admiration.

Parmi les lieux propres à produire ce double effet, il en est peu qui réunissent autant de moyens qu'Alexandrie en Égypte. Le nom de cette ville, qui rappelle le génie d'un homme si étonnant; le nom du pays, qui tient à tant de faits et d'idées; l'aspect du lieu, qui présente un tableau si pittoresque; ces palmiers qui s'élèvent en parasol; ces maisons à terrasse, qui semblent dépourvues de toit; ces flèches grêles des minarets, qui portent une balustrade dans les airs, tout avertit le voyageur qu'il est dans un autre monde. Descend-il à terre, une foule d'objets inconnus l'assaille par tous ses sens; c'est une langue dont les sons barbares et l'accent âcre et guttural effraient son oreille; ce sont des habillements d'une forme bizarre, des figures d'un caractère étrange. Au lieu de nos visages nus, de nos têtes enflées de cheveux, de nos coiffures triangulaires, et de nos habits courts et serrés, il regarde avec surprise ces visages brûlés, armés de barbe et de moustaches; cet amas d'étoffe roulée en plis sur une tête rase; ce long vêtement qui, tombant du cou aux talons, voile le corps plutôt qu'il ne l'habille; et ces pipes de six pieds; et ces longs chapelets dont toutes les mains sont garnies; et ces hideux chameaux qui portent l'eau dans des sacs de cuir; et ces ânes sellés et bridés, qui transportent légèrement leur cavalier en pantoufles; et ce marché mal fourni de dattes et de petits pains ronds et plats; et cette foule immonde de chiens errants dans les rues; et ces espèces de fantômes ambulants qui, sous une draperie d'une seule pièce, ne montrent d'humain que deux yeux de femme. Dans ce tumulte, tout entier à ses sens, son esprit est nul pour la réflexion; ce n'est qu'après être arrivé au gîte si désiré quand on vient de la mer, que, devenu plus calme, il considère avec réflexion ces rues étroites et sans pavé, ces maisons basses et dont les jours rares sont masqués de treillages, ce peuple maigre et noirâtre, qui marche nu-pieds, et n'a pour tout vêtement qu'une chemise bleue, ceinte d'un cuir ou d'un mouchoir rouge. Déja l'air général de misère qu'il voit sur les hommes, et le mystère qui enveloppe les maisons, lui font soupçonner la rapacité de la tyrannie, et la défiance de l'esclavage. Mais un spectacle qui bientôt attire toute son attention, ce sont les vastes ruines qu'il aperçoit du côté de la terre. Dans nos contrées, les ruines sont un objet de curiosité : à peine trouve-t-on, aux lieux écartés, quelque vieux château dont le délabrement annonce plutôt la désertion du maître, que la misère du lieu. Dans Alexandrie, au contraire, à peine sort-on de la ville neuve dans le continent, que l'on est frappé de l'aspect d'un vaste terrain tout couvert de ruines. Pendant deux heures de marche, on suit une double ligne de murs et de tours, qui formaient l'enceinte de l'ancienne Alexandrie. La terre est couverte des débris de leurs sommets; des pans entiers sont écroulés; les voûtes enfoncées, les créneaux dégradés, et les pierres rongées et défigurées par le salpêtre. On parcourt un vaste intérieur sillonné de fouilles, percé de puits, distribué par des murs à demi enfouis, semé de quelques colonnes anciennes, de tombeaux modernes, de palmiers, de nopals (1), et où l'on ne trouve de vivant, que des chacals, des éperviers et des hiboux. Les habitants, accoutumés à ce spectacle, n'en reçoivent aucune impression; mais l'étranger, en qui les souvenirs qu'il rappelle s'exaltent par l'effet de la nouveauté,

---

(1) *Vulgò*, raquette, arbre à cochenille.

éprouve une émotion qui souvent passe jusqu'aux larmes, et qui donne lieu à des réflexions dont la tristesse attache autant le cœur que leur majesté élève l'ame.

Je ne répéterai point les descriptions faites par tous les voyageurs, des antiquités remarquables d'Alexandrie. On trouve dans Norden, Pocoke, Niebhur, et dans les lettres que vient de publier Savary, tous les détails sur les bains de Cléopâtre, sur ses deux obélisques, sur les catacombes, les citernes, et sur la colonne mal appelée de Pompée(1). Ces noms ont de la majesté; mais les objets vus en original perdent de l'illusion des gravures. La seule colonne, par la hardiesse de son élévation, par le volume de sa circonférence, et par la solitude qui l'environne, imprime un vrai sentiment de respect et d'admiration.

Dans son état moderne, Alexandrie est l'entrepôt d'un commerce assez considérable. Elle est la porte de toutes les denrées qui sortent de l'Égypte vers la Méditerranée, les riz de Damiât exceptés. Les Européens y ont des comptoirs, où des facteurs traitent de nos marchandises par échanges. On y trouve toujours des vaisseaux de Marseille, de Livourne, de Venise, de Raguse et des états

---

(1) Le calcul le plus suivi à Alexandrie porte la hauteur du fût, y compris le chapiteau, à 96 pieds, et la circonférence à 28 pieds 3 pouces.

du grand-seigneur; mais l'hivernage y est dangereux. Le port neuf, le seul où l'on reçoive les Européens, s'est tellement rempli de sable, que dans les tempêtes les vaisseaux frappent le fond avec la quille; de plus, ce fond étant de roche, les câbles des ancres sont bientôt coupés par le frottement; et alors un premier vaisseau chassé sur un second le pousse sur un troisième, et de l'un à l'autre ils se perdent tous. On en eut un exemple funeste il y a 16 à 18 ans; 42 vaisseaux furent brisés contre le môle, dans un coup de vent du nord-ouest; et depuis cette époque, on a de temps à autre essuyé des pertes de 14, de 8, de 6, etc. Le port vieux, dont l'entrée est ouverte par la bande de terre appelée cap des Figues (1), n'est pas sujet à ce désastre; mais les Turks n'y reçoivent que des bâtiments musulmans. Pourquoi, dira-t-on en Europe, ne réparent-ils pas le port neuf? C'est qu'en Turkie l'on détruit sans jamais réparer. On détruira aussi le port vieux, où l'on jette depuis 200 ans le lest des bâtiments. L'esprit turk est de ruiner les travaux du passé et l'espoir de l'avenir; parce que dans la barbarie d'un despotisme ignorant, il n'y a point de lendemain.

Considérée comme ville de guerre, Alexandrie

---

(1) Ras el-tin : prononcez *tîne*.

n'est rien. On n'y voit aucun ouvrage de fortification ; le *phare* même, avec ses hautes tours, n'en est pas un. Il n'a pas quatre canons en état, et pas un canonnier qui sache pointer. Les 500 janissaires qui doivent former sa garnison, réduits à moitié, sont des ouvriers qui ne savent que fumer la pipe. Les Turks sont heureux que les *Francs* soient intéressés à ménager cette ville. Une frégate de Malte ou de Russie suffirait pour la mettre en cendres : mais cette conquête serait inutile. Un étranger ne pourrait s'y maintenir, parce que le terrain est sans eau. Il faut la tirer du Nil par un *kalidj* (1), ou un canal de 12 lieues, qui l'amène chaque année lors de l'inondation. Elle remplit les souterrains ou citernes creusés sous l'ancienne ville, et cette provision doit durer jusqu'à l'année suivante. L'on sent que si un étranger voulait s'y établir, le canal lui serait fermé.

C'est par ce canal seulement qu'Alexandrie tient à l'Égypte ; car, par sa position hors du Delta, et par la nature de son sol, elle appartient réellement au désert d'Afrique : ses environs sont une campagne de sable, plate, stérile, sans arbres, sans maisons, où l'on ne trouve que la plante (2) qui donne la soude, et une ligne de palmiers qui suit la trace des eaux du Nil par le *kalidj*.

---

(1) Prononcez *kalidge*.
(2) En arabe *el qali*, dont on a fait le nom du sel al-kali.

Ce n'est qu'à Rosette, appelée dans le pays *Rachid*, que l'on entre vraiment en Égypte : là, l'on quitte les sables blanchâtres qui sont l'attribut de la plage, pour entrer sur un terreau noir, gras et léger, qui fait le caractère distinctif de l'Égypte; alors, aussi pour la première fois, on voit les eaux de ce Nil si fameux : son lit, encaissé dans deux rives à pic, ressemble assez bien à la Seine entre Auteuil et Passy. Les bois de palmiers qui le bordent, les vergers que ses eaux arrosent, les limoniers, les orangers, les bananiers, les pêchers et d'autres arbres, donnent par leur verdure perpétuelle, un agrément à Rosette, qui tire surtout son illusion du contraste d'Alexandrie et de la mer que l'on quitte. Ce que l'on rencontre de là au Kaire est encore propre à la fortifier.

Dans ce voyage, qui se fait en remontant par le fleuve, on commence à prendre une idée générale du sol, du climat et des productions de ce pays si célèbre. Rien n'imite mieux son aspect, que les marais de la basse Loire, ou les plaines de la Flandre; mais il faut en supprimer la foule des maisons de campagne et des arbres, et y substituer quelques bois clairs de palmiers et de sycomores, et quelques villages de terre sur des élévations factices. Tout ce terrain est d'un niveau si égal et si bas, que lorsqu'on arrive par mer, on n'est pas à trois lieues de la côte, au moment où l'on découvre à l'horizon les palmiers et le sable qui les supporte; de là, en remontant le fleuve, on s'élève par une pente si douce, qu'elle ne fait pas parcourir à l'eau plus d'une lieue à l'heure. Quant au tableau de la campagne, il varie peu ; ce sont toujours des palmiers isolés ou réunis, plus rares à mesure que l'on avance; des villages bâtis en terre et d'un aspect ruiné; une plaine sans bornes, qui, selon les saisons, est une mer d'eau douce, un marais fangeux, un tapis de verdure ou un champ de poussière; de toutes parts un horizon lointain et vaporeux, où les yeux se fatiguent et s'ennuient; enfin, vers la jonction des deux bras du fleuve, l'on commence à découvrir dans l'est les montagnes du Kaire, et dans le sud tirant vers l'ouest, trois masses isolées que l'on reconnaît à leur forme angulaire pour les pyramides. De ce moment, l'on entre dans une vallée qui remonte au midi, entre deux chaînes de hauteurs parallèles. Celle d'orient, qui s'étend jusqu'à la mer Rouge, mérite le nom de montagne par son élévation brusque, et celui de désert par son aspect nu et sauvage; mais celle du couchant n'est qu'une crête de rocher couvert de sable, que l'on a bien définie en l'appelant digue ou chaussée naturelle. Pour se peindre en deux mots l'Égypte, que l'on se représente d'un côté une mer étroite et des rochers; de l'autre d'immenses plaines de sable, et au milieu, un fleuve coulant dans une vallée longue de 150 lieues, large de 3 à 7, lequel, parvenu à 30 lieues de la mer, se divise en deux branches, dont les rameaux s'égarent sur un terrain libre d'obstacles, et presque sans pente.

Le goût de l'histoire naturelle, ce goût si répandu à l'honneur du siècle, demandera sans doute des détails sur la nature du sol et des minéraux de ce grand terrain ; mais malheureusement la manière dont on y voyage est peu propre à satisfaire sur cette partie. Il n'en est pas de la Turkie comme de l'Europe ; chez nous, les voyages sont des promenades agréables ; là, ils sont des travaux pénibles et dangereux. Ils sont tels surtout pour les Européens, qu'un peuple superstitieux s'opiniâtre à regarder comme des sorciers, qui viennent enlever par magie des trésors gardés sous les ruines par des génies. Cette opinion ridicule, mais enracinée, jointe à l'état de guerre et de trouble habituel, ôte toute sûreté et s'oppose à toute découverte. On ne peut s'écarter seul dans les terres ; on ne peut pas même s'y faire accompagner. On est donc borné aux rivages du fleuve, et à une route connue de tout le monde ; et cette marche n'apprend rien de neuf. Ce n'est qu'en rassemblant ce que l'on a vu par soi-même et ce que d'autres ont observé, que l'on peut acquérir quelques idées générales. D'après un pareil travail, on est porté à établir que la charpente de l'Égypte entière, depuis *Asouan* (ancienne Syène) jusqu'à la Méditerranée, est un lit de pierre calcaire, blanchâtre et peu dure, tenant des coquillages dont les analogues se trouvent dans les deux mers voisines (1). Elle a cette qualité dans les pyramides et dans le rocher libyque qui les supporte. On la retrouve la même dans les citernes, dans les catacombes d'Alexandrie, et dans les écueils de la côte où elle se prolonge. On la retrouve encore dans la montagne de l'Est, à la hauteur du Kaire, et les matériaux de cette ville en sont composés. Enfin, c'est cette même pierre calcaire qui forme les immenses carrières qui s'étendent de *Saouâdi* à *Manfaloût*, dans un espace de plus de 25 lieues, selon le témoignage de Siccard. Ce missionnaire nous apprend aussi que l'on trouve des marbres dans la vallée des *Chariots*, au pied des montagnes qui bordent la mer Rouge, et dans les montagnes au nord-est d'*Asouan*. Entre cette ville et la cataracte, sont les principales carrières de granit rouge; mais il doit en exister d'autres plus bas, puisque sur la rive opposée de la mer Rouge, les montagnes d'Oreb, de Sinaï, et leurs dépendances, à deux journées vers le nord, en sont formées (2). Non loin d'*Asouan*, vers le nord-est,

---

(1) Ces coquillages sont surtout des hérissons, des volutes, des bivalves, et une espèce en forme de lentilles. Voyez le docteur Shaw, *Voyage au Levant*.

(2) Celui-là est gris, taché de noir et quelquefois de rouge.

est une carrière de pierre serpentine, employée brute par les habitants à faire des vases qui vont au feu. Dans la même ligne, sur la mer Rouge, était jadis une mine d'émeraudes dont on a perdu la trace. Le cuivre est le seul métal dont les anciens aient fait mention pour ces contrées. La route de Suez est le local où l'on trouve le plus de cailloux dits d'Égypte, quoique le fonds soit une pierre calcaire, dure et sonnante : c'est aussi là qu'on a recueilli des pierres que leur forme a fait prendre pour du bois pétrifié. En effet, elles ressemblent à des bûches taillées en biseau par les bouts, et sont percées de petits trous que l'on prendrait volontiers pour des trachées ; mais le hasard, en m'offrant une veine considérable de cette espèce, dans la route des Arabes Haouatât (1), m'a prouvé que c'était un vrai minéral (2).

Des objets plus intéressants sont les deux lacs de Natron, décrits par le même Siccard ; ils sont situés dans le désert de *Chaïat* ou de Saint-Macaire, à l'ouest du Delta. Leur lit est une espèce de fosse naturelle, de 3 à 4 lieues de long, sur un quart de large ; le fond en est solide et pierreux. Il est sec pendant 9 mois de l'année ; mais en hiver il

---

(1) Chaque tribu a ses routes particulières, pour éviter les disputes.

(2) D'ailleurs il n'existe pas dix arbres dans ce désert, et il paraît incapable d'en produire.

transsude de la terre une eau d'un rouge violet, qui remplit le lac à 5 ou 6 pieds de hauteur; le retour des chaleurs la faisant évaporer, il reste une couche de sel épaisse de 2 pieds, et très-dure, que l'on détache à coups de barre de fer. On en retire jusqu'à 36,000 quintaux par an. Ce phénomène, qui indique un sol imprégné de sel, est répété dans toute l'Égypte. Partout où l'on creuse, on trouve de l'eau saumâtre, contenant du natron, du sel marin et un peu de nitre. Lors même qu'on inonde les jardins pour les arroser, on voit, après l'évaporation et l'absorption de l'eau, le sel effleurir à la surface de la terre; et ce sol, comme tout le continent de l'Afrique et de l'Arabie, semble être de sel, ou le former.

Au milieu de ces minéraux de diverses qualités, au milieu de ce sable fin et rougeâtre, propre à l'Afrique, la terre de la vallée du Nil se présente avec des attributs qui en font une classe distincte. Sa couleur noirâtre, sa qualité argileuse et liante, tout annonce son origine étrangère; et en effet, c'est le fleuve qui l'apporte du sein de l'Abissinie: l'on dirait que la nature s'est plu à former par art une île habitable dans une contrée à qui elle avait tout refusé. Sans ce limon gras et léger, jamais l'Égypte n'eût rien produit : lui seul semble contenir les germes de la végétation et de la fécondité; encore ne les doit-il qu'au fleuve qui le dépose.

CHAPITRE II.

Du Nil, et de l'extension du Delta.

Toute l'existence physique et politique de l'Égypte dépend du Nil : lui seul subvient à ce premier besoin des êtres organisés, le besoin de l'eau, si fréquemment senti dans les climats chauds, si vivement irrité par la privation de cet élément. Le Nil seul, sans le secours d'un ciel avare de pluie, porte partout l'aliment de la végétation ; par un séjour de trois mois sur la terre, il l'imbibe d'une somme d'eau capable de lui suffire le reste de l'année. Sans son débordement, on ne pourrait cultiver qu'un terrain très-borné, et avec des soins très-dispendieux ; et l'on a raison de dire qu'il est la mesure de l'abondance, de la prospérité, de la vie. Si le Portugais Albukerque eût pu exécuter son projet de le dériver de l'Éthiopie dans la mer Rouge, cette contrée si riche ne serait qu'un désert aussi sauvage que les solitudes qui l'environnent. À voir l'usage que l'homme fait de ses forces, doit-on reprocher à la nature de ne lui en avoir pas accordé davantage ?

C'est donc à juste titre que les Égyptiens ont

eu dans tous les temps, et conservent même de nos jours, un respect religieux pour le Nil (1); mais il faut pardonner à un Européen, si, lorsqu'il les entend vanter la beauté de ses eaux, il sourit de leur ignorance. Jamais ces eaux troubles et fangeuses n'auront pour lui le charme des claires fontaines et des ruisseaux limpides; jamais, à moins d'un sentiment exalté par la privation, le corps d'une Égyptienne, hâlé et ruisselant d'une eau jaunâtre, ne lui rappellera les Naïades sortant du bain. Six mois de l'année l'eau du fleuve est si bourbeuse, qu'il faut la faire déposer pour la boire (2) : pendant les trois mois qui précèdent l'inondation, réduite à une petite profondeur, elle s'échauffe dans son lit, devient verdâtre, fétide et remplie de vers; et il faut recourir à celle que l'on a reçue et conservée dans les citernes. Dans toutes les saisons, les gens délicats ont soin de la parfumer. Au reste, l'on ne fait en aucun pays un aussi grand usage d'eau. Dans les maisons,

---

(1) Ils l'appellent *saint, béni, sacré*; et lors des nouvelles eaux, c'est-à-dire de l'ouverture des canaux, on voit les mères plonger les enfants dans le courant, avec le préjugé que ces eaux ont une vertu purifiante et divine, telle que la supposèrent les anciens à tous les fleuves.

(2) On se sert, pour cet effet, d'amandes amères, dont on frotte le vase, et alors elle est réellement légère et bonne. Mais il n'y a que la soif, ou la prévention, qui puisse la mettre au-dessus de nos fontaines et de nos grandes rivières, telles que la Seine et la Loire.

dans les rues, partout, le premier objet qui se présente est un vase d'eau, et le premier mouvement d'un Égyptien est de le saisir et d'en boire un grand trait, qui n'incommode point, grace à l'extrême transpiration. Ces vases, qui sont de terre cuite non vernissée, laissent filtrer l'eau au point qu'ils se vident en quelques heures. L'objet que l'on se propose par ce mécanisme est d'entretenir l'eau bien fraîche, et l'on y parvient d'autant mieux qu'on l'expose à un courant d'air plus vif. Dans quelques lieux de la Syrie l'on boit l'eau qui a transsudé; mais en Égypte l'on boit celle qui reste dans le vase.

Depuis quelques années, l'action du Nil sur le terrain de l'Égypte est devenue un problème qui partage les savants et les naturalistes. En considérant la quantité de limon que le fleuve dépose, et en rapprochant les témoignages des anciens des observations des modernes, plusieurs pensent que le Delta a pris un accroissement considérable tant en élévation qu'en étendue. Savary vient de donner plus de poids à cette opinion, dans les Lettres qu'il a publiées sur l'Égypte; mais comme les faits et les autorités qu'il allègue me donnent des résultats différents des siens, je crois devoir porter nos contradictions au tribunal du public. La discussion en devient d'autant plus nécessaire que ce voyageur ayant demeuré deux ans sur les lieux, son témoignage ne tarderait pas de passer en loi : établissons les questions, et traitons d'abord de l'agrandissement du Delta.

Un historien grec, qui a dit sur l'Égypte ancienne presque tout ce que nous en savons, et ce que chaque jour constate, Hérodote d'Halicarnasse, écrivait, il y a 22 siècles :

« L'Égypte, où abordent les Grecs (le Delta),
« est une terre acquise, un don du fleuve, ainsi
« que tout le pays marécageux qui s'étend en re-
« montant jusqu'à trois jours de navigation » (1).

Les raisons qu'il allègue de cette assertion prouvent qu'il ne la fondait pas sur des préjugés. « En effet, ajoute-t-il, le terrain de l'Égypte, qui
« est un limon noir et gras, diffère absolument,
« et du sol de l'Afrique, qui est de sable rouge, et
« de celui de l'Arabie, qui est argileux et rocail-
« leux... Ce limon est apporté de l'Éthiopie par
« le Nil... et les coquillages que l'on trouve dans
« le désert prouvent assez que jadis la mer s'é-
« tendait plus avant dans les terres. »

En reconnaissant cet empiètement du fleuve si conforme à la nature, Hérodote n'en a pas déterminé les proportions. Savary a cru pouvoir le suppléer : examinons son raisonnement.

En croissant en hauteur, « l'Égypte (2) s'est
« aussi augmentée en longueur ; entre plusieurs

---

(1) *Herod.*, lib. II, p. 105, édit. Wesseling, in-fol.
(2) *Lettres sur l'Égypte*, tom. 1, p. 16.

« faits que l'histoire présente, j'en choisirai un
« seul. Sous le règne de Psammétique, les Milé-
« siens abordèrent avec trente vaisseaux à l'em-
« bouchure Bolbitine, aujourd'hui celle de Ro-
« sette, et s'y fortifièrent. Ils bâtirent une ville
« qu'ils nommèrent *Mételis* (*Strabo*, lib. xvii) :
« c'est la même que *Faoué*, qui, dans les vocabu-
« laires coptes, a conservé le nom de *Messil*. Cette
« ville, autrefois port de mer, s'en trouve actuel-
« lement éloignée de 9 lieues : c'est l'espace dont
« le Delta s'est prolongé depuis Psammétique jus-
« qu'à nous. »

Rien de si précis au premier aspect que ce raisonnement ; mais en recourant à l'original, dont Savary s'autorise, on trouve que le fait principal manque. Voici le texte de Strabon, traduit à la lettre (1).

« Après l'embouchure Bolbitine, est un cap
« sablonneux et bas, appelé *Corne de l'Agneau*,
« lequel s'étend assez loin (en mer); puis vient la
« *Guérite de Persée* et le *Mur des Milésiens* : car
« les Milésiens, au temps de Kyaxarès, roi des
« Mèdes, qui fut aussi le temps de Psammétique,
« roi d'Égypte, ayant abordé avec trente vais-
« seaux à l'embouchure Bolbitine, ils descendi-
« rent à terre, et construisirent l'ouvrage qui

---

(1) *Geogr. Strabonis, interpret. Casaubon.* édit. 1707, lib. XVII. p. 1152.

« porte leur nom. Quelque temps après, s'étant
« avancés vers le nome de Saïs, et ayant battu les
« troupes d'*Inarès* dans un combat sur le fleuve,
« ils fondèrent la ville de *Naucratis*, un peu au-
« dessous de *Schedia*. Après le *Mur des Milésiens*,
« en allant vers l'embouchure Sebennytique, sont
« des lacs, tels que celui de Rutos, etc. »

Tel est le passage de Strabon au sujet des Milésiens ; on n'y voit pas la moindre mention de *Metelis*, dont le nom même n'existe pas dans son ouvrage. C'est Ptolomée qui l'a fourni à d'Anville (1), sans le rapporter aux Milésiens : et à moins que Savary ne prouve l'identité de *Metelis* et du *mur Milésien* par des recherches faites sur les lieux, on ne doit pas admettre ses conclusions.

Il a pensé qu'Homère lui offrait un témoignage analogue dans les passages où il parle de la distance de l'île du Phare à l'Égypte : le lecteur va juger s'il est plus fondé. Je cite la traduction de madame Dacier (2), moins brillante, mais plus littérale qu'aucune autre ; et ici le littéral nous importe le plus.

« Dans la mer d'Égypte, vis-à-vis du Nil, » raconte Ménélas, « il y a une certaine île qu'on ap-

---

(1) Voyez l'excellent *Mémoire de d'Anville sur l'Égypte*, in-4°, 1765, p. 77.
(2) Odyssée, liv. IV.

« pelle le Phare; elle est éloignée d'une des em-
« bouchures de ce fleuve, d'autant de chemin
« qu'en peut faire en un jour un vaisseau qui a
« le vent en poupe. » Et plus bas, Protée dit à
Ménélas : « Le destin inflexible ne vous permet
« pas de revoir votre patrie.... que vous ne soyez
« retourné encore dans le fleuve Égyptus, et
« que vous n'ayez offert des hécatombes parfaites
« aux immortels.

« Il dit, » reprend Ménélas, « et mon cœur fut
« saisi de douleur et de tristesse, parce que ce
« dieu m'ordonnait de rentrer dans le fleuve
« Égyptus, dont le chemin est difficile et dange-
« reux. »

De ces passages, et surtout du premier, Savary veut induire que le Phare, aujourd'hui joint au rivage, en était jadis très-éloigné : mais lorsque Homère parle de la distance de cette île, il ne l'applique pas à ce *rivage* en face, comme l'a traduit le voyageur; il l'applique *à la terre d'Égypte*, au *fleuve du Nil*. En second lieu, par *journée de navigation*, on aurait tort d'entendre l'espace indéfini que pouvaient parcourir les vaisseaux ou, pour mieux dire, les bateaux des anciens. En usitant ce terme, les Grecs lui attribuaient une valeur fixe de 540 stades. Hérodote (1), qui nous apprend expressément ce fait, en donne

---

(1) *Herod.*, lib. II, p. 106 et 107.

un exemple quand il dit que le Nil a empiété sur la mer le terrain qui va en remontant jusqu'à trois jours de navigation; et les 1,620 stades qui en résultent, reviennent au calcul plus précis de 1,500 stades, qu'il compte ailleurs d'Héliopolis à la mer. Or, en prenant avec d'Anville les 540 stades pour 27,000 toises, ou près d'un demi-degré (1), on trouve, par le compas, que cette mesure est la distance du Phare au Nil même; elle s'applique surtout à deux tiers de lieue au-dessus de Rosette, dans un local où l'on a quelque droit de placer la ville qui donnait son nom à l'embouchure Bolbitine; et il est remarquable que c'était celle que fréquentaient les Grecs, et où abordèrent les Milesiens, un siècle et demi après Homère. Rien ne prouve donc l'empiètement du Delta ou du continent aussi rapide qu'on le suppose; et si l'on voulait le soutenir, il resterait à expliquer comment ce rivage, qui n'a pas gagné une demi-lieue depuis Alexandre, en gagna 11 dans le temps infiniment moindre qui s'écoula de Ménélas à ce conquérant (2). »

---

(1) Il ne s'en faut que de 1,300 toises.
(2) On peut reprocher à Homère de n'être pas exact, quand il dit que le Phare était vis-à-vis du Nil; mais pour l'excuser on peut dire que, parlant de l'Égypte comme du bout du monde, il n'a pas dû se piquer d'une précision stricte. En

Il existait un moyen plus authentique d'évaluer cet empiètement; c'est la mesure positive de l'Égypte, donnée par Hérodote. Voici son texte : « La « largeur de l'Égypte sur la mer, depuis le golfe « Plintinite jusqu'au marais Serbonide, près du « Casius, est de 3,600 stades; et sa longueur de la mer à Héliopolis est de 1,500 stades. »

Ne parlons que de ce dernier article, le seul qui nous intéresse. Par des comparaisons faites avec cette sagacité qui lui était propre, d'Anville a prouvé que le stade d'Hérodote doit s'évaluer entre 50 et 51 toises de France. En prenant ce dernier terme, les 1,500 stades équivalent à 76,000 toises, qui, à raison de 57,000 au degré sous ce parallèle, donnent un degré et près de 20 minutes et demie. Or, d'après les observations astronomiques de Niebuhr, voyageur du roi de Danemarck en 1761 (1), la différence de latitude entre Héliopolis (aujourd'hui la Matarée) et la mer, étant d'un degré 29 minutes sous Damiât, et d'un degré 24 minutes sous Rosette, il en ré-

---

second lieu, la branche Canopique allait jadis par les lacs s'ouvrir près d'Abouqir; et si, comme la vue du terrain me le fait penser, elle passa jadis à l'ouest même d'Abouqir, qui aurait été une île, Homère a pu dire, avec raison, que le Phare était vis-à-vis du Nil.

(1) Voyez *Voyage en Arabie*, par C. Niebuhr, in-4°, qu'il faut distinguer de la *Description de l'Arabie*, par le même, 2 vol. in-4°.

sulte d'un côté 3 minutes et demie, ou une lieue et demie d'empiètement; et 8 minutes et demie, ou 3 lieues et demie de l'autre : c'est-à-dire que l'ancien rivage répond à 11,800 toises au-dessous de Rosette; ce qui s'éloigne peu du sens que je trouve au passage d'Homère, tandis que, sur la branche de Damiât, l'application tombe 950 toises au-dessous de cette ville. Il est vrai qu'en mesurant immédiatement par le compas, la ligne du rivage remonte environ 3 lieues plus haut du côté de Rosette, et tombe sur Damiât même; ce qui vient du triangle opéré par la différence de longitude. Mais alors *Bolbitine*, mentionnée par Hérodote, est hors de limite; et il n'est plus vrai que Busiris (Abousir) soit, comme le dit Hérodote (1), au milieu du Delta. On ne doit pas le dissimuler; ce que les anciens rapportent, et ce que nous connaissons du local, n'est point assez précis pour déterminer rigoureusement les empiètements successifs. Pour raisonner sûrement, il faudrait des recherches semblables à celles de Choiseul-Gouffier sur le Méandre (2), il faudrait des fouilles sur le terrain; et de pareils travaux exigent une réunion de moyens qui n'est donnée qu'à peu de voyageurs. Il y a surtout ici cette difficulté que le terrain sablonneux qui forme le bas

---

(1) Lib. II, p. 123.
(2) Voyez *Voyage pittoresque de la Grèce*, tom. II.

Delta, subit d'un jour à l'autre de grands changements. Le Nil et la mer n'en sont pas les seuls agents; le vent lui-même en est un puissant: tantôt il comble des canaux et repousse le fleuve, comme il a fait pour l'ancien bras Canopique; tantôt il entasse le sable et ensevelit les ruines, au point d'en faire perdre le souvenir. Niebuhr en cite un exemple remarquable. Pendant qu'il était à Rosette (en 1762), le hasard fit découvrir dans les collines de sable qui sont au sud de la ville, diverses ruines anciennes, et entre autres vingt belles colonnes de marbre d'un travail grec, sans que la tradition pût dire quel avait été le nom du lieu (1). Tout le désert adjacent m'a paru dans le même cas. Cette partie jadis coupée de grands canaux et remplie de villes, n'offre plus que des collines d'un sable jaunâtre, très-fin, que le vent entasse au pied de tout obstacle, et qui souvent submerge les palmiers. Aussi, malgré le travail de d'Anville, ne peut-on se tenir assuré de l'application qu'il a faite de plusieurs lieux anciens au local actuel.

Savary a été beaucoup plus exact dans ce qu'il rapporte d'une de ces révolutions du Nil (2), par laquelle il paraît que jadis ce fleuve coula tout

---

(1) Cette position convient beaucoup à Bolbitine.
(2) *Lettre* 1; p. 12.

entier dans la Libye, au sud de Memphis. Mais le récit d'Hérodote lui-même, dont il tire ce fait, souffre des difficultés. Ainsi, lorsque cet historien dit, d'après les prêtres d'Héliopolis, que Menès, premier roi d'Égypte, barra le coude que faisait le fleuve, deux lieues et quart (cent stades) au-dessus de Memphis (1), et qu'il creusa un lit nouveau à l'orient de cette ville, ne s'ensuit-il pas que Memphis avait été jusqu'alors dans un désert aride, loin de toute eau; cette hypothèse peut-elle s'admettre? Peut-on croire littéralement à ces immenses travaux de *Menès*, qui aurait fondé une ville citée comme existante avant lui; qui aurait creusé des canaux et des lacs, jeté des ponts, construit des palais, des temples, des quais, etc.: et tout cela dans l'origine première d'une nation, et dans l'enfance de tous les arts? Ce Menès lui-même est-il un être historique, et les récits des prêtres sur cette antiquité ne sont-ils pas tous mythologiques? Je suis donc porté à croire que le cours barré par Menès était seulement une dérivation nuisible à l'arrosement du Delta; et cette conjecture paraît d'autant plus probable, que, malgré le témoignage d'Hérodote, cette partie de la vallée, vue des pyramides, n'offre aucun étranglement qui fasse croire à un ancien obstacle. D'ailleurs, il me semble que Savary a trop pris

---

(1) *Herod.*, lib. II.

sur lui de faire aboutir à la digue mentionnée au-dessus de Memphis, le grand ravin appelé *bahr bela ma*, ou *fleuve sans eau*, comme indiquant l'ancien lit du Nil. Tous les voyageurs cités par d'Anville le font aboutir au Faïoume, dont il paraît une suite plus naturelle (1). Pour établir ce fait nouveau, il faudrait avoir vu les lieux; et je n'ai jamais ouï dire au Kaire que Savary se soit avancé plus au sud que les pyramides de *Djizé*. La formation du Delta, qu'il déduit de ce changement, répugne également à se concevoir; car, *dans cette révolution subite, comment imaginer que le poids énorme des eaux, qui vint se jeter à l'entrée du golfe* (2), *fit refluer celles de la mer?* Le choc de deux masses liquides ne produit qu'un mélange, dont il résulte bientôt un niveau commun; en faisant abonder plus d'eau, on dut couvrir davantage. Il est vrai que le voyageur ajoute : *Les sables et le limon que le Nil entraîne s'y amoncelèrent; l'île du Delta, peu considérable d'abord, sortit des eaux de la mer, dont elle recula les limites.* Mais comment une île sort-elle de la mer ?

---

(1) En effet, on serait plus porté, sur l'inspection de la carte, à croire que ce fut là jadis le cours du fleuve; quant aux pétrifications de mâts et de vaisseaux entiers dont parle Siccard, elles auraient bien besoin, pour être crues, d'être constatées par des voyageurs plus éclairés que ce missionnaire.

(2) Pag. 12 et suiv.

Les eaux courantes aplanissent bien plus qu'elles n'amoncellent : ceci nous conduit à la question de l'exhaussement.

CHAPITRE III.

De l'exhaussement du Delta.

Hérodote, qui l'a connue aussi bien que la précédente, ne s'est pas expliqué davantage sur ses proportions ; mais il a rapporté un fait dont Savary s'appuie pour tirer des conséquences positives. Voici le précis de son raisonnement :

« Du temps de Mœris, qui vivait 500 ans avant
« la guerre de Troie (1), 8 coudées suffisaient
« pour inonder le Delta (*Hérod.*, lib. II) dans
« toute son étendue. Lorsque Hérodote vint en
« Égypte, il en fallait 15 ; sous l'empire des Ro-
« mains, 16 ; sous les Arabes, 17 : aujourd'hui
« le terme favorable est 18, et le Nil croît jus-
« qu'à 22. Voilà donc, dans l'espace de 3,284 ans,
« le Delta élevé de quatorze coudées. »

Oui, si l'on admet les faits tels qu'ils sont présentés ; mais en les reprenant dans leurs sources, on trouve des accessoires qui dénaturent et les

---

(1) *Lettre* 1, p. 12.

principes et les conséquences. Citons d'abord le texte d'Hérodote.

« Les prêtres égyptiens, » dit cet auteur (1), « rapportent qu'au temps du roi Mœris, le Nil « inondait le Delta, en s'élevant seulement à 8 « coudées. De nos jours, s'il n'en atteint 16 ou « au moins 15, il ne se répand pas sur le pays. « Or, depuis la mort de Mœris jusqu'à ce mo-« ment, il ne s'est pas encore écoulé 900 ans. »

Calculons : de Mœris à Hérodote, 900 ans.
d'Hérodote à l'an 1777, 2,237, ou,
si l'on veut, ... 2,240

TOTAL. 3,140

Pourquoi cette différence de 144 ans en excès dans le calcul de Savary? pourquoi suit-il d'autres comptes que ceux de son auteur? Mais passons sur la chronologie.

Du temps d'Hérodote, il fallait 16 coudées, ou au moins 15 pour inonder le Delta. Du temps des Romains, il n'en fallait pas davantage : 15 et 16 sont toujours le terme désigné :

Avant Pétrone, dit Strabon (2), *l'abondance ne régnait en Égypte que quand le Nil s'élevait à quatorze coudées.* Mais ce gouverneur obtenant

---

(1) Lib. II, p. 109.
(2) Lib. XVII.

par art ce que refusait la nature, on a vu *sous sa préfecture l'abondance régner à* 12. Les Arabes ne s'expriment pas autrement. Il existe un livre en leur langue qui contient le tableau de toutes les crues du Nil, depuis la 27ᵉ année de l'hégire (622) jusqu'à la 875ᵉ (1470); et cet ouvrage constate que, dans les époques les plus récentes, toutes les fois que le Nil a 14 coudées de profondeur dans son lit, il y a récolte et provision pour une année; que s'il en a 16, il y a provision pour deux ans; mais au-dessous de 14 et arrivant à 18, il y a disette; ce qui revient exactement au récit d'Hérodote. Le livre que je cite est arabe, mais ses résultats sont aux mains de tout le monde; il suffit de consulter le mot *Nil* dans la Bibliothèque orientale de d'Herbelot, ou les *extraits* de Kâlkâchenda, dans le *Voyage* du docteur Shaw.

La nature des coudées ne peut faire équivoque. Fréret, d'Anville et Bailly ont prouvé que la coudée égyptienne, toujours définie 24 doigts, égalait 20 et demi de nos pouces (1); et la coudée actuelle, appelée *drâa masri*, est précisément divisée en 24 doigts, et revient à 20 et demi de

---

(1) J'en ai mesuré plusieurs avec un pied-de-roi de cuivre, mais j'ai trouvé qu'elles variaient toutes depuis une jusqu'à 3 lignes. Le drââ Stambouli a 28 doigts, ou 24 pouces moins une ligne.

nos pouces. Mais les colonnes employées pour mesurer la hauteur du fleuve ont subi une altération qu'il importe de ne pas omettre.

« Dans les premiers temps que les Arabes oc-
« cupèrent l'Égypte, » a dit *Kálkáchenda*, « ils s'a-
« perçurent que, lorsque le Nil n'atteignait pas le
« terme de l'abondance, chacun s'empressait de
« faire sa provision pour l'année ; ce qui troublait
« incontinent l'ordre public. On en porta plainte
« au kalif Omar, qui donna ordre à *Amrou* d'exa-
« miner la chose ; et voici ce qu'Amrou lui manda :
« Ayant fait les recherches que vous nous avez
« prescrites, nous avons trouvé que quand le Nil
« monte à 14 coudées, il procure une récolte *suf-*
« *fisante* pour l'année ; que s'il atteint 16 coudées,
« elle est *abondante* ; mais qu'à 12 et à 18 elle
« est mauvaise. Or, ce fait étant connu du peuple
« par les proclamations d'usage, il s'ensuit des
« mesures qui portent du trouble dans le com-
« merce.. »

Omar, pour remédier à cet abus, eût peut-être voulu abolir les proclamations ; mais la chose n'étant pas praticable, il imagina, sur l'avis d'Aboutaaleb, un expédient qui vint au même but. Jusqu'alors la *colonne de mesure*, dite *nilomètre* (1), avait été divisée par coudées de 24 doigts ; Omar la fit détruire ; et, lui en substituant une autre qu'il

---

(1) En arabe, *meqiâs*, instrument mesureur, mesuroir.

établit dans l'île de Rouda, il prescrivit que les 12 coudées inférieures fussent composées de 28 doigts au lieu de 24, pendant que les coudées supérieures resteraient comme auparavant à 24. De là il arriva que désormais, lorsque le Nil marqua 12 coudées sur la colonne, il en avait réellement 14; car ces 12 coudées ayant chacune 4 doigts en excès, il en résultait une surabondance de 48 doigts ou deux coudées. Alors, quand on proclama 14 coudées, terme d'une récolte *suffisante*, l'inondation était réellement au degré *d'abondance* : la multitude, partout trompée par les mots, s'en laissa imposer. Mais cette altération n'a pu échapper aux historiens arabes; et ils ajoutèrent que les colonnes du *Saïd* ou haute Égypte continuèrent d'être divisées par 24 doigts; que le terme 18 (vieux style) fut toujours nuisible; que 19 était très-rare, et 20 presqu'un prodige (1).

Rien n'est donc moins constant que la progression alléguée, et nous pouvons établir contre elle un premier fait : que dans une période connue de 18 siècles, l'état du Nil n'a pas changé. Comment

---

(1) Le docteur Pocoke, qui a fait plusieurs bonnes observations sur le Nil, s'est tout-à-fait perdu dans l'explication du texte de Kâlkâchenda : il a cru, sur un premier passage louche, que le nilomètre du temps d'Omar n'était que de douze coudées; et il a bâti sur cette erreur un édifice de conjectures fausses. *Voyage de Pocoke*, tom. II, p. 278.

arrive-t-il donc aujourd'hui qu'il se montre si différent? Comment, depuis l'an 1473, a-t-il passé si subitement de 15 à 22? Ce problème me paraît facile à résoudre. Je n'en chercherai pas l'explication dans les faits physiques, mais dans les accessoires de la chose. Ce n'est point le Nil qui a changé; c'est la colonne, ce sont ses dimensions. Le mystère dont les Turcs l'enveloppent empêche la plupart des voyageurs de s'en assurer; mais Pocoke, qui parvint à la voir en 1739, rapporte que tout était confus et inégal dans l'échelle des coudées. Il observe même qu'elle lui parut neuve, et cette circonstance fait penser que les Turks, à l'imitation d'Omar, se sont permis une nouvelle altération. Enfin, il est un fait qui lève tout doute à cet égard : Niebuhr (1), qu'on ne suspectera pas d'avoir imaginé une observation, ayant mesuré en 1762 les vestiges de l'inondation sur un mur de Djizé, a trouvé que, le 1er juin, le Nil avait baissé de vingt-quatre pieds de France. Or vingt-quatre pieds réduits en coudées, à raison de vingt pouces et demi chacune, font précisément quatorze coudées un pouce. Il est vrai qu'il reste encore dix-huit jours de décroissance; mais en les portant à une demi-coudée par une estimation dont Pocoke fournit les termes de comparai-

---

(1) *Voyage en Arabie*, tom. 1, p. 102.

son, (1) on n'a que quatorze coudées et demie, qui reviennent exactement au calcul ancien.

Il est un dernier fait allégué par Savary, auquel je ne puis non plus souscrire sans restrictions. « De-« puis mon séjour en Égypte, » dit-il, lettre 1re, « p. 14, j'ai fait deux fois le tour du Delta, je l'ai « même traversé par le canal de Menoufe. Le fleuve « coulait à pleines rives dans les grandes branches « de Rosette, de Damiette, et dans celles qui tra-« versent l'intérieur du pays; mais il ne débordait « pas sur la terre, excepté dans les lieux bas, où « l'on saignait les digues pour arroser les cam-« pagnes couvertes de riz. »

De là il conclut « que le Delta est actuellement « dans la situation la plus favorable pour l'agri-« culture, parce qu'en perdant l'inondation, cette « île a gagné, chaque année, les trois mois que la « Thébaïde reste sous les eaux. » Il faut l'avouer, rien de plus étrange que ce gain. Si le Delta a gagné à n'être plus inondé, pourquoi désira-t-on si fort de tout temps l'inondation ? — *Les saignées y suppléent.* — Mais on a tort de comparer le Delta aux marais de la Seine. L'eau n'est à fleur de terre que vers la mer; partout ailleurs, elle est inférieure au niveau du sol, et le rivage s'élève d'au-

---

(1) Le 17 mai, la colonne avait onze pieds hors de l'eau, le 3 juin elle en avait onze et demi; donc en dix-sept jours il y eut une demi-coudée. *Voyage de Pocoke*, tom. II.

tant plus qu'on remonte davantage. Enfin, si je dois citer mon témoignage, j'atteste que descendant du Kaire à Rosette par le canal de Menoufe, j'ai observé, les 26, 27 et 28 septembre 1783, que, quoique les eaux se retirassent depuis plus de quinze jours, les compagnes étaient encore submergées en partie, et qu'elles portaient aux lieux découverts les traces de l'inondation. Le fait allégué par Savary ne peut donc être attribué qu'à une mauvaise inondation; et l'on ne doit point croire que l'exhaussement ait changé l'état du Delta (1), ni que les Égyptiens soient réduits à n'avoir plus d'eau que par des moyens mécaniques, aussi dispendieux que bornés. (2)

Il nous reste à résoudre la difficulté des huit coudées de Mœris, et je ne pense pas qu'elle ait des causes d'une autre nature. Il paraît qu'après ce prince, il arriva une révolution dans les mesures, et que d'une coudée l'on en fit deux. Cette conjecture est d'autant plus probable, que du temps de Mœris, l'Égypte ne formait pas un même royaume; il y en avait au moins trois d'A-

---

(1) Le lit du fleuve s'est exhaussé lui-même comme le reste du terrain.

(2) Dans le bas Delta, on arrose par le moyen des roues, parce que l'eau est à fleur de terre; mais dans le haut Delta, il faut établir des chapelets sur les roues, ou élever l'eau par des potences mobiles. On en voit beaucoup sur la route de Rosette au Kaire, et l'on se convaincra que ce travail pénible a un effet très-borné.

souan à la mer. Sésostris, qui fut postérieur à Mœris, les réunit par conquête. Mais après ce prince, ils rentrèrent dans leur division, qui dura jusqu'à Psammetik. Cette révolution dans les mesures conviendrait très-bien à Sésostris qui en opéra une générale dans le gouvernement. C'est lui qui établit des lois et une administration nouvelles ; qui fit élever des digues et des chaussées pour asseoir les villes et les villages, et creuser une quantité de canaux telle, dit Hérodote, (1) que l'Égyte abandonna les chariots dont elle avait jusqu'alors fait usage.

Au reste, il est bon d'observer que les degrés de l'inondation ne sont pas les mêmes par toute l'Égypte. Ils suivent au contraire une règle de diminution graduelle, à mesure que le fleuve descend. A Asouan, le débordement est d'un sixième plus fort qu'au Kaire; et lorsque dans cette dernière ville on compte vingt-sept pieds, à peine en a-t-on quatre à Rosette et à Damiât. La raison en est qu'outre la masse d'eau qu'absorbent les terrains, le fleuve resserré dans un seul lit et dans une vallée étroite, s'élève davantage : quand au

---

(1) *Herod.*, lib. II. Cette anecdote chagrine beaucoup les chronologistes modernes, qui placent Sésostris avant Moïse, au temps duquel les chariots subsistaient encore ; mais ce n'est pas la faute d'Hérodote, si l'on n'a pas entendu son système de chronologie, le meilleur de l'antiquité.

contraire il a passé le Kaire, n'étant plus contenu par les montagnes, et se divisant en mille rameaux, il arrive nécessairement que sa nappe perd en profondeur ce qu'elle gagne en surface.

On jugera sans doute, d'après ce que j'ai dit, que l'on s'est trop tôt flatté de connaître les termes précis de l'agrandissement et de l'exhaussement du Delta. Mais en rejetant des circonstances illusoires, je ne prétends pas nier le fond même des faits; leur existence est trop bien attestée par le raisonnement et par l'inspection du terrain. Par exemple, l'exhaussement du sol me paraît prouvé par un fait sur lequel on a peu insisté. Quand on va de Rosette au Kaire, dans les eaux basses, comme en mars, on remarque, à mesure que l'on remonte, que le rivage s'élève graduellement au-dessus de l'eau; en sorte que si à Rosette il en excède de deux pieds de niveau, il l'excède de trois et quatre dès Faoué, et de plus de douze au Kaire (1): or, en raisonnant sur ce fait, on en peut tirer la preuve d'un exhaussement par dépôt; car la couche du limon étant en proportion avec l'épaisseur des nappes d'eau qui la déposent, elle doit être plus forte ou plus faible, selon que

---

(1) Il serait curieux de constater en quelle proportion il continue jusqu'à Asouan. Des Coptes que j'ai interrogés à ce sujet, m'ont assuré qu'il était infiniment plus élevé dans tout le Saïd qu'au Kaire.

ces nappes sont plus ou moins profondes, et nous avons vu qu'elles observent une gradation analogue d'Asouan à la mer.

D'un autre côté, l'accroissement du Delta s'annonce d'une manière frappante par la forme de l'Égypte sur la Méditerranée. Quand on en considère la projection sur une carte, on voit que le terrain qui est dans la ligne du fleuve, ce terrain formé d'une matière étrangère, a pris une saillie demi-circulaire, et que les lignes du rivage d'Arabie et d'Afrique qu'il déborde, ont une direction rentrante vers le fond du Delta, qui décèle que jadis ce terrain fut un golfe que le temps a rempli.

Ce comblement, commun à tous les fleuves, s'est exécuté par un mécanisme qui leur est également commun : les eaux des pluies et des neiges roulant des montagnes dans les vallées, ne cessent d'entraîner les terres qu'elles arrachent par leur chute. La partie pesante de ces débris, comme les cailloux et les sables, s'arrête bientôt, si un courant rapide ne la chasse. Mais si les eaux ne trouvent qu'un terreau fin et léger, elles s'en chargent en abondance, et en roulent les bancs avec facilité. Le Nil, qui a trouvé de pareils matériaux dans l'Abissinie et l'Afrique intérieure, s'en est servi pour hâter ses travaux; ses eaux s'en sont chargées, son lit s'en est rempli; souvent même il s'en embarrasse au point d'être gêné dans son cours. Mais quand l'inondation lui rend ses forces, il chasse ces bancs vers la mer, en même temps qu'il en amène d'autres pour la saison suivante : arrivées à son embouchure, les boues s'entassent et forment des grèves, parce que la pente ne donne plus assez d'action au courant, et parce que la mer forme un équilibre de résistance. La stagnation qui s'ensuit force la partie ténue, qui jusqu'alors avait surnagé, à se déposer, et elle se dépose surtout aux lieux où il y a moins de mouvement, tels que les rivages. Ainsi la côte s'enrichit peu à peu des débris du pays supérieur du Delta même; car si le Nil enlève à l'Abissinie pour donner à la Thébaïde, il enlève à la Thébaïde pour porter au Delta, et au Delta pour porter à la mer. Partout où ses eaux ont un courant, il dépouille le même sol qu'il enrichit. Quand on remonte au Kaire dans les eaux basses, on voit partout les bords taillés à pic, s'écrouler par pans. Le Nil qui les mine par le pied, privant d'appui leur terre légère, elle tombe dans son lit. Dans les grandes eaux, elle s'imbibe, se délaye; et lorsque le soleil et la sécheresse reviennent, elle se gerce et s'écroule encore par grands pans que le Nil entraîne. C'est ainsi que plusieurs canaux se sont comblés, et que d'autres se sont élargis, en élevant sans cesse le lit du fleuve. Le plus fréquenté de nos jours, celui qui vient de *Nadir* à la branche de Damiât, est dans ce cas. Ce canal, creusé d'abord de main d'homme, est devenu semblable à la Seine en plusieurs endroits. Il supplée même à la branche-mère qui va de *Batn el Baqara* à *Nadir*, et qui se comble au point que si on ne la dégorge pas, elle finira par devenir terre ferme: la raison en est que le fleuve tend sans cesse à la ligne droite dans laquelle il a plus de force; c'est par cette même raison qu'il a préféré la branche Bolbitine, qui n'était d'abord qu'un canal factice, à la branche Canopique (1).

De ce mécanisme du fleuve, il résulte encore que les principaux comblemens doivent se faire sur la ligne des plus grandes embouchures et du plus fort courant; l'aspect du terrain est conforme à cette théorie. En jetant l'œil sur la carte, on s'aperçoit que la saillie des terres est surtout dans la direction des branches de Rosette et de Damiât. Le terrain latéral et l'intermédiaire sont demeurés lac et marais indivis entre le continent et la mer, parce que les petits canaux qui s'y rendent n'ont pu opérer qu'un comblement imparfait. Ce n'est qu'avec la plus grande lenteur que les dépôts et les limons s'élèvent; sans doute même ce moyen ne parviendrait jamais à les porter au-dessus des eaux, s'il ne s'y joignait un autre agent plus actif qui est la mer. C'est elle qui travaille sans relâche à élever le niveau des rives basses au-dessus de ses propres eaux. En effet, les flots venant expirer

---

(1) *Hérod.*, lib. II.

sur le rivage, poussent le sable et le limon qu'ils rencontrent en arrivant; leur battement accumule ensuite cette digue légère, et lui donne un exhaussement qu'elle n'eût jamais pris dans les eaux tranquilles. Ce fait est sensible pour quiconque marche au bord de la mer, sur un rivage bas et mouvant : mais il faut que la mer n'ait pas de courant sur la plage; car si elle perd aux lieux où elle est en *remous*, elle gagne à ceux où elle est en mouvement. Quand les grèves sont enfin à fleur d'eau, la main des hommes s'en empare. Mais au lieu de dire qu'elle en élève le niveau au-dessus de l'eau, on devrait dire qu'elle abaisse le niveau de l'eau au-dessous, vu que les canaux que l'on creuse, rassemblent en de petits espaces les nappes qui étaient répandues sur de plus grands (1). C'est ainsi que le Delta a dû se former avec une lenteur qui a demandé plus de siècles que nous n'en connaissons; mais le temps ne manque pas à la nature (2).

---

(1) Cette quantité de canaux est une raison qui peut faire varier les degrés de l'inondation : car s'il y en a beaucoup, et qu'ils soient profonds, l'eau s'écoulera plus vite, et s'élèvera moins; s'il y en a peu, et qu'ils soient superficiels, il arrivera le contraire.

(2) Depuis la publication de ce voyage, l'on m'a fait connaître un mémoire de Fréret (Acad. des Inscrip., tom. XVI), dans lequel ces questions se trouvent avoir été débattues dès 1745. Dans ce Mémoire, ce savant critique, attaquant de front le récit d'Hérodote et le témoignage des prêtres égyp-

DE L'ÉGYPTE. 41.

Il reste certainement beaucoup d'observations à faire ou à recommencer dans ce pays; mais,

tiens; prétend que le Delta n'a subi aucun changement depuis les siècles les plus reculés : il fonde ses raisons contre son accroissement, sur la position des villes de *Tanis*, de *Damiát* et de *Rosette*, mais les faits qu'il cite sont vagues, et la différence de la mesure de Niebuhr en excès sur celle d'Hérodote, est un argument péremptoire contre son sentiment. A l'égard de son exhaussement, il prouve par plus d'auteurs que je n'en ai cités, que depuis Mœris jusqu'à la fin du quinzième siècle, l'inondation n'a pas cessé d'être la même : ce n'est que depuis ce temps que les voyageurs ont parlé d'une inondation de 22 et 23 coudées. Le prince Radzivil est le premier qui en ait fait mention en l'année 1583. Fréret, rejetant son témoignage et celui des autres, soutient que l'inondation est toujours la même, et que la différence des anciens aux modernes vient de ce que les uns comptent depuis le fond de l'eau, pendant que les autres ne comptaient que depuis la surface des eaux basses. Il invoque les observations de Shaw et de Pocoke; mais en appuyant sa conséquence, elles démentent son explication : en effet, d'après ces observations, la crue du Nil au-dessus des plus basses eaux fut en 1714 de 10 coudées 26 doigts, qui, jointes à 5 coudées et quelques doigts qu'avait déja le fleuve, donnent 16 coudées et quelques doigts au-dessus du fond : en 1715 la crue au-dessus des basses eaux fut de 10 coudées, qui, jointes à 6 coudées qu'avaient déja les eaux, forment 16 coudées : en 1738 elle fut de 11 coudées 15 doigts, qui, jointes à 5 qu'avait le fleuve, font 16 coudées, et non pas 20, comme le dit Fréret, p. 353. Donc les anciens ont compté comme nous depuis le fond, et l'état reste le même que de tout temps. En se trompant à cet égard, Fréret rapporte un fait qui, s'il est vrai, est le nœud de l'énigme; car il dit avoir vu une coudée du nilomètre qui n'a que 15 pouces 8 lignes de France; or 22 coudées de 15 pouces 8 lignes font 344 pouces 8 lignes, tandis que 16 coudées en donnent 328, ce qui ne laisse qu'un pied 4 pouces de diffé-

comme je l'ai déja dit, elles ont de grandes difficultés. Pour les vaincre, il faudrait du temps, de l'adresse et de la dépense; à bien des égards même, les obstacles accessoires sont plus graves que ceux du fond. M. le baron de Tott en a fait une épreuve récente pour le nilomètre. En vain a-t-il tenté de séduire les gardiens ; en vain a-t-il donné et promis des sequins aux *crieurs*, pour en obtenir les vraies hauteurs du Nil; leurs rapports contradictoires ont prouvé leur mauvaise foi ou leur ignorance commune. On dira peut-être qu'il faudrait établir des colonnes dans des maisons particulières; mais ces opérations, simples en théorie, sont impossibles en pratique : on s'exposerait à des risques trop graves. Cette curiosité même que les Francs portent avec eux, chagrine de plus en plus les Turks. Ils pensent que l'on en veut à leur pays; et ce qui se passe de la part des Russes, joint à des préjugés répandus, affermit leurs soupçons. C'est un bruit général dans l'empire à ce moment, que *les temps prédits sont arrivés ; que la puissance et la religion des Mu-*

---

rence; en sorte qu'il serait possible que cette nouvelle coudée fût une innovation des Turks, et que le méqîas portât plusieurs espèces de coudées. Du reste il n'a point compris l'altération d'Omar, citée par *Kâlkâchenda;* et il est loin de résoudre les 8 coudées de Mœris, en disant qu'elles proviennent de la dérivation de Soulac. Ainsi, sans déroger au respect dû à Fréret, je persiste dans mes conclusions.

sulmans vont être détruites; que le roi Jaune va venir établir un empire nouveau, etc. Mais il est temps de reprendre nos idées.

Je passe légèrement sur la saison (1) du débordement, assez connue; sur sa gradation insensible et non subite comme celle de nos rivières; sur ses diversités qui le montrent tantôt faible et tantôt fort, quelquefois même nul : cas très-rare, mais dont on cite deux ou trois exemples. Tous ces objets sont trop connus pour les répéter; on sait également que les causes de ces phénomènes qui furent une énigme pour les anciens (2), n'en sont plus une pour les Européens. Depuis que leurs voyageurs leur ont appris que l'Abissinie et la partie adjacente de l'Afrique sont inondées de pluie en mai, juin et juillet, ils ont conclu, avec raison, que ce sont ces pluies qui, par la disposition du terrain, affluant de mille rivières, se rassemblent dans une même vallée, pour venir sur

---

(1) On l'assigne au 19 juin précis, mais il serait difficile d'en déterminer les premiers instans aussi rigoureusement que le veulent faire les Coptes.

(2) Cependant Démocrite l'avait devinée. Voyez l'*Histoire de Diodore de Sicile*, liv. II. Je suis même porté à croire qu'Homère en a eu connaissance; car l'épithète qu'il donne au Nil (*diipetès*, tirant son origine du ciel) est une allusion sensible aux pluies : et j'en conclus que les anciens prêtres égyptiens ont eu une *physique* plus étendue que l'on ne pense; et que les traditions qui avaient cours dans la Grèce, n'étaient qu'une émanation de leurs livres sacrés.

des rives lointaines offrir le spectacle imposant d'une masse d'eau qui emploie trois mois à s'écouler. On laisse aux physiciens grecs cette action des vents de nord ou étésiens, qui, par une prétendue pression, arrêtaient le cours du fleuve; il est même étonnant qu'ils aient jamais admis cette explication ; car le vent n'agissant que sur la surface de l'eau, il n'empêche point le fond d'obéir à la pente. En vain des modernes ont allégué l'exemple de la Méditerranée, qui, par la durée des vents d'est, découvre la côte de Syrie d'un pied ou un pied et demi, pour recouvrir de la même quantité celles d'Espagne et de Provence; et qui, par les vents d'ouest, opère l'inverse : il n'y a aucune comparaison entre une mer sans pente et un fleuve, entre la nappe de la Méditerranée et celle du Nil, entre vingt-six pieds et dix-huit pouces.

CHAPITRE IV.

Des vents et de leurs phénomènes.

Ces vents du nord, dont le retour a lieu chaque année aux mêmes époques, ont un emploi plus vrai, celui de porter en Abissinie une prodigieuse quantité de nuages. Depuis avril jusqu'en juillet, on ne cesse d'en voir remonter vers le sud, et l'on serait quelquefois tenté d'en attendre de la pluie; mais cette terre brûlée leur demande en vain un bienfait qui doit lui revenir sous une autre forme. Jamais il ne pleut dans le Delta en été; dans tout le cours de l'année même, il y pleut rarement, et en petite quantité. L'année 1761, observée par Niebuhr, fut un cas extraordinaire que l'on cite encore. Les accidens que les pluies causèrent dans la basse Égypte, dont une foule de villages, bâtis en terre, s'écroulèrent, prouvent assez qu'on y regarde comme rare cette abondance d'eau. Il faut d'ailleurs observer qu'il pleut d'autant moins que l'on s'élève davantage vers le Saïd. Ainsi, il pleut plus souvent à Alexandrie et à Rosette qu'au Kaire, et au Kaire qu'à *Miniè*. La pluie est presque un prodige à *Djirdjé*. Nous autres habitants de contrées humides, nous ne concevons pas comment un pays peut subsister sans pluie (1); mais dans l'Égypte, outre la somme d'eau dont la terre fait provision lors de l'inondation, les rosées qui tombent dans les nuits d'été suffisent à la végétation. Les melons d'eau, connus à Marseille sous le nom de *pastèques*, du mot arabe *battik*, en sont une preuve sensible; car

---

(1) Lorsqu'il tombe de la pluie en Égypte et en Palestine, c'est une joie générale de la part du peuple; il s'assemble dans les rues, il chante, il s'agite et crie à pleine tête, *Ya, allah! ya mobârek!* c'est-à-dire : *O dieu! ô béni!* etc.

souvent ils n'ont au pied qu'une poussière sèche ;
et cependant leurs feuilles ne manquent pas de fraîcheur. Ces rosées ont de commun avec les pluies
qu'elles sont plus abondantes vers la mer, et plus
faibles à mesure qu'elles s'en éloignent ; et elles
en diffèrent en ce qu'elles sont moindres l'hiver,
et plus fortes l'été. A Alexandrie, dès le coucher
du soleil, en avril, les vêtements et les terrasses
sont trempés comme s'il avait plu. Comme les
pluies encore, ces rosées sont fortes ou faibles,
à raison de l'espèce du vent qui souffle. Le sud
et le sud-est n'en donnent point ; le nord en apporte beaucoup, et l'ouest encore davantage. On
explique aisément ces différences, quand on observe que les deux premiers viennent des déserts
de l'Afrique et de l'Arabie, où ils ne trouvent pas
une goutte d'eau ; que le nord, au contraire, et
l'ouest chassent sur l'Égypte l'évaporation de la
Méditerranée, qu'ils traversent, l'un dans sa largeur, et l'autre dans toute sa longueur. Je trouve
même, en comparant mes observations à ce sujet en Provence, en Syrie et en Égypte, à celles
de Niebuhr en Arabie et à Bombai, que cette position respective des mers et des continents est
la cause des diverses qualités d'un même vent
qui se montre pluvieux dans un pays, pendant
qu'il est toujours sec dans l'autre ; ce qui dérange
beaucoup les systèmes des astrologues anciens et
modernes, sur les influences des planètes.

Un autre phénomène aussi remarquable, est le retour périodique de chaque vent, et son appropriation, pour ainsi dire, à certaines saisons de l'année. L'Égypte et la Syrie offrent en ce genre une régularité digne de fixer l'attention.

En Égypte, lorsque le soleil se rapproche de nos zones, les vents qui se tenaient dans les parties de l'est, passent aux rumbs de nord, et s'y fixent. Pendant juin, ils soufflent constamment nord et nord-ouest ; aussi est-ce la vraie saison du passage au Levant, et un vaisseau peut espérer de jeter l'ancre en Cypre ou à Alexandrie, le quatorzième et quelquefois le onzième jour de son départ de Marseille. Les vents continuent en juillet de souffler nord, variant à droite et à gauche du nord-ouest au nord-est. Sur la fin de juillet, dans tout le cours d'août et la moitié de septembre, ils se fixent nord pur, et ils sont modérés, plus vifs le jour, plus calmes la nuit ; alors même il règne sur la Méditerranée une bonace générale, qui prolonge les retours en France jusqu'à soixante-dix et quatre-vingt jours.

Sur la fin de septembre, lorsque le soleil repasse la ligne, les vents reviennent vers l'est, et sans y être fixés, ils en soufflent plus que d'aucun autre rumb, le nord seul excepté. Les vaisseaux profitent de cette saison, qui dure tout octobre et une partie de novembre, pour revenir en Europe, et les traversées pour Marseille sont de trente à trente-cinq jours. A mesure que le soleil passe à l'autre tropique, les vents deviennent plus variables, plus tumultueux; leurs régions les plus constantes sont le nord, le nord-ouest et l'ouest. Ils se maintiennent tels en décembre, janvier et février, qui, pour l'Égypte comme pour nous, sont la saison d'hiver. Alors les vapeurs de la Méditerranée, entassées et appesanties par le froid de l'air, se rapprochent de la terre, et forment les brouillards et les pluies. Sur la fin de février et en mars, quand le soleil revient vers l'équateur, les vents tiennent plus que dans aucun autre temps des rumbs du midi. C'est dans ce dernier mois, et pendant celui d'avril, qu'on voit régner le sud-est, le sud pur et le sud-ouest. Ils sont mêlés d'ouest, de nord et d'est; celui-ci devient le plus habituel sur la fin d'avril; et pendant mai, il partage avec le nord l'empire de la mer, et rend les retours en France encore plus courts que dans l'autre équinoxe.

DU VENT CHAUD, OU KAMSÎN.

Ces vents du sud dont je viens de parler, ont en Égypte le nom générique de vents de *cinquante* (jours) (1), non qu'ils durent cinquante jours de suite, mais parce qu'ils paraissent plus fréquem-

---

(1) En arabe, *kamsîn*; mais le *k* représente le *jota* espagnol, ou *ch* allemand.

ment dans les 50 jours qui entourent l'équinoxe. Les voyageurs les ont fait connaître en Europe sous le nom de vents *empoisonnés* (1), ou, plus correctement, *vents chauds du désert*. Telle est en effet leur propriété ; elle est portée à un point si excessif, qu'il est difficile de s'en faire une idée sans l'avoir éprouvée; mais on en peut comparer l'impression à celle qu'on reçoit de la bouche d'un four banal, au moment qu'on en tire le pain. Quand ces vents commencent à souffler, l'air prend un aspect inquiétant. Le ciel, toujours si pur en ces climats, devient trouble; le soleil perd son éclat, et n'offre plus qu'un disque violacé. L'air n'est pas nébuleux, mais gris et poudreux, et réellement il est plein d'une poussière très-déliée qui ne se dépose pas et qui pénètre partout. Ce vent, toujours léger et rapide, n'est pas d'abord très-chaud ; mais à mesure qu'il prend de la durée, il croît en intensité. Les corps animés le reconnaissent promptement au changement qu'ils éprouvent. Le poumon, qu'un air trop raréfié ne remplit plus, se contracte et se tourmente. La respiration devient courte, laborieuse; la peau est sèche, et l'on est dévoré d'une chaleur interne. On a beau se gorger d'eau, rien ne rétablit la

---

(1) Les Arabes du désert les appellent *semoum* ou *poison*; et les Turks *châmyelé* ou vent de Syrie, dont on a fait vent *samiel*.

transpiration. On cherche en vain la fraîcheur; les corps qui avaient coutume de la donner trompent la main qui les touche. Le marbre, le fer, l'eau, quoique le soleil soit voilé, sont chauds. Alors on déserte les rues, et le silence règne comme pendant la nuit. Les habitants des villes et des villages s'enferment dans leurs maisons, et ceux du désert dans leurs tentes ou dans les puits creusés en terre, où ils attendent la fin de ce genre de tempête. Communément elle dure trois jours : si elle passe, elle devient insupportable. Malheur aux voyageurs qu'un tel vent surprend en route loin de tout asile! ils en subissent tout l'effet, qui est quelquefois porté jusqu'à la mort. Le danger est surtout au moment des rafales; alors la vitesse accroît la chaleur au point de tuer subitement avec des circonstances singulières; car tantôt un homme tombe frappé entre deux autres qui restent sains, et tantôt il suffit de se porter un mouchoir aux narines, ou d'enfoncer le nez dans un trou de sable, comme font les chameaux, ou de fuir au galop comme font les Arabes qui sentent venir la *mofette*, nom qui paraît en effet convenir à cet air : il est d'ailleurs constant qu'il est plus dangereux de Mossul à Bagdad qu'en aucun autre lieu; ce que l'on attribue à la qualité sulfureuse et minéralogique du pays qu'il parcourt depuis l'Euphrate. Il est remarquable qu'il n'incommode pas les caravanes qui sont alors sur la route de Damas à Alep; à Bagdad, il est mortel sur les minarets, sur les terrasses, sur le pont, et non dans les lieux bas. Si l'on ajoute qu'aussitôt après la mort il y a hémorrhagie par le nez et par la bouche, que le cadavre demeure chaud, enfle, devient bleu, et se déchire aisément, il paraîtra de plus en plus probable que cet air meurtrier est un air inflammable, chargé dans certains cas d'acide sulfureux.

Une autre qualité de ce vent est son extrême sécheresse; elle est telle, que l'eau dont on arrose un appartement s'évapore en peu de minutes. Par cette extrême aridité, il flétrit et dépouille les plantes; et en pompant trop subitement l'émanation des corps animés, il crispe la peau, ferme les pores, et cause cette chaleur fébrile qui accompagne toute transpiration supprimée.

Ces vents chauds ne sont point particuliers à l'Égypte; ils ont lieu en Syrie, plus cependant sur la côte et dans le désert que sur les montagnes. Niebuhr les a trouvés en Arabie, à Bombai, dans le Diarbekr; l'on en éprouve aussi en Perse, en Afrique, et même en Espagne : partout leurs effets se ressemblent, mais leur direction diffère selon les lieux. En Égypte, le plus violent vient du sud-sud-ouest; à la *Mekke*, il vient de l'est; à *Surate*, du nord; à *Barsa*, du nord-ouest; à *Bagdad*, de l'ouest; et en *Syrie*, du sud-est. Ce contraste, qui embarrasse au premier coup d'œil, devient à la réflexion le moyen de résoudre l'énigme. En examinant les sites géographiques, on trouve que c'est toujours des continents déserts que vient le vent chaud; et en effet, il est naturel que l'air qui couvre les immenses plaines de la Lybie et de l'Arabie, n'y trouvant ni ruisseaux, ni lacs, ni forêts, s'y échauffe par l'action d'un soleil ardent, par la réflexion du sable, et prenne le degré de chaleur et de sécheresse dont il est capable. S'il survient une cause quelconque qui détermine un courant à cette masse, elle s'y précipite, et porte avec elle les qualités étonnantes qu'elle a acquises. Il est si vrai que ces qualités sont dues à l'action du soleil sur les sables, que ces mêmes vents n'ont point dans toutes les saisons la même intensité. En Égypte, par exemple, on assure que les vents du sud, en décembre et janvier, sont aussi froids que le nord; et la raison en est que le soleil, passé à l'autre tropique, n'embrase plus l'Afrique septentrionale, et que l'Abissinie, si montueuse, est couverte de neige : il faut que le soleil se soit rapproché de l'équateur pour produire ces phénomènes. Par une raison semblable, le sud a un effet bien moindre en Chypre, où il arrive rafraîchi par les vapeurs de la Méditerranée. Dans cette île, c'est le nord qui le remplace; on s'y plaint qu'en été il est d'une chaleur insupportable, pendant qu'il est glacial en hiver : ce qui résulte évidemment de l'Asie mineure, qui, dans l'été, est embrasée, pendant qu'en hiver elle est couverte de glaces. Au reste, ce sujet offre une foule de problèmes faits pour piquer la curiosité d'un physicien. Ne serait-il pas en effet intéressant de savoir :

1° D'où vient ce rapport des saisons et de la marche du soleil à l'espèce des vents et aux régions d'où ils soufflent ?

2° Pourquoi, sur toute la Méditerranée, les rumbs de nord sont les plus habituels, au point que sur 12 mois on peut dire qu'ils en règnent 9 ?

3° Pourquoi les vents d'est reviennent si régulièrement après les équinoxes, et pourquoi à cette époque il y a communément un coup de vent plus fort ?

4° Pourquoi les rosées sont plus abondantes en été qu'en hiver; et pourquoi les nuages étant un effet de l'évaporation de la mer, et l'évaporation étant plus forte l'été que l'hiver, il y a cependant plus de nuages l'hiver que l'été ?

5° Enfin pourquoi la pluie est si rare en Égypte, et pourquoi les nuages se rendent de préférence en Abissinie ?

Mais il est temps d'achever le tableau physique que j'ai commencé.

CHAPITRE V.

Du climat et de l'air.

Le climat de l'Égypte passe avec raison pour très-chaud, puisqu'en juillet et août le thermomètre de Réaumur se soutient, dans les appartements les plus tempérés, à 24 et 25 degrés au-dessus de la glace (1). Au Saïd, il monte encore plus haut, quoique je ne puisse rien dire de précis à cet égard. Le voisinage du soleil, qui dans l'été est presque perpendiculaire, est sans doute une cause première de cette chaleur; mais quand on considère que d'autres pays, sous la même latitude, sont plus frais, on juge qu'il en existe une seconde cause aussi puissante que la première, laquelle est le niveau du terrain peu élevé au-dessus de la mer. A raison de cette température, l'on ne doit distinguer que deux saisons en Égypte, le printemps et l'été,

---

(1) L'astronome Beauchamp a souvent observé 37 et 38 degrés à Basra, et cette chaleur a lieu sur la plupart des plages de la Perse, de l'Arabie et de l'Inde. — Trente-deux et 33 degrés, qui sont la chaleur du sang, sont très-fréquents en Floride et en Géorgie (d'Amérique). Ainsi l'Égypte ne peut se classer que dans les pays de moyenne chaleur.

c'est-à-dire la fraîcheur et les chaleurs. Ce second état dure depuis mars jusqu'en novembre, et même dès la fin de février le soleil, à neuf heures du matin, n'est pas supportable pour un Européen. Dans toute cette saison, l'air est embrasé, le ciel étincelant, et la chaleur accablante pour les corps qui n'y sont pas habitués. Sous l'habit le plus léger, et dans l'état du plus grand repos, on fond en sueur. Elle devient même si nécessaire, que la moindre suppression est une maladie ; en sorte qu'au lieu du salut ordinaire, *Comment vous portez-vous ?* on devrait dire : *Comment suez-vous ?* L'éloignement du soleil tempère un peu ces chaleurs. Les vapeurs de la terre, abreuvée par le Nil, et celles qu'apportent les vents d'ouest et du nord, absorbant le feu répandu dans l'air, procurent une fraîcheur agréable, et même des froids piquants, si l'on en voulait croire les naturels et quelques négociants européens ; mais les Égyptiens, presque nus et accoutumés à suer, frissonnent à la moindre fraîcheur. Le thermomètre, qui se tient au plus bas en février à 9 et 8 degrés de Réaumur au-dessus de la glace, fixe nos idées à cet égard, et l'on peut dire que la neige et la grêle sont des phénomènes que tel Égyptien de cinquante ans n'a jamais vus. Quant à nos négociants, ils doivent leur sensibilité à l'abus des fourrures ; il est porté au point que dans l'hiver ils ont souvent deux ou trois enveloppes de renard, et que dans les ardeurs de juin ils conservent l'hermine ou le petit-gris; ils prétendent que la fraîcheur qu'on éprouve à l'ombre en est une raison indispensable ; et en effet les courants du nord et d'ouest, qui règnent presque toujours, établissent une assez grande fraîcheur partout où le soleil ne donne pas: mais le nœud secret et plus véritable est que la pelisse est le galon de la Turkie et l'objet favori du luxe ; elle est l'enseigne de l'opulence, l'étiquette de la dignité, parce que l'investiture des places importantes est toujours constatée par le présent d'une pelisse, comme si l'on voulait dire à l'homme qu'on revêt, qu'il est désormais assez grand seigneur pour ne s'occuper qu'à transpirer.

Avec ces chaleurs et l'état marécageux qui dure trois mois, on pourrait croire que l'Égypte est un pays malsain : ce fut ma première pensée en y arrivant ; et lorsque je vis au Kaire les maisons de nos négociants assises le long du *Kalidi*, où l'eau croupit jusqu'en avril, je crus que les exhalaisons devaient leur causer bien des maladies; mais leur expérience trompe cette théorie : les émanations des eaux stagnantes, si meurtrières en Chypre et à Alexandrette, n'ont point cet effet en Égypte. La raison m'en paraît due à la siccité habituelle de l'air, établie, et par le voisinage de l'Afrique et de l'Arabie, qui aspirent sans cesse l'humidité, et par les courants perpétuels des vents qui passent sans obstacle. Cette siccité est telle, que les viandes exposées, même en été, au vent du nord, ne se putréfient point, mais se dessèchent et se durcissent à l'égal du bois. Les déserts offrent des cadavres ainsi desséchés, qui sont devenus si légers, qu'un homme soulève aisément d'une seule main la charpente entière d'un chameau (1).

A cette sécheresse, l'air joint un état salin dont les preuves s'offrent partout. Les pierres sont rongées de natron, et l'on en trouve dans les lieux humides de longues aiguilles cristallisées que l'on prendrait pour du salpêtre. Le mur du jardin des jésuites au Kaire, bâti avec des briques et de la terre, est partout recouvert d'une croûte de ce natron, épaisse comme un écu de 6 livres; et lorsqu'on a inondé les carrés de ce jardin avec l'eau du *Kalidj*, on voit, à sa retraite, la terre brillante de toutes parts de cristaux blancs que l'eau n'a certainement pas apportés, puisqu'elle ne donne aucun indice de sel au goût et à la distillation.

C'est sans doute cette propriété de l'air et de la terre, jointe à la chaleur, qui donne à la végétation une activité presque incroyable dans nos climats froids. Partout où les plantes ont de l'eau,

---

(1) Cependant il faut observer que l'air, sur la côte, est infiniment moins sec qu'en remontant dans les terres; aussi ne peut-on laisser, à Alexandrie et à Rosette, du fer exposé 24 heures à l'air, qu'il ne soit tout rouillé.

leurs développements se font avec une rapidité prodigieuse. Quiconque va au Kaire ou à Rosette peut constater que l'espèce de courge appelée *qara*, pousse en 24 heures des filons de près de 4 pouces de long. Mais une observation importante, par laquelle je termine, est que ce sol paraît exclusif et intolérant. Les plantes étrangères y dégénèrent rapidement : ce fait est constaté par des observations journalières. Nos négociants sont obligés de renouveler chaque année les graines, et de faire venir de Malte des choux-fleurs, des betteraves, des carottes et des salsifis. Ces graines semées réussissent d'abord très-bien; mais si l'on sème ensuite les graines qu'elles produisent, il n'en résulte que des plantes étiolées. Pareille chose est arrivée aux abricots, aux poires et aux pêches qu'on a transportés à Rosette. La végétation de cette terre paraît trop brusque pour bien nourrir des tissus spongieux et charnus; il faudrait que la nature s'y fût accoutumée par gradation, et que le climat se les fût appropriés par les soins de la culture.

ÉTAT POLITIQUE

DE

L'ÉGYPTE.

CHAPITRE PREMIER.

Des diverses races des habitants de l'Égypte.

Au milieu des révolutions qui n'ont cessé d'agiter la fortune des peuples, il est peu de pays qui aient conservé purs et sans mélange leur habitants naturels et primitifs. Partout cette même cupidité qui porte les individus à empiéter sur leurs propriétés respectives, a suscité les nations les unes contre les autres : l'issue de ce choc d'intérêts et de forces a été d'introduire dans les états un étranger vainqueur, qui, tantôt usurpateur insolent, a dépouillé la nation vaincue du domaine que la nature lui avait accordé; et tantôt conquérant plus timide ou plus civilisé, s'est contenté de participer à des avantages que son sol natal lui avait refusés. Par-là se sont établies dans les états des races diverses d'habitants, qui quelquefois, se rapprochant de mœurs et d'intérêts, ont mêlé leur sang; mais qui, le plus souvent, divisés par des préjugés politiques ou religieux, ont vécu rassemblés sur le même sol sans jamais se confondre. Dans le premier cas, les races, perdant par leur mélange les caractères qui les distinguaient, ont formé un peuple homogène où l'on n'a plus aperçu les traces de la révolution. Dans le second, demeurant distinctes, leurs différences perpétuées sont devenues un monument qui a survécu aux siècles, et qui peut, en quelques cas, suppléer au silence de l'histoire.

Tel est le cas de l'Égypte : enlevée depuis 23 siècles à ses propriétaires naturels, elle a vu s'établir successivement dans son sein des Perses, des Macédoniens, des Romains, des Grecs, des Arabes, des Géorgiens, et enfin cette race de Tartares connus sous le nom de Turks ottomans. Parmi tant de peuples, plusieurs y ont laissé des vestiges de leur passage; mais comme dans leur succession ils se sont mêlés, il en est résulté une confusion qui rend moins facile à connaître le caractère de chacun. Cependant on peut encore distinguer dans la population de l'Égypte quatre races principales d'habitants.

La 1re et la plus répandue est celle des Arabes, qu'on doit diviser en 3 classes : 1° La postérité de ceux qui, lors de l'invasion de ce pays par Amrou, l'an 640, accoururent de l'Hedjâz et de toutes les parties de l'Arabie s'établir dans ce pays justement vanté par son abondance. Chacun s'empressa d'y posséder des terres, et bientôt le Delta fut rempli de ces étrangers, au préjudice des Grecs vaincus. Cette première race, qui s'est perpétuée dans la classe actuelle des *fellâhs ou laboureurs* et des artisans, a conservé sa physionomie originelle; mais elle a pris une taille plus forte et plus élevée : effet naturel d'une nourriture plus abondante que celle des déserts. En général les paysans d'Égypte atteignent 5 pieds 4 pouces; plusieurs vont à 5 pieds 6 et 7; leur corps est musculeux sans être gras, et robuste comme il convient à des hommes endurcis à la fatigue. Leur peau hâlée par le soleil est presque noire; mais leur visage n'a rien de choquant. La plupart ont la tête d'un bel oval, le front large et avancé, et sous un sourcil noir un œil noir, enfoncé et brillant; le nez assez grand, sans être aquilin; la bouche bien taillée et toujours de belles dents. Les habitans des villes, plus mélangés, ont une physionomie moins uniforme, moins prononcée. Ceux des villages, au contraire, ne s'alliant jamais que dans leurs familles, ont des caractères plus généraux, plus constants, et quelque chose de rude dans l'aspect, qui tire sa cause des passions d'une ame sans cesse aigrie par l'état de guerre et de tyrannie qui les environne.

2° Une deuxième classe d'Arabes est celle des

Africains ou Occidentaux (1), venus à diverses reprises et sous divers chefs se réunir à la première ; comme elle, ils descendent des conquérants musulmans qui chassèrent les Grecs de la Mauritanie ; comme elle, ils exercent l'agriculture et les métiers ; mais ils sont plus spécialement répandus dans le *Saïd*, où ils ont des villages et même des princes particuliers.

3°. La 3e classe est celle des *Bedouins* ou hommes des déserts (2), connus des anciens sous le nom de *Scenites*, c'est-à-dire habitant sous des tentes. Parmi ceux-là, les uns, dispersés par familles, habitent les rochers, les cavernes, les ruines et les lieux écartés où il y a de l'eau ; les autres, réunis par tribus, campent sous des tentes basses et enfumées, et passent leur vie dans un voyage perpétuel. Tantôt dans le désert, tantôt sur les bords du fleuve, ils ne tiennent à la terre qu'autant que l'intérêt de leur sûreté ou la subsistance de leurs troupeaux les y attachent. Il est des tribus qui, chaque année, après l'inondation, arrivent du sein de l'Afrique pour profiter des herbes nouvelles, et qui au printemps se renfoncent dans le désert ; d'autres sont stables en

---

(1) En arabe, *magárbe*, pluriel de *magrebi*, homme de *garb*, ou *couchant* : ce sont nos *Barbaresques*.

(2) En Arabe, *beddoui*, formé de *bíd*, *désert, pays sans habitations*.

Égypte, et y louent des terrains qu'ils ensemencent et changent annuellement. Toutes observent entre elles des limites convenues qu'elles ne franchissent point, sous peine de guerre. Toutes ont à peu près le même genre de vie, les mêmes usages, les mêmes mœurs. Ignorants et pauvres, les Bedouins conservent un caractère original, distinct des nations qui les environnent. Pacifiques dans leur camp, ils sont partout ailleurs dans un état habituel de guerre. Les laboureurs, qu'ils pillent, les haïssent; les voyageurs, qu'ils dépouillent, en médisent; les Turks, qui les craignent, les divisent et les corrompent. On estime que leurs tribus en Égypte pourraient former trente mille cavaliers; mais ces forces sont tellement dispersées et désunies, qu'on les y traite comme des voleurs et des vagabonds.

Une seconde race d'habitants est celle des *Coptes*, appelés en arabe *el Qoubt*. On en trouve plusieurs familles dans le Delta; mais le grand nombre habitent le *Saïd*, où ils occupent quelquefois des villages entiers. L'histoire et la tradition attestent qu'ils descendent du peuple dépouillé par les Arabes, c'est-à-dire de ce mélange d'Égyptiens, de Perses, et surtout de Grecs qui, sous les Ptolémées et les Constantins, ont si long-temps possédé l'Égyte. Ils diffèrent des Arabes par leur religion, qui est le christianisme; mais ils sont encore distincts des chrétiens par leur secte, qui est celle d'Eutychès. Leur adhésion aux opinions théologiques de cet homme leur a attiré de la part des autres Grecs des persécutions qui les ont rendus irréconciliables. Lorsque les Arabes conquirent le pays, ils en profitèrent pour les affaiblir mutuellement. Les *Coptes* ont fini par expulser leurs rivaux; et comme ils connaissent de tout temps l'administration intérieure de l'Égypte, ils sont devenus les dépositaires des registres des terres et des tribus. Sous le nom d'*écrivains*, ils sont au Kaire les *intendants*, les *secrétaires* et les *traitants* du gouvernement et des beks. Ces *écrivains*, méprisés des *Turks* qu'ils servent, et haïs des payans qu'ils vexent, forment une espèce de corps dont est chef l'écrivain du *commandant* principal. C'est lui qui dispose de tous les emplois de cette partie, qu'il n'accorde, selon l'esprit de ce gouvernement, qu'à prix d'argent.

On prétend que le nom de *Coptes* leur vient de la ville de *Coptos*, où ils se retirèrent, dit-on, lors des persécutions des Grecs; mais je lui crois une origine plus naturelle et plus ancienne. Le terme arabe *Qoubti*, un *Copte*, me semble une altération évidente du grec *Ai-goupti-os*, un *Égyptien*; car on doit remarquer que *y* était prononcé *ou* chez les anciens Grecs, et que les Arabes n'ayant, ni *g* devant *a o u*, ni la lettre *p*, remplacent toujours ces lettres par *q* et *b* : les *Coptes* sont donc proprement les représentans des *Égyptiens* (1); et il est un fait singulier qui rend cette acception encore plus probable. En considérant le visage de beaucoup d'individus de cette race, j'y ai trouvé un caractère particulier qui a fixé mon attention : tous ont un ton de peau jaunâtre et fumeux, qui n'est ni grec ni arabe; tous ont le visage bouffi, l'œil gonflé, le nez écrasé, la lèvre grosse; en un mot, une vraie figure de mulâtre. J'étais tenté de l'attribuer au climat(2), lorsque, ayant été visiter le Sphinx, son aspect me donna le mot de l'énigme. En voyant cette tête caractérisée *nègre* dans tous ses traits, je me rappelai ce passage remar-

---

(1) D'autant mieux qu'on les trouve au Saïde dès avant Dioclétien; et qu'il paraît que le Saïde fut moins rempli par les Grecs que le Delta.

(2) En effet, j'observe que la figure des nègres représente précisément cet état de contraction que prend notre visage lorsqu'il est frappé par la lumière et par une forte réverbération de chaleur. Alors le sourcil se fronce; la pomme des joues s'élève; la paupière se serre; la bouche fait la *moue*. Cette contraction des parties mobiles n'a-t-elle pas pu et dû à la longue influer sur les parties solides, et mouler la charpente même des os? Dans les pays froids, le vent, la neige, l'air vif opèrent presque le même effet que l'excès de lumière dans les pays chauds: et nous voyons que presque tous les sauvages ont quelque chose de la tête du nègre; ensuite viennent les coutumes de mouler la tête des enfans, et même le genre de coiffure, qui, par exemple, chez les Tartares étant un bonnet haut, lequel serre les tempes et relève le sourcil, me semble la cause du *sourcil de chèvre* qu'on remarque chez les Chinois et les Kalmouks : dans les zones tempérées et chez

quable d'Hérodote, où il dit (1) : *Pour moi, j'estime que les Colches sont une colonie des Égyptiens, parce que, comme eux, ils ont la peau noire et les cheveux crépus;* c'est-à-dire, que les anciens Égyptiens étaient de vrais nègres de l'espèce de tous les naturels d'Afrique (2); et dès lors on explique

---

les peuples qui habitent sous des toits, ces diverses circonstances n'ayant pas lieu, les traits se montrent allongés par le repos des muscles, et les yeux à fleur de tête, parce qu'ils sont protégés contre l'action de l'air.

(1) Lib. II, p. 150.

(2) Cette observation qui, lors de la publication de ce voyage, en 1787, sembla plutôt neuve et piquante que fondée en vérité, se trouve aujourd'hui portée à l'évidence par des faits eux-mêmes aussi piquants que décisifs. Blumenbach, professeur très-distingué d'anatomie à Gottingue, a publié en 1794 un mémoire duquel il résulte :

1° Qu'il a eu l'occasion de disséquer plusieurs momies égyptiennes.

2° Que les crânes de ces momies appartiennent à trois différentes races d'hommes, savoir : l'une, la race éthiopienne caractérisée par les joues élevées, les lèvres épaisses, le nez large et épaté, les prunelles saillantes; ainsi, ajoute-t-il, que Volney nous représente les Coptes d'aujourd'hui.

La seconde race qui porte le caractère des Hindous, et la troisième qui est mixte et participe des deux premières.

Le docteur Blumenbach cite aussi, en preuve de la première race, le sphinx gravé dans Norden, auquel les plus savants antiquaires n'avaient pas fait attention jusque-là. J'y ajoute en cette édition pour nouveau témoin, le même sphinx dessiné par l'un des artistes les plus distingués de nos jours, M. Cassas, auteur du *Voyage pittoresque de la Syrie, de l'Égypte, etc.* L'on y remarquera, outre des proportions gigantesques, une disposition de traits qui établit de plus en plus ce que j'ai avancé.

comment leur sang, allié depuis plusieurs siècles à celui des Romains et des Grecs, a dû perdre l'intensité de sa première couleur, en conservant cependant l'empreinte de son moule originel. On peut même donner à cette observation une étendue très-générale, et poser en principe que la physionomie est une sorte de monument propre en bien des cas à constater ou éclaircir les témoignages de l'histoire, sur les origines des peuples. Parmi nous, un laps de neuf cents ans n'a pu effacer la nuance qui distinguait les habitans des Gaules, de ces *hommes du Nord*, qui, sous Charles-le-Gros, vinrent occuper la plus riche de nos provinces. Les voyageurs qui vont par mer de Normandie en Danemarck, parlent avec surprise de la ressemblance fraternelle des habitans de ces deux contrées, conservée malgré la distance des lieux et des temps. La même observation se présente, quand on passe de Franconie en Bourgogne; et si l'on parcourait avec attention la France, l'Angleterre ou toute autre contrée, on y trouverait la trace des émigrations écrite sur la face des habitans. Les Juifs n'en portent-ils pas d'ineffaçables, en quelque lieu qu'ils soient établis? Dans les états où la noblesse représente un peuple étranger introduit par conquête, si cette noblesse ne s'est point alliée aux indigènes, ses individus ont une empreinte particulière. Le sang kalmouque se distingue encore dans l'Inde; et si quelqu'un avait étudié les diverses nations de l'Europe et du nord de l'Asie, il retrouverait peut-être des analogies qu'on a oubliées.

Mais en revenant à l'Égypte, le fait qu'elle rend à l'histoire offre bien des réflexions à la philosophie. Quel sujet de méditation, de voir la barbarie et l'ignorance actuelle des Coptes, issues de l'alliance du génie profond des Égyptiens et de l'esprit brillant des Grecs ; de penser que cette race d'hommes noirs, aujourd'hui notre esclave et l'objet de nos mépris, est celle-là même à laquelle nous devons nos arts, nos sciences, et jusqu'à l'usage de la parole ; d'imaginer enfin que c'est au milieu des peuples qui se disent les plus amis de la liberté et de l'humanité, que l'on a sanctionné le plus barbare des esclavages, et mis en problème *si les hommes noirs ont une intelligence de l'espèce des blancs !*

Le langage est un autre monument dont les indications ne sont pas moins justes ni moins instructives. Celui dont usaient ci-devant les *Coptes*, s'accorde à constater les faits que j'établis. D'un côté, la forme de leurs lettres et la majeure partie de leurs mots démontrent que la nation grecque, dans un séjour de mille ans, a imprimé fortement son empreinte sur l'Égypte (1) ; mais d'autre part, l'alphabet copte a cinq lettres, et le

---

(1) Voyez *le Dict. copte*, par Lacroze.

dictionnaire beaucoup de mots qui sont comme les débris et les restes de l'ancien égyptien. Ces mots, examinés avec critique, ont une analogie sensible avec les idiomes des anciens peuples adjacents, tels que les Arabes, les Éthiopiens, les Syriens et même les riverains de l'Euphrate ; et l'on peut établir comme un fait certain que toutes ces langues ne furent que des dialectes dérivés d'un fonds commun. Depuis plus de trois siècles, celui des Coptes est tombé en désuétude ; les Arabes conquérants, en dédaignant l'idiome des peuples vaincus, leur ont imposé avec leur joug, l'obligation d'apprendre leur langue. Cette obligation même devint une loi, lorsque, sur la fin du premier siècle de l'*hedjire*, le kalife *Ouâled I*[er] prohiba la langue grecque dans tout son empire : de ce moment l'arabe prit un ascendant universel ; et les autres langues, reléguées dans les livres, ne subsistèrent plus que pour les savants qui les négligèrent. Tel a été le sort du copte dans les livres de dévotion et d'église, les seuls connus où il existe : les prêtres et les moines ne l'entendent plus ; et en Égypte comme en Syrie, musulman ou chrétien, tout parle arabe et n'entend que cette langue.

Il se présente à ce sujet des observations qui, dans la géographie et l'histoire, ne sont pas sans importance. Les voyageurs, en traitant des pays qu'ils ont vus, sont dans l'usage et souvent dans l'obligation de citer des mots de la langue qu'on y parle. C'est une obligation, par exemple, s'il s'agit de noms propres de peuples, d'hommes, de villes, de rivières et d'autres objets particuliers au pays; mais de là est survenu l'abus, que transportant les mots d'une langue à l'autre, on les a défigurés à les rendre méconnaissables. Ceci est arrivé surtout aux pays dont je traite; et il en est résulté, dans les livres d'histoire et de géographie, un chaos incroyable. Un Arabe qui saurait le français, ne reconnaîtrait pas dans nos cartes dix mots de sa langue, et nous-mêmes lorsque nous l'avons apprise, nous éprouvons le même inconvénient. Il a plusieurs causes.

1° L'ignorance où sont la plupart des voyageurs de la langue arabe, et surtout de sa prononciation; et cette ignorance a été cause que leur oreille, novice à des sons étrangers, en a fait une comparaison vicieuse aux sons de leur propre langue.

2° La nature de plusieurs prononciations qui n'ont point d'analogies dans la langue où on les transporte. Nous l'éprouvons tous les jours dans le *th* des Anglais et dans le *jota* des Espagnols: quiconque ne les a pas entendus, ne peut s'en faire une idée; mais c'est bien pis avec les Arabes, dont la langue a trois voyelles et sept à huit consonnes étrangères aux Européens. Comment les peindre pour leur conserver leur nature, et ne les pas confondre avec d'autres qui font des sens différents (1)?

3° Enfin, une troisième cause de désordre est la conduite des écrivains dans la rédaction des livres de cartes. En empruntant leurs connaissances de tous les Européens qui ont voyagé en Orient, ils ont adopté l'orthographe des noms propres, telle qu'ils l'ont trouvée dans chacun; mais ils n'ont pas fait attention que les diverses nations de l'Europe, en usant également des lettres romaines, leur donnent des valeurs différentes. Par exemple, l'*u* des Italiens n'est pas notre *u*, mais *ou*; leur *gh*, n'est pas *gé*, mais *gué*; leur *c*, n'est pas *cé*, mais *tché* : de là une diversité apparente de mots qui sont cependant les mêmes. C'est ainsi que celui qu'on doit écrire en français, *chaik* ou *chêk*, est écrit tour à tour *schek* (2), *shekh*, *schech*, *sciek*, selon qu'on l'a tiré de l'anglais, de l'allemand ou de l'italien, chez qui ces combinaisons de *sh*, *sch*, *sc*, ne sont que notre *che*. Les Polonais écriraient *szech*, et les Espagnols, *chej*; cette différence de finale, *j*, *ch*, et

---

(1) Il n'y a pas jusqu'au savant Pocoke qui, expliquant si bien les livres, ne put jamais se passer d'interprète. Récemment, Vonhaven, professeur d'arabe en Danemarck, ne put pas entendre même le *salam alai kom* (le bonjour), lorsqu'il vint en Égypte; et son compagnon, le jeune Forskal, au bout d'un an, fut plus avancé que lui.

(2) Pour faire sentir ces différences à la lecture, il faut appeler les lettres une à une.

kh, vient de ce que la lettre arabe est le *jota* espagnol, *ch* allemand (1), qui n'existe point chez les Anglais, les Français et les Italiens. C'est encore par des raisons semblables, que les Anglais écrivent *Rooda*, l'île que les Italiens écrivent *Ruda*, et que nous devons prononcer comme les Arabes, *Rouda*; que Pocoke écrit *harammé*, pour *harámi*, un *voleur;* que Niebuhr écrit *dsjebel* pour *djebel*, une *montagne;* que d'Anville, qui a beaucoup usé de mémoires anglais, écrit *Shám* pour *Chám*, la *Syrie*, *wadi* pour *ouâdi*, une vallée, et mille autres exemples.

Par là, comme je l'ai dit, s'est introduit un désordre d'orthographe qui confond tout; et si l'on n'y remédie, il en résultera pour le moderne, l'inconvénient dont on se plaint pour l'ancien. C'est avec leur ignorance des langues *barbares*, et avec leur manie d'en plier les sons à leur gré, que les Grecs et les Romains nous ont fait perdre la trace des noms originaux, et nous ont privés d'un moyen précieux de reconnaître l'état ancien dans celui qui subsiste. Notre langue, comme la leur, a cette délicatesse; elle dénature tout, et notre oreille rejette comme barbare tout ce qui lui est inusité. Sans doute il est inutile d'introduire des sons nouveaux; mais il serait à pro-

---

(1) Pas dans tous les cas, mais après l'*o* et l'*u*, comme dans *buch*, un livre.

pos de nous rapprocher de ceux que nous traduisons, et de leur assigner, pour représentants, les plus rapprochés des nôtres, en leur ajoutant des signes convenus. Si chaque peuple en faisait autant, la nomenclature deviendrait une, comme ses modèles (1); et ce serait un premier pas vers une opération qui devient de jour en jour plus pressante et plus facile, un alphabet général qui puisse convenir à toutes les langues, ou du moins à celles de l'Europe. Dans le cours de cet ouvrage, je citerai le moins qu'il me sera possible de mots arabes; mais lorsque j'y serai obligé, qu'on ne s'étonne pas si je m'éloigne souvent de l'orthographe de la plupart des voyageurs. A en juger par ce qu'ils ont écrit, il ne paraît pas qu'aucun ait saisi les vrais éléments de l'alphabet arabe, ni connu les principes à suivre dans la translation des mots à notre écriture (2). Je reviens à mon sujet.

Une troisième race d'habitants en Égypte est celle des *Turks*, qui sont les maîtres du pays, ou

---

(1) Lorsque les voyageurs français qui font actuellement le tour du monde seront revenus, on verra la confusion qu'apportera dans leurs récits la variété des orthographes anglaise et française.

(2) Le lecteur curieux de ce genre d'étude peut consulter un ouvrage que j'ai publié pour remplir l'objet que j'indique ici. Il est intitulé *Simplification des langues orientales*, in-8°, et se trouve chez Bossange frères, libraires, rue de Seine, n° 12, à Paris.

qui du moins en ont le titre. Dans l'origine, ce nom de Turk n'était point particulier à la nation à qui nous l'appliquons; il désignait en général des peuples répandus à l'orient et même au nord de la mer Caspienne, jusqu'au-delà du lac Aral, dans les vastes contrées qui ont pris d'eux leur dénomination de *Tour-estân* (1) Ce sont ces mêmes peuples dont les anciens Grecs ont parlé sous le nom de Parthes, de Massagètes, et même de Scythes, auquel nous avons substitué celui de *Tartares*. Pasteurs et vagabonds comme les Arabes bedouins, ils se montrèrent, dans tous les temps, guerriers farouches et redoutables. Ni Kyrus ni Alexandre ne purent les subjuguer; mais les Arabes furent plus heureux. Environ quatre-vingts ans après Mahomet, ils entrèrent, par ordre du kalife *Ouâled I*, dans les pays des Turks, et leur firent connaître leur religion et leurs armes. Ils leur imposèrent même des tributs; mais l'anarchie s'étant glissée dans l'empire, les gouverneurs rebelles se servirent d'eux pour résister aux *kalifes*, et ils furent mêlés dans toutes les affaires. Ils ne tardèrent pas d'y prendre un ascendant qui dérivait de leur genre de vie. En effet, toujours sous des tentes, toujours les armes à la main, ils formaient un peuple guerrier, et une milice rompue

---

(1) *Estân* est un terme persan qui signifie *pays*, et s'applique en finale aux noms propres; ainsi l'on dit *Arab-estân*, *Frank-estân*, etc.

à toutes les manœuvres des combats. Ils étaient divisés, comme les Bedouins, en tribus ou *camps*, appelés dans leur langue *ordou*, dont nous avons fait *horde*, pour désigner leurs peuplades. Ces tribus, alliées ou divisées entre elles pour leurs intérêts, avaient sans cesse des guerres plus ou moins générales; et c'est à raison de cet état, que l'on voit dans leur histoire plusieurs peuples également nommés *Turks*, s'attaquer, se détruire et s'expulser tour à tour. Pour éviter la confusion, je réserverai le nom de *Turks* propres à ceux de Constantinople, et j'appellerai *Turkmans* ceux qui les précédèrent.

Quelques hordes de *Turkmans* ayant donc été introduites dans l'empire arabe, elles parvinrent en peu de temps à faire la loi à ceux qui les avaient appelées comme alliées ou comme stipendiaires. Les *kalifes* en firent eux-mêmes une expérience remarquable. *Motazzam* (1), frère et successeur d'*Almamoun*, ayant pris pour sa garde un corps de Turkmans, se vit contraint de quitter Bagdad à cause de leurs désordres. Après lui, leur pouvoir et leur insolence s'accrurent au point qu'ils devinrent les arbitres du trône et de la vie des princes; ils en massacrèrent trois en moins de trois ans. Les kalifes, délivrés de cette première tutelle, ne devinrent pas plus sages.

---

(1) En 834.

Vers 935, *Radi-b'ellah* (1) ayant encore déposé son autorité dans les mains d'un Turkman, ses successeurs retombèrent dans les premières chaînes; et sous la garde des *emirs-el-omara*, ils ne furent plus que des fantômes de puissance. Ce fut dans les désordres de cette anarchie qu'une foule de *hordes* turkmanes pénétrèrent dans l'empire, et qu'elles fondèrent divers états indépendants, plus ou moins passagers, dans le *Kerman*, le *Korasan*, à *Iconium*, à *Alep*, à *Damas* et en *Égypte*.

Jusqu'alors les Turks actuels, distingués par le nom d'*Ogouzians*, étaient restés à l'orient de la Caspienne et vers le Djihoun; mais dans les premières années du 13e siècle, *Djenkiz-Kan* ayant amené toutes les tribus de la haute Tartarie contre les princes de *Balk* et de *Samarqand*, les Ogouzians ne jugèrent pas à propos d'attendre les *Mogols*: ils partirent sous les ordres de leur chef *Soliman*, et poussant devant eux leurs troupeaux, ils vinrent (en 1214) camper dans l'*Aderbedjân*, au nombre de cinquante mille cavaliers. Les Mogols les y suivirent, et les poussèrent plus à l'ouest dans l'Arménie. Soliman s'étant noyé (en 1220) en voulant passer l'Euphrate à cheval, *Ertogrul* son fils prit le commandement des hordes, et s'avança dans les plaines de l'Asie mineure, où des pâturages abondants attiraient ses troupeaux.

---

(1) *Qui se plaît en Dieu.*

La bonne conduite de ce chef lui procura dans ces contrées une force et une considération qui firent rechercher son alliance par d'autres princes. De ce nombre fut le Turkman *Ala-el-din*, sultan à Iconium. Cet Ala-el-din se voyant vieux et inquiété par les Tartares de *Djenkiz-Kan*, accorda des terres aux Turks d'Ertogrul, et le fit même général de toutes ses troupes. Ertogrul répondit à la confiance du sultan, battit les *Mogols*, acquit de plus en plus du crédit et de la puissance, et les transmit à son fils *Osman*, qui reçut d'un *Ala-el-din*, successeur du premier, le Qofetân, le tambour et les queues de cheval, symboles du commandement chez tous les Tartares. Ce fut cet *Osman* qui, pour distinguer ses *Turks* des autres, voulut qu'ils portassent désormais son nom, et qu'on les appelât *Osmanlès*, dont nous avons fait Ottomans (1). Ce nouveau nom devint bientôt redoutable aux Grecs de Constantinople, sur qui Osman envahit des terrains assez considérables pour en faire un royaume puissant. Bientôt il lui en donna le titre, en prenant lui-même, en 1300, la qualité de *soltân*, qui signifie *souverain absolu*. On sait comment ses successeurs, héritiers de son ambition et de son activité, continuèrent de s'agrandir aux dépens des Grecs; comment de jour

---

(1) Cette différence du *t* à l'*s*, vient de ce que la lettre originale est le *th* anglais, que les étrangers traduisent tantôt *t*, tantôt *s*.

en jour, leur enlevant des provinces en Europe et en Asie, ils les resserrèrent jusque dans les murs de Constantinople; et comment enfin Mahomet II, fils d'Amurat, ayant emporté cette ville en 1453, anéantit ce rejeton de l'empire de Rome. Alors les Turks, se trouvant libres des affaires d'Europe, reportèrent leur ambition sur les provinces du midi. Bagdâd, subjuguée par les Tartares, n'avait plus de kalifes depuis deux cents ans (1); mais une nouvelle puissance formée en Perse, avait succédé à une partie de leurs domaines. Une autre, formée dans l'Égypte, dès le dixième siècle, et subsistant alors sous le nom de *Mamlouks*, en avait détaché la Syrie et le Diarbekr. Les Turks se proposèrent de dépouiller ces rivaux. *Bayazid*, fils de Mahomet, exécuta une partie de ce dessein contre le *sofi* de Perse, en s'emparant de l'Arménie; et Sélim son fils le compléta contre les *Mamlouks*. Ce sultan les ayant attirés près d'Alep en 1517, sous prétexte de l'aider dans la guerre de Perse, tourna subitement ses armes contre eux, et leur enleva de suite la Syrie et l'Égypte, où il les poursuivit. De ce moment le sang des Turks fut introduit dans ce pays; mais il s'est peu répandu dans les villages. On ne trouve presque qu'au Kaire des individus de cette

---

(1) En 1239, Holagou-kan, descendant de Djenkiz, abolit le kalifat dans la personne de *Mostâzem*.

nation : ils y exercent les arts, et occupent les emplois de religion et de guerre. Ci-devant ils y joignaient toutes les places du gouvernement ; mais depuis environ trente ans, il s'est fait une révolution tacite, qui, sans leur ôter le titre, leur a dérobé la réalité du pouvoir.

Cette révolution a été l'ouvrage d'une quatrième et dernière race, dont il nous reste à parler. Ses individus, nés tous au pied du Caucase, se distinguent des autres habitans par la couleur blonde de leurs cheveux, étrangère aux naturels de l'Égypte. C'est cette espèce d'hommes que nos croisés y trouvèrent dans le treizième siècle, et qu'ils appelèrent *Mamelus*, ou plus correctement *Mamlouks*. Après avoir demeuré presque anéantis pendant deux cent trente ans sous la domination des Ottomans, ils ont trouvé moyen de reprendre leur prépondérance. L'histoire de cette milice, les faits qui l'amenèrent pour la première fois en Égypte, la manière dont elle s'y est perpétuée et rétablie, enfin son genre de gouvernement, sont des phénomènes politiques si bizarres, qu'il est nécessaire de donner quelques pages à leur développement.

CHAPITRE II.

Précis de l'histoire des Mamlouks.

Les Grecs de Constantinople, avilis par un gouvernement despotique et bigot, avaient vu, dans le cours du septième siècle, les plus belles provinces de leur empire devenir la proie d'un peuple nouveau. Les Arabes, exaltés par le fanatisme de *Mahomet*, et plus encore par le délire de jouissances jusqu'alors inconnues, avaient conquis, en quatre-vingts ans, tout le nord de l'Afrique jusqu'aux Canaries, et tout le midi de l'Asie jusqu'à l'Indus et aux déserts tartares. Mais le livre du *prophète*, qui enseignait la méthode des ablutions, des jeûnes et des prières, n'avait point appris la science de la législation, ni ces principes de la morale naturelle, qui sont la base des empires et des sociétés. Les Arabes savaient vaincre et nullement gouverner : aussi l'édifice informe de leur puissance ne tarda-t-il pas de s'écrouler. Le vaste empire des *kalifes*, passé du despotisme à l'anarchie, se démembra de toutes parts. Les gouverneurs temporels, désabusés de la sainteté de leur chef spirituel, s'érigèrent partout en souverains, et formèrent des états indépendants. L'Égypte ne fut pas la dernière à suivre cet exemple; mais ce ne fut qu'en 969 (1) qu'il s'y établit une puissance régulière, dont les princes, sous le nom de *kalifes fâtmites*, disputèrent à ceux de Bagdâd jusqu'au titre de leur dignité. Ces derniers, à cette époque, privés de leur autorité par la milice turkmane, n'étaient plus capables de réprimer ces prétentions. Ainsi les *kalifes* d'Égypte restèrent maîtres paisibles de ce riche pays, et ils en eussent pu former un état puissant. Mais toute l'histoire des Arabes s'accorde à prouver que cette nation n'a jamais connu *la science du gouvernement*. Les souverains d'Égypte, despotes comme ceux de Bagdâd, marchèrent par les mêmes routes à la même destinée. Ils se mêlèrent de querelles de sectes, ils en firent même de nouvelles, et persécutèrent pour avoir des prosélytes. L'un d'eux, nommé *Hâkem-b'amr-ellâh* (2), eut l'extravagance de se faire reconnaître pour dieu incarné, et la barbarie de mettre le feu au Kaire pour se désennuyer. D'autres dissipèrent les fonds publics par un luxe bizarre. Le peuple foulé les prit en aversion; et leurs courtisans, enhardis par leur faiblesse, aspirèrent à les dépouiller. Tel fut le cas d'*Adhad-el-din*, dernier rejeton de cette race. Après une invasion des croisés, qui lui

---

(1) Ou 972, selon d'Herbelot.
(2) *Commandant par ordre de Dieu.*

avaient imposé un tribut, un de ses généraux, déposé, le menaça de lui enlever un pouvoir dont il se montrait peu digne. Se sentant incapable de résister par lui-même, et sans espoir dans sa nation qu'il avait aliénée, il eut recours aux étrangers. En vain le raisonnement et l'expérience de tous les temps lui dictaient que ces étrangers, dépositaires de sa personne, en seraient aussi les maîtres; une première imprudence en nécessita une seconde : il appela une race de Turkmans et de Kourdes qui s'étaient fait un état dans le nord de la Syrie; et il implora *Nour-el-din*, souverain d'Alep, qui dévorant déja l'Égypte, se hâta d'y envoyer une armée. Elle délivra effectivement *Adhad* du tribut des Francs et des prétentions de son général; mais le kalife ne fit que changer d'ennemis : on ne lui laissa que l'ombre de la puissance; et *Seláh-el-dín*, qui prit, en 1171, le commandement des troupes, finit par le faire étrangler. C'est ainsi que les Arabes d'Égypte furent assujettis à des étrangers, dont les princes commencèrent une nouvelle dynastie dans la personne de *Seláh-el-dín*.

Pendant que ces choses se passaient en Égypte, pendant que les croisés d'Europe se faisaient chasser de Syrie pour leurs désordres, des mouvements extraordinaires préparaient d'autres révolutions dans la haute Asie. Djenkiz-Kan, devenu seul chef de presque toutes les hordes tartares, n'attendait que le moment d'envahir les états voisins : une insulte faite à des marchands sous sa protection, détermina sa marche contre le sultan de Balk et l'orient de la Perse. Alors, c'est-à-dire vers 1218, ces contrées devinrent le théâtre d'une des plus sanglantes calamités dont l'histoire des conquérants fasse mention. Les Mogols, le fer et la flamme à la main, pillant, égorgeant, brûlant, sans distinction d'âge ni de sexe, réduisirent tout le pays du Sihoun au Tigre en un désert de cendres et d'ossements. Ayant passé au nord de la Caspienne, ils poussèrent leurs ravages jusque dans la Russie et le Cuban. Ce fut cette expédition, arrivée en 1227, dont les suites introduisirent les Mamlouks en Égypte. Les Tartares, las d'égorger, avaient ramené une foule de jeunes esclaves des deux sexes; leurs camps et les marchés de l'Asie en étaient remplis. Les successeurs de *Seláh-el-dín*, qui, à titre de *Turkmans*, conservaient des correspondances vers la Caspienne, virent dans cette rencontre une occasion de se former à bon marché une milice dont ils connaissaient la beauté et le courage. Vers l'an 1230, l'un d'eux fit acheter jusqu'à 12,000 jeunes gens qui se trouvèrent *Tcherkásses*, *Mingreliens* et *Abazans*. Il les fit élever dans les exercices militaires, et en peu de temps il eut une légion des plus beaux et des meilleurs soldats de l'Asie, mais aussi des plus mutins, comme il ne tarda pas de l'éprouver. Bientôt cette milice, semblable aux gardes prétoriennes, lui fit la loi. Elle fut encore plus audacieuse sous son successeur, qu'elle déposa. Enfin, en 1250, peu après le désastre de saint Louis, ces soldats tuèrent le dernier prince *turkman*, et lui substituèrent un de leurs chefs, avec le titre de *sultan* (1), en gardant pour eux celui de *Mamlouks*, qui signifie un esclave militaire (2).

Telle est cette milice d'esclaves devenus despotes, qui depuis plusieurs siècles régit les destins de l'Égypte. Dès l'origine, les effets répondirent aux moyens : sans contrat social entre eux que l'intérêt du moment, sans droit public avec la nation que celui de la conquête, les Mamlouks n'eurent pour règle de conduite et de gouvernement que la violence d'une soldatesque effrénée et grossière. Le premier chef qu'ils élurent, ayant occupé cet esprit turbulent à la conquête de la Syrie, il obtint un règne de 17 ans; mais depuis lui pas un seul n'est parvenu à ce terme. Le fer, le cordon, le poison, le meurtre public ou l'assassinat privé, ont été le sort d'une suite de tyrans, dont on compte 47 dans une espace de 257

---

(1) Nos anciens en firent *soldan* et soudan, par le changement fréquent d'*ol* en *ou*; fol, *fou*; mol, *mou*.

(2) *Mamlouk*, participe passif de *malak*, posséder, signifie *l'homme possédé* en propriété; ce qui a le sens d'*esclave*; mais cette espèce est distinguée des esclaves domestiques, ou noirs, qu'on appelle *abd*.

ans. Enfin, en 1517, Sélim, sultan des Ottomans, ayant pris et fait pendre Toumâm-bek, leur dernier chef, mit fin à cette dynastie (1).

Selon les principes de la politique turke, Sélim devait exterminer tout le corps des Mamlouks; mais une vue plus raffinée le fit pour cette fois déroger à l'usage. Il sentit, en établissant un pacha dans l'Égypte, que l'éloignement de la capitale deviendrait une grande tentation de révolte, s'il lui confiait la même autorité que dans les autres provinces. Pour parer à cet inconvénient, il combina une forme d'administration telle, que les pouvoirs, partagés entre plusieurs corps, gardassent un équilibre qui les tînt tous dans sa dépendance: la portion des Mamlouks échappés à son premier massacre lui parut propre à ce dessein. Il établit donc un *diouán*, ou *conseil* de régence, qui fut composé du pacha et des chefs des 7 corps

---

(1) L'histoire de ce premier empire des Mamlouks, et en général celle de l'Égypte depuis l'invasion des Arabes, a laissé jusqu'à ce jour une lacune dans nos connaissances : néanmoins il existe à la bibliothèque nationale deux manuscrits arabes capables de satisfaire notre curiosité à cet égard. La découverte en est due à M. Venture, interprète des langues orientales, qui aujourd'hui accompagne le général Buonaparte, et qui dans nos relations d'amitié et d'estime m'en a montré une traduction presque achevée. Il est à désirer qu'elle soit un jour publiée; mais comme le moment en paraît encore reculé, je crois faire une chose agréable aux lettres et à l'amitié, en insérant une notice de ces manuscrits que le lecteur trouvera à la fin de l'article de l'Égypte.

militaires. L'office du pacha fut de notifier à ce conseil les ordres de la *Porte*, de faire passer le tribut, de veiller à la sûreté du pays contre les ennemis extérieurs, de s'opposer à l'agrandissement des divers partis; de leur côté, les membres du conseil eurent le droit de rejeter les ordres du pacha, en motivant les refus; de le déposer même, et de ratifier toutes les ordonnances civiles ou politiques. Quant aux *Mamlouks*, il fut arrêté qu'on prendrait parmi eux les 24 gouverneurs ou beks des provinces : on leur confia le soin de contenir les Arabes, de veiller à la perception des tributs et à toute la police intérieure; mais leur autorité fut purement passive, et ils ne durent être que les instruments des volontés du conseil. L'un d'eux, résidant au Kaire, eut le titre de *chaik-el-beled* (1), qu'on doit traduire par *gouverneur de la ville*, dans un sens purement civil, c'est-à-dire, sans aucun pouvoir militaire.

Le sultan établit aussi des tributs, dont une partie fut destinée à soudoyer 20,000 hommes de pied et un corps de 12,000 cavaliers, résidants sur le pays : l'autre, à procurer à la Mekke et à Médine des provisions de blé dont elles manquent; et la troisième, à grossir le kazné ou trésor de Constantinople, et à soutenir le luxe du *sérail*. Du

---

(1) *Chaik* signifie proprement un *vieillard*, *senior populi*; il a pris là même acception en Orient que parmi nous; et il désigne un *seigneur*, un commandant.

reste, le peuple, qui devait subvenir à ces dépenses, ne fut compté, comme l'a très-bien observé Savary, que comme un agent passif, et resta soumis comme auparavant à toute la rigueur d'un despotisme militaire.

Cette forme de gouvernement n'a pas mal répondu aux intentions de Sélim, puisqu'elle a duré plus de 2 siècles; mais depuis 50 ans, la Porte s'étant relâchée de sa vigilance, il s'est introduit des nouveautés dont l'effet a été de multiplier les *Mamlouks*; de reporter en leurs mains les richesses et le crédit, et enfin, de leur donner sur les Ottomans un ascendant qui a réduit à peu de chose le pouvoir de ceux-ci. Pour concevoir cette révolution, il faut connaître par quels moyens les *Mamlouks* se sont perpétués et multipliés en Égypte.

En les voyant subsister en ce pays depuis plusieurs siècles, on croirait qu'ils s'y sont reproduits par la voie ordinaire de la génération; mais si leur premier établissement fut un fait singulier, leur perpétuation en est un autre qui n'est pas moins bizarre. Depuis 550 ans qu'il y a des *Mamlouks* en Égypte, pas un seul n'a donné lignée subsistante; il n'en existe pas une famille à la seconde génération : tous leurs enfants périssent dans le premier ou le second âge. Les Ottomans sont presque dans le même cas, et l'on observe qu'ils ne s'en garantissent qu'en épousant des femmes indigènes, ce que les *Mamlouks* ont toujours dédaigné (1). Qu'on explique pourquoi des hommes bien constitués, mariés à des femmes saines, ne peuvent naturaliser sur les bords du Nil un sang formé aux pieds du Caucase, et qu'on se rappelle que les plantes d'Europe refusent également d'y maintenir leur espèce; on pourra hésiter de croire ce double phénomène; mais il n'en est pas moins constant, et il ne paraît pas nouveau; les anciens ont des observations qui y sont analogues : ainsi, lorsque Hippocrate (2) dit que chez les Scythes et les Égyp-

---

(1) Les femmes des Mamlouks sont, comme eux, des esclaves transportées de Géorgie, de Mingrelie, etc. On parle toujours de leur beauté, et il faut y croire sur la foi de la renommée. Mais un Européen qui n'a été qu'en Turkie n'a pas le droit d'en rendre témoignage. Ces femmes y sont encore plus invisibles que les autres, et c'est sans doute à ce mystère qu'elles doivent l'idée qu'on se fait de leur beauté. J'ai eu occasion d'en demander des nouvelles à l'épouse d'un de nos négocians au Kaire, à laquelle le commerce des galons et des étoffes de Lyon ouvrait tous les *harem*. Cette dame, qui a plus d'un droit d'en bien juger, m'a assuré que sur 1,000 à 1,200 femmes d'élite qu'elle a vues, elle n'en a pas trouvé 10 qui fussent d'une vraie beauté; mais les Turks ne sont pas si difficiles; pourvu qu'une femme soit blanche, elle est belle; si elle est grasse, elle est admirable. *Son visage est comme la pleine lune; ses hanches sont comme des coussins*, disent-ils pour exprimer le superlatif de la beauté. On peut dire qu'ils la mesurent au quintal. Ils ont d'ailleurs un proverbe remarquable pour les physiciens : *Prends une blanche pour tes yeux; mais pour le plaisir, prends une Égyptienne*. L'expérience leur a prouvé que les femmes du Nord sont réellement plus froides que celles du Midi.

(2) *Hippocrates, lib. de Aere, Locis et Aquis.*

tiens, tous les individus se ressemblent, et que ces deux nations ne ressemblent à aucune autre; lorsqu'il ajoute que dans le pays de ces deux peuples, le climat, les saisons, les éléments et le terrain ont une uniformité qu'ils n'ont point ailleurs, n'est-ce pas reconnaître cette espèce d'intolérance dont je parle? Quand de tels pays impriment un caractère, si particulier à ce qui leur appartient, n'est-ce pas une raison de repousser tout ce qui leur est étranger? Il semble alors que le seul moyen de naturalisation pour les animaux et pour les plantes, est de se ménager une affinité avec le climat, en s'alliant aux espèces indigènes; et les *Mamlouks*, ainsi que je l'ai dit, s'y sont refusés. Le moyen qui les a perpétués et multipliés est donc le même qui les y a établis; c'est-à-dire qu'ils se sont régénérés par des esclaves transportés de leur pays originel. Depuis les Mogols, ce commerce n'a pas cessé sur les bords du Kuban et du Phase (1); comme en Afrique, il s'y entretient, et par les guerres que se font les nombreuses peuplades de ces contrées, et par la misère des habitants qui vendent leurs propres enfants pour

---

(1) Ce pays fut de tout temps une pépinière d'esclaves : il en fournissait aux Grecs, aux Romains et à l'ancienne Asie. Mais n'est-il pas singulier de lire dans Hérodote que jadis la Colchide (aujourd'hui la Géorgie) reçut des habitants noirs de l'Égypte, et de voir qu'aujourd'hui elle lui en rende de si différents?

vivre. Ces esclaves des deux sexes, transportés d'abord à Constantinople, sont ensuite répandus dans tout l'empire, où ils sont achetés par les gens riches. Les Turks, en s'emparant de l'Égypte, auraient dû sans doute y prohiber cette dangereuse marchandise : ne l'ayant pas fait, ils se sont attiré le revers qui aujourd'hui les dépossède ; ce revers a été préparé de longue main par plusieurs abus. Depuis long-temps la Porte négligeait les affaires de cette province. Pour contenir les pachas, elle avait laissé le divan étendre son pouvoir, et les chefs des *janissaires* et des *azâbs* étaient devenus tout-puissants. Les soldats eux-mêmes, devenus citoyens par les mariages qu'ils avaient contractés, n'étaient plus les créatures de Constantinople. Un changement arrivé dans la discipline avait aggravé le désordre. Dans l'origine, les sept corps militaires avaient des caisses communes ; et quoique la société fût riche, les particuliers, ne disposant de rien, ne pouvaient rien. Les chefs, que cette disposition gênait, eurent le crédit de la faire abolir, et ils obtinrent la permission de posséder des propriétés foncières, des terres et des villages. Or, comme ces terres et ces villages dépendaient des gouverneurs *mamlouks*, il fallut les ménager, pour qu'ils ne les grevassent point. De ce moment, les *beks* acquirent une influence sur les gens de guerre, qui jusqu'alors les avaient dédaignés ; et cette influence devint d'autant plus grande que leur gestion leur procurait des richesses considérables : ils les employèrent à se faire des amis et des créatures ; ils multiplièrent leurs esclaves, et après les avoir affranchis, ils les poussèrent de tout leur crédit aux grades de la milice et du gouvernement. Ces parvenus conservant pour leurs patrons un respect que l'usage de l'Orient consacre, ils leur formèrent des factions dévouées à toutes leurs volontés. Telle fut la marche par laquelle *Ybrahim*, l'un des kiâyas (1) ou colonels vétérans des *janissaires*, parvint vers 1746 à se saisir de tous les pouvoirs : il avait tellement multiplié et avancé ses affranchis, que sur les 24 beks que l'on devait compter, il y en avait 8 de sa *maison*. Il en retirait une prépondérance d'autant plus certaine, que le pacha laissait toujours des places vacantes pour en percevoir les émoluments. D'autre part, ses largesses lui avaient attaché les officiers et les soldats de son corps. Enfin l'association de *Rodoan*, le plus accrédité des colonels *azâbs*, mettait le sceau à sa puissance. Le pacha, maîtrisé par cette faction, ne fut plus qu'un fantôme, et les ordres du sultan s'évanouirent devant ceux d'Ybrahim. A sa mort, arrivée en 1757, sa *maison*, c'est-à-dire ses affran-

---

(1) Les corps militaires des janissaires, azâbs, etc., étaient commandés par des kiâyas, qui, après un an d'exercice, se démettaient de leur emploi, et devenaient vétérans, avec voix au *diouân*.

chis, divisés entre eux, mais réunis contre les autres, continuèrent de faire la loi. Rodoan, qui avait succédé à son collègue, ayant été chassé et tué par une cabale de jeunes *beks*, on vit divers *commandants* se succéder dans un assez court espace. Enfin, vers 1766, un des principaux acteurs des troubles, *Ali-bek*, qui pendant plusieurs années a fixé l'attention de l'Europe, prit un ascendant décidé sur ses rivaux, et sous le titre d'*émir-hadj* et de *chaik-el-beled*, parvint à s'arroger toute la puissance. L'histoire des Mamlouks étant liée à la sienne, nous allons continuer l'une en exposant l'autre.

CHAPITRE III.

Précis de l'histoire d'Ali-Bek (1).

LA naissance d'Ali-bek est soumise aux mêmes incertitudes que celle de la plupart des *Mamlouks*. Vendus en bas âge par leurs parents, ou

---

(1) J'avais depuis long-temps rédigé cet article, lorsque Savary a publié deux nouveaux volumes sur l'Égypte, dans l'un desquels se trouve la vie de ce même Ali-bek. Je comptais y trouver des récits propres à vérifier ou à redresser les

enlevés par des ennemis, ces enfants conservent peu le souvenir de leur origine et de leur patrie, souvent même ils les cèlent. L'opinion la plus ac-

---

miens; mais quel a été mon étonnement de voir que nous n'avons presque rien de commun! Cette diversité m'a été d'autant plus désagréable, que déja ne m'étant pas trouvé du même avis sur d'autres objets, il pourra sembler à bien des lecteurs que je prends à tâche de contrarier ce voyageur. Mais, outre que je ne connais point la personne de Savary, je proteste que de telles partialités n'entrent point dans mon caractère. Par quel accident arrive-t-il donc qu'ayant été sur les mêmes lieux, ayant dû voir les mêmes témoins, nos récits soient si divers? J'avoue que je n'en vois pas bien la raison : tout ce que je puis assurer, c'est que pendant 6 mois que j'ai vécu au Kaire, j'ai interrogé avec soin ceux de nos négociants et des marchands chrétiens à qui une longue résidence et un esprit sage m'ont paru donner un témoignage plus authentique. Je les ai trouvés d'accord sur les faits principaux, et j'ai eu l'avantage d'entendre confirmer leurs récits par un négociant vénitien (C. Rosetti), qui a été l'un des conseillers intimes d'Ali-bek, et le promoteur de ses liaisons avec les Russes, et de ses projets sur le commerce de l'Inde. Dans la Syrie, j'ai trouvé une foule de témoins oculaires des événements communs au chaik Dâher et à Ali-bek, et j'ai pu juger du degré d'instruction de mes auteurs d'Égypte. Pendant huit mois que j'ai demeuré chez les Druzes, j'ai appris de l'évêque d'Alep, alors évêque d'Acre, mille particularités d'autant plus certaines, que le ministre de Dâher, *Ibrahim-Sabbâr*, était fréquemment dans sa maison. En Palestine, j'ai vécu avec des chrétiens et des musulmans qui ont commandé des troupes de Dâher, fait le premier siége de Yâfa avec Ali-bek, et soutenu le second contre Mohammad-bek. J'ai vu les lieux, j'ai entendu les témoins; j'ai reçu des notes historiques de l'agent de Venise à *Yâfa*, qui a essuyé sa part de tous les troubles. Voilà les matériaux sur lesquels j'ai rédigé ma narration. Ce n'est pas que je n'aie trouvé quelques *variantes* de circon-

créditée sur Ali est qu'il naquit parmi les Abazans, l'un des peuples qui habitent le Caucase, et dont les esclaves sont les plus recherchés (1). Les mar-

---

stances : quels faits n'en ont pas? La bataille de Fontenoi n'a-t-elle pas dix versions différentes ? Il suffit d'obtenir les principaux résultats, d'admettre les plus grandes probabilités, et j'ai pu apprendre par moi-même, en cette occasion, combien la stricte vérité des faits historiques est difficile à établir.

Ce n'est pas non plus que je n'aie entendu quelques-uns des récits de Savary; et lui-même ne peut être taxé de les avoir imaginés; car sa narration est, mot pour mot, celle d'un livre anglais imprimé en 1783, et intitulé *Précis de la révolte d'Ali-bek**, quoiqu'il n'y ait que quarante pages consacrées à ce sujet; et que le reste ne traite que de lieux communs, de mœurs et de géographie. J'étais au Kaire lorsque les papiers publics rendirent compte de cet ouvrage; et je me rappelle bien que lorsque nos négociants entendirent parler d'une Marie, femme d'Ali-bek; d'un Grec Dâoud, père de ce commandant; d'une reconnaissance comme celle de Joseph; ils se regardèrent avec étonnement, et finirent *par rire des contes qu'on faisait en Europe*. Ainsi le facteur anglais, qui était en Égypte en 1771, a beau réclamer l'autorité du kiâya d'Ali-bek et d'une foule de beks qu'il a consultés *sans savoir l'arabe*, on ne peut le regarder comme bien instruit. Je le suspecte d'autant plus d'erreur, qu'il débute par une faute impardonnable, en disant que le pays d'*Abaza* est la même chose qu'*Amasée*, puisque l'un est une contrée du Caucase, en tirant vers le Kuban, et l'autre une ville de l'ancienne Cappadoce ou Natolie moderne.

(1) Les Turks estiment en premier lieu les esclaves Tchercasses ou Circassiens, puis les Abazans; 3° les Mingreliens; 4° les Géorgiens; 5° les Russes et les Polonais; 6° les Hongrois et les Allemands; 7° les Noirs; et enfin les derniers de tous sont les Espagnols, les Maltais et autres Francs, qu'ils déprisent comme étant ivrognes, débauchés, mutins et de peu de travail.

---

* An account of the history of the revolt of Ali-bek, etc. *London*, 1783, 1 vol. in-8°.

chands qui font ce commerce le transportèrent, dans l'une de leurs cargaisons annuelles, au Kaire : il y fut acheté par les frères Isaac et Yousef, juifs douaniers, qui en firent présent à Ybrahim Kiâya. On estime qu'il pouvait avoir alors 12 à 14 ans ; mais les Orientaux, tant musulmans que chrétiens, ne tenant point de registres de naissance, on ne sait jamais leur âge précis. Ali, chez son nouveau patron, remplit les fonctions des Mamlouks, qui sont presque en tout celles des pages chez les princes. Il reçut l'éducation d'usage, qui consiste à bien manier un cheval, à tirer la carabine et le pistolet, à lancer le *djerid*, à frapper du sabre, et même un peu à lire et à écrire. Dans tous ces exercices, il montra une pétulance qui lui valut le surnom turk de *djendâli*, c'est-à-dire, *fou*. Mais les soucis de l'ambition parvinrent à le calmer. Vers l'âge de 18 à 20 ans, son patron lui laissa croître la barbe, c'est-à-dire, qu'il l'affranchit ; car chez les Turks un visage sans moustaches et sans barbe n'appartient qu'aux esclaves et aux femmes, et de là cette impression défavorable qu'ils reçoivent du premier aspect de tout Européen. En l'affranchissant, Ybrahim lui donna une femme, des revenus, et le promut au grade de *kâchef* ou *gouverneur* de district ; enfin il le mit au rang des 24 beks. Ces divers grades, le crédit et les richesses qu'il y acquit, éveillèrent l'ambition d'Ali-bek. La mort de son patron, arrivée en 1757, ouvrit à ses projets une libre carrière. Il se mêla dans toutes les intrigues qui se firent pour élever ou supplanter les commandants. Rodoan Kiâya lui dut sa ruine. Après Rodoan, diverses factions portèrent tour à tour leurs chefs à sa place. Celui qui l'occupait en 1762, était Abd-el-Rahmân, peu puissant par lui-même, mais soutenu par plusieurs maisons confédérées. Ali était alors *chaik-el-beled;* il saisit le moment qu'Abd-el-Rahmân conduisait la caravane de la Mekke, pour le faire exiler; mais lui-même eut bientôt son tour, et fut condamné à passer à Gaze. Gaze, dépendant d'un pacha turk, n'était point un lieu assez agréable ni assez sûr pour qu'il acceptât cet exil; aussi n'en prit-il la route que par feinte, et dès le troisième jour il tourna vers *Saïd*, où il fut rejoint par ses partisans. Ce fut à Djirdjé qu'un séjour de 2 ans mûrit sa tête, et qu'il prépara les moyens d'obtenir et d'assurer le pouvoir qu'il ambitionnait. Les amis que son argent lui fit au Kaire l'ayant enfin rappelé en 1766, il parut subitement dans cette ville, et en une seule nuit il tua 4 beks de ses ennemis, en exila 4 autres, et se trouva désormais chef du parti le plus nombreux. Devenu dépositaire de toute l'autorité, il résolut de l'employer à s'agrandir encore davantage. Son ambition ne se borna plus au simple titre de *commandant* ni de *quaiem-maquam.* La suzeraineté de

Constantinople offensa son orgueil, et il n'aspira pas moins qu'au titre de *sultan* d'Égypte. Toutes ses démarches furent relatives à ce but: il chassa le pacha, qui n'était plus qu'un être de représentation; il refusa le tribut accoutumé; enfin, en 1768, il battit monnaie à son propre coin (1). La Porte ne vit pas sans indignation ces atteintes à son autorité; mais pour les réprimer il eût fallu une guerre ouverte, et les circonstances n'étaient pas favorables. L'Arabe *Dáher*, établi dans *Acre*, tenait en échec la Syrie; et le divan de Constantinople, occupé des affaires de la Pologne et des prétentions des Russes, n'avait d'attention que pour le Nord. On tenta la voie usitée des capidjis; mais le poison ou le poignard surent toujours prévenir le cordon qu'ils portaient. *Alibek*, profitant des circonstances, poussa de plus en plus ses entreprises et ses succès. Depuis plusieurs années, une partie du Saïd était occupée par des chaiks arabes peu soumis. L'un d'eux, nommé *Hammám*, y formait une puissance capable d'inquiéter. Ali commença par se délivrer de ce souci, et sous prétexte que ce chaik recélait un dépôt confié par Ybrahim Kiâya, et qu'il accueillait des rebelles, il envoya contre lui,

---

(1) Lors de sa ruine, ses piastres perdirent vingt pour cent, parce qu'on prétendit qu'elles étaient surchargées d'alliage. Un négociant en fit passer 10,000 à Marseille, et elles rendirent à la fonte un bénéfice assez considérable.

en 1769, un corps de Mamlouks commandé par son favori Mohammad-bek qui détruisit en une seule journée Hammâm et sa puissance.

La fin de cette même année vit une autre expédition dont les suites devaient rejaillir jusque sur l'Europe. Ali-bek arma des vaisseaux à *Suez*, et les chargeant de Mamlouks, il ordonna au bek *Hasan* d'aller occuper Djedda, port de la Mekke, pendant qu'un corps de cavalerie, sous la conduite de *Mohammad-bek*, marcha par terre à la Mekke même, qui fut prise sans coup férir et livrée au pillage. Son dessein était de faire de Djedda l'entrepôt du commerce de l'Inde; et ce projet suggéré par un jeune négociant vénitien (1) admis à sa confiance, devait faire abandonner le trajet par le cap de Bonne-Espérance, et lui substituer l'ancienne route de la Méditerranée et de la mer Rouge. Mais, sans parler du revers qui termina cette entreprise (2), la suite des faits a prouvé qu'on s'était trop pressé, et qu'avant d'introduire l'or dans un pays, il faut y établir des lois.

Cependant Ali-bek, vainqueur d'un chaïk du Saïd, et du chérif de la Mekke, se crut fait désormais pour commander au monde entier. Ses cour-

---

(1) C. Rosetti; son frère Balthasar Rosetti devait être douanier de Djedda.

(2) Peu après, les habitants de la Mekke chassèrent les Mamlouks du port et de la ville, et rétablirent le chérif que l'on avait dépossédé.

tisans lui dirent qu'il était aussi puissant que le sultan de Constantinople, et il le crut comme ses courtisans. Un peu de raisonnement lui eût démontré que la proportion de l'Égypte au reste de l'empire n'en fait qu'un bien petit état, et que 7 ou 8,000 cavaliers qu'il commandait étaient peu de chose en comparaison de 100,000 janissaires dont le sultan pouvait disposer; mais les Mamlouks ne savent point de géographie; et Ali, qui voyait l'Égypte de près, la trouvait plus grande que la Turkie qu'il voyait de loin. Il résolut donc de commencer le cours de ses conquêtes. La Syrie, qui était à sa porte, fut naturellement la première qu'il se proposa : tout favorisait ses vues. La guerre des Russes, ouverte en 1769, occupait toutes les forces des Turks dans le Nord. Le chaik Dâher, révolté, était un allié puissant et fidèle; enfin les concussions du pacha de Damas, en disposant les esprits à la révolte, offraient la plus belle occasion d'envahir son gouvernement, et de mériter le titre de libérateur des peuples. Ali saisit très-bien cet ensemble, et il ne différa de se mettre en mouvement, qu'autant que l'exigeaient les préparatifs nécessaires. Toutes les mesures étant prises, il publia, en décembre 1770, un manifeste contre *Osman*, pacha de Damas, et il envoya 500 Mamlouks occuper Gaze, pour s'assurer l'entrée de la Palestine. Osman n'apprit pas plus tôt l'invasion, qu'il accourut. Les Mamlouks, effrayés de sa diligence et du nombre de ses troupes, se tinrent, la bride en main, prêts à fuir au premier signal ; mais *Dâher*, l'homme le plus diligent qu'ait vu depuis long-temps la Syrie, *Dâher* accourut d'Acre, et les tira d'embarras. Osman, campé près de Yâfa, prit la fuite sans rendre de combat. Dâher occupa Yâfa, Ramlé et toute la Palestine, et la route resta ouverte à la grande armée qu'on attendait.

Elle arriva sur la fin de février 1771 : les gazettes du temps, qui comptèrent 60,000 hommes, ont fait croire en Europe que c'était une armée semblable à celles de Russie ou d'Allemagne ; mais les Turks, et surtout ceux de l'Asie, diffèrent encore plus des Européens par l'état militaire que par les usages et les mœurs. Il s'en faut beaucoup que 60,000 hommes, chez eux, soient 60,000 soldats comme les nôtres. L'armée dont il s'agit en est un exemple : elle pouvait monter réellement à 40,000 têtes qu'il faut classer comme il suit ; savoir, 5,000 Mamlouks, tous à cheval, et c'était là véritablement l'armée ; environ 1,500 Barbaresques à pied, et pas d'autre infanterie. Les Turks n'en connaissent pas ; chez eux, l'homme à cheval est tout. En outre, chaque Mamlouk ayant à sa suite deux valets à pied armés d'un bâton, il en résulte 10,000 valets ; plus, un excédant de valets et de *serrâdjs* ou valets à cheval pour les beks et kâchefs, évalué 2,000, et tout le reste vivandiers et goujats : voilà cette armée, telle que me l'ont dépeinte en Palestine des personnes qui l'ont vue et suivie. Elle était commandée par le favori d'*Alibek*, *Mohammad-bek*, surnommé *Aboudâhâb*, ou père de l'or, à raison du luxe de sa tente et de ses harnais. Quant à l'ordre et à la discipline, il n'en faut pas faire mention. Les armées des Mamlouks et des Turks ne sont qu'un amas confus de cavaliers sans uniformes, de chevaux de toute taille et de toutes couleurs, marchant sans observer ni rangs, ni distributions. Cette foule s'achemina vers Acre, laissant sur son passage les traces de son indiscipline et de sa rapacité : là se fit la réunion des troupes du chaik Dâher, qui consistaient en 1,500 *Safadiens* (1) à cheval, commandés par son fils *Ali*; en 1,200 cavaliers *Mottouâlis*, ayant pour chef le chaik *Nâsif*, et à peu près 1,000 Barbaresques à pied. Cette réunion opérée, et le plan concerté, l'on marcha vers Damas dans le courant d'avril. Osman, qui avait eu le loisir de se préparer, avait de son côté rassemblé une armée nombreuse et aussi mal ordonnée. Les pachas de Saïd (2), de Tripoli et d'Alep s'étaient joints à lui, et ils attendaient l'ennemi sous les murs mêmes de Damas. Il ne faut pas s'imaginer ici des mouvements combinés, tels que ceux qui,

---

(1) Les gens de Dâher portaient ce nom, parce que le siége originel de l'état de Dâher était à Safad, village de Galilée.

(2) Prononcez *Sède*; c'est la ville qui a succédé à Sidon.

depuis 100 ans, ont fait de la guerre parmi nous une science de calcul et de réflexion. Les Asiatiques n'ont pas les premiers éléments de cette conduite. Leurs armées sont des *cohues*, leurs marches des pillages, leurs campagnes des incursions, leurs batailles des batteries; le plus fort ou le plus hardi va chercher l'autre, qui souvent fuit sans combat; s'il attend de pied ferme, on s'aborde, on se mêle; on tire les carabines, ou rompt des lances, ou se taille à coups de sabre; on n'a presque jamais de canon, et lorsqu'il y en a, il est de peu de service. La terreur se répand souvent sans raison : un parti fuit; l'autre le presse, et crie victoire. Le vaincu subit la loi du vainqueur, et souvent la campagne finit avec la bataille.

Tel fut en partie ce qui se passa en Syrie en 1771. L'armée d'Ali-bek et de Dâher marcha contre Damas. Les pachas l'attendirent; on s'approcha, et le 6 juin on en vint à une affaire décisive : les Mamlouks et les Safadiens fondirent avec tant de fureur sur les Turks, que ceux-ci, épouvantés du carnage, prirent la fuite; les pachas ne furent pas les derniers à se sauver; les alliés, maîtres du terrain, s'emparèrent sans effort de la ville qui n'avait ni soldats ni murs. Le château seul résista. Ses murailles ruinées n'avaient pas un canon, encore moins de canonniers; mais il y avait un fossé marécageux, et derrière les ruines quelques fusiliers; et cela suffit pour arrêter cette armée de cavaliers :

cependant, comme les assiégés étaient vaincus par l'opinion, ils capitulèrent le troisième jour, et la place devait être livrée le lendemain, lorsque le point du jour amena la plus étrange des révolutions. Au moment que l'on attendait le signal de la reddition, Mohammad fait tout à coup crier la retraite, et tous ses cavaliers tournent vers l'Égypte. En vain Ali-Dâher et Nâsif surpris, accourent et demandent la cause d'un retour si incroyable : le *Mamlouk* ne répond à leurs instances que par une menace hautaine, et tout décampe en confusion. Ce ne fut pas une retraite, mais une fuite; on eût dit que l'ennemi les chassait l'épée dans les reins; la route de Damas au Kaire fut couverte de piétons, de cavaliers épars, de munitions et de bagages abandonnés. On attribua dans le temps cette aventure bizarre à un prétendu bruit de la mort d'Ali-bek; mais le vrai nœud de l'énigme fut une conférence secrète qui se passa de nuit dans la tente de Mohammad-bek. Osman ayant vu que la force était sans succès, employa la séduction. Il trouva moyen d'introduire chez le général égyptien un agent délié qui, sous prétexte de traiter de pacification, tenta de semer la révolte et la discorde. Il insinua à Mohammad que le rôle qu'il jouait était aussi peu convenable à son honneur qu'à sa sûreté; qu'il se trompait s'il croyait que le sultan dût laisser impunies les saillies d'Ali-bek; que c'était un sacrilége de violer une ville sainte comme

Damas, l'une des deux portes de la *Kîabé* (1); qu'il s'étonnait que lui Mohammad préférât à la faveur du sultan celle d'un de ses esclaves, et qu'il plaçât un second maître entre son souverain et lui; que d'ailleurs on savait que ce maître, en l'exposant chaque jour à de nouveaux dangers, le sacrifiait, et à son ambition personnelle, et à la jalousie de son kiâya, le Copte *Rezq*. Ces raisons, et surtout ces deux dernières, qui portaient sur des faits connus, frappèrent vivement Mohammad et ses beks : aussitôt ils délibérèrent, et se lièrent par serment sur le *sabre* et le *Qôran*; ils décidèrent qu'on partirait sans délai pour le Kaire. Ce fut en conséquence de ce dessein qu'ils décampèrent si brusquement, en abandonnant leur conquête : ils marchèrent avec tant de précipitation, que le bruit de leur arrivée ne les précéda au Kaire que de six heures. Ali-bek en fut épouvanté, et il eût désiré de punir sur-le-champ son général; mais Mohammad parut si bien accompagné, qu'il n'y eut pas moyen de rien tenter contre sa personne : il fallut dissimuler, et Ali-bek s'y soumit d'autant plus aisément, qu'il devait sa fortune bien plus encore à cet art qu'à son courage.

Privé tout à coup des fruits d'une guerre dispendieuse, Ali-bek ne renonça pas à ses projets.

---

(1) A raison du pèlerinage, dont les deux grandes caravanes partent du Kaire et de Damas.

Il continua d'envoyer des secours à son allié Dàher, et il prépara une seconde armée pour l'année 1772; mais la fortune, lasse de faire pour lui plus que sa prudence, cessa de le favoriser. Un premier revers fut la perte de plusieurs *cayâsses* ou bateaux qu'un corsaire russe enleva à la vue de Damiât, au moment qu'ils portaient des riz à Dâher; mais un autre accident bien plus grave, fut l'évasion de Mohammad-bek. Ali-bek avait de la peine à oublier l'affaire de Damas; néanmoins, par un reste de cet amour que l'on a pour ceux à qui l'on a fait du bien, il ne pouvait se décider à un coup violent, quand un propos glissé par le négociant vénitien qui jouissait de sa confiance, vint l'y déterminer. « Les sultans des Francs, » disait un jour Ali-bek à cet Européen, de qui je le tiens, « les sultans « des Francs ont-ils des enfants aussi riches que mon « fils Mohammad ? Non, seigneur, lui répondit le « courtisan : ils s'en donnent bien de garde ; car ils « prétendent que les enfants trop grands sont sou-« vent pressés d'hériter de leurs pères. » Ce mot pénétra comme un trait dans le cœur d'Ali-bek. De ce moment il vit dans Mohammad un rival dangereux, et il résolut sa perte. Pour l'effectuer sans risques, il envoya d'abord un ordre à toutes les portes du Kaire de ne laisser sortir aucun Mamlouk dans la soirée ou pendant la nuit; puis il fit signifier à Mohammad d'aller sur-le-champ en exil au Saïd. Il comptait, par cette contradiction, que

Mohammad serait arrêté aux portes, et que les gardiens s'emparant de sa personne, on en aurait bon marché; mais le hasard trompa ces mesures vagues et timides. La fortune voulut que par un malentendu, on crût Mohammad chargé d'ordres particuliers d'Ali. On le laissa passer avec sa suite, et de ce moment tout fut perdu. Ali-bek, instruit de la méprise, le fit poursuivre; mais Mohammad tint une contenance si menaçante, qu'on n'osa l'attaquer. Il se retira au Saïd, frémissant de colère et plein du désir de la vengeance. Un autre danger l'y attendait. Ayoub-bek, lieutenant d'Ali, feignant d'entrer dans les ressentiments de l'exilé, l'accueillit avec transport, et jura sur le sabre et le Qôran de faire cause commune avec lui. Peu de temps après on surprit des lettres de cet Ayoub à Ali, par lesquelles il lui promettait incessamment la tête de son ennemi. Mohammad, ayant découvert la trame, fit saisir le traître; et, après lui avoir coupé les poings et la langue, il l'envoya au Kaire recevoir la récompense de son patron.

Cependant les Mamlouks, jaloux de la fortune et las des hauteurs d'Ali-bek, désertèrent en foule vers son rival. Les Arabes de *Hammâm*, par ressentiment et par espoir de butin, se joignirent à eux. En quarante jours Mohammad se vit assez fort pour descendre du Saïd et venir camper à 4 lieues du Kaire. Ali-bek, troublé de son approche, hésita sur le parti qu'il devait prendre, et prit le plus mauvais. Craignant de se voir trahi s'il marchait en personne, il fit avancer un corps de troupes sous la conduite d'Ismaël-bek, dont il avait lieu de se défier, et lui-même campa avec sa maison aux portes du Kaire. Ismaël, qui avait trempé dans l'affaire de Damas, ne fut pas plus tôt en présence de l'ennemi, qu'il passa de son côté; ses troupes, déconcertées, se replièrent en fuyant vers le Kaire : pendant qu'elles se rejoignaient au corps de réserve, les Arabes et les Mamlouks qui les poursuivaient les attaquèrent si brusquement que la déroute devint générale. Ali-bek perdant courage ne songea plus qu'à sauver ses trésors et sa personne. Il rentra précipitamment dans la ville, et, pillant à la hâte sa propre maison, il prit la fuite vers Gaze, suivi de 800 Mamlouks qui s'attachèrent à sa fortune. Il voulait passer sur-le-champ jusqu'à Acre, chez son allié Dâher; mais les habitants de Nâblous et de Yâfa lui fermèrent la route. Il fallut que Dâher vînt lui-même lever les obstacles. L'Arabe le reçut avec cette simplicité et cette franchise qui de tout temps ont fait le caractère de sa nation, et il l'emmena à Acre. Saïde alors assiégée par les troupes d'Osman et par les Druzes, demandait des secours. Il alla les porter, et Ali l'y accompagna. Leurs troupes réunies formaient environ 7,000 cavaliers. A leur approche les Turks levèrent le siége, et se retirèrent à une lieue au nord de la ville, sur la rivière d'*Aoula*. Ce fut là que se livra, en juillet 1772, la bataille la plus considérable et la plus méthodique de toute cette guerre. L'armée turke, trois fois plus forte que celle des deux alliés, fut complètement battue. Les sept pachas qui la commandaient prirent la fuite, et Saïde resta à *Dâher*, et à son gouverneur *Degnizlé*. De retour à *Acre*, Ali-bek et Dâher allèrent châtier les habitants de Yâfa, qui s'étaient révoltés pour garder à leur profit un dépôt de munitions et de vêtements qu'une flottille d'Ali y avait laissé avant qu'il fût chassé du Kaire. La ville, occupée par un chaik de *Nâblous*, ferma ses portes, et il fallut l'assiéger. Cette expédition commença en juillet, et dura 8 mois, quoique Yâfa n'eût pour enceinte qu'un vrai mur de jardin sans fossé; mais en Syrie et en Égypte on est encore plus novice dans la guerre de siége que dans celle de campagne : enfin les assiégés capitulèrent en février 1773. Ali, désormais libre, ne songea plus qu'à repasser au Kaire. *Dâher* lui offrait des secours; les Russes, avec qui Ali avait contracté une alliance en traitant l'affaire du corsaire, promettaient de le seconder : seulement il fallait du temps pour rassembler ces moyens épars, et Ali s'impatientait. Les promesses de Rezq, son oracle et son kiâya, irritaient encore sa pétulance. Ce Copte ne cessait de lui dire que l'heure de son retour était venue; que les astres en présentaient les signes les plus favorables; que la perte de Mohammad était présagée de la manière la plus certaine. Ali, qui, comme tous les Turks, croyait fermement à l'astrologie, et qui se fiait d'autant plus à Rezq, que souvent ses prédictions avaient réussi, ne pouvait plus supporter de délais. Les nouvelles du Kaire achevèrent de lui faire perdre patience. Dans les premiers jours d'avril on lui remit des lettres signées de ses amis, par lesquelles ils lui marquaient qu'on était las de son ingrat esclave, et qu'on n'attendait que sa présence pour le chasser. Sur-le-champ il arrêta son départ, et sans donner aux Russes le temps d'arriver, il partit avec ses Mamlouks et 1,500 Safadiens commandés par *Osman*, fils de *Dâher*; mais il ignorait que les lettres du Kaire étaient une ruse de Mohammad; que ce bek les avait exigées par violence pour le tromper et l'attirer dans un piége qu'il lui tendait. En effet, Ali, s'étant engagé dans le désert qui sépare Gaze de l'Égypte, rencontra près de *Saléhie* un corps de 1,000 Mamlouks d'élite qui l'attendaient. Ce corps était conduit par le jeune bek *Mourâd*, qui, épris de la femme d'Ali-bek, l'avait obtenue de Mohammad au cas qu'il livrât la tête de cet illustre infortuné. À peine Mourâd eut-il aperçu la poussière qui annonçait au loin les ennemis, que fondant sur eux avec sa troupe, il les mit en désordre; pour comble de bonheur il rencontra Ali-bek dans la mêlée, l'attaqua, le blessa au front d'un coup de sabre, le prit et le conduisit à Mohammad. Celui-ci, campé deux lieues en arrière, reçut son ancien maître avec ce respect exagéré si familier aux *Turks* et cette sensibilité que sait feindre la perfidie. Il lui donna une tente magnifique, recommanda qu'on en prît le plus grand soin, se dit mille fois *son esclave, baisant la poussière de ses pieds;* mais le troisième jour ce spectacle se termina par la mort d'Alibek, due, selon les uns, aux suites de sa blessure, selon les autres, au poison : les deux cas sont si également probables, qu'on n'en peut rien décider.

Ainsi se termina la carrière de cet homme, qui, pendant quelque temps, avait fixé l'attention de l'Europe, et donné à bien des politiques l'espérance d'une grande révolution. On ne peut nier qu'il n'ait été un homme extraordinaire; mais l'on s'en fait une idée exagérée, quand on le met dans la classe des grands hommes : ce que racontent de lui des témoins dignes de foi, prouve que s'il eut le germe des grandes qualités, le défaut de culture les empêcha de prendre ce développement qui en fait de grandes vertus. Passons sur sa crédulité en astrologie, qui détermina plus souvent ses actions que des motifs réfléchis. Passons aussi sur ses trahisons, ses parjures, l'assassinat même de ses bienfaiteurs (1), par lesquels il acquit ou maintint sa puissance. Sans doute, la morale d'une

---

(1) Tel que Sâlêh-bek.

société anarchique est moins sévère que celle d'une société paisible; mais en jugeant les ambitieux par leurs propres principes, on trouvera qu'Ali-bek a mal connu ou mal suivi son plan d'agrandissement, et qu'il a lui-même préparé sa perte. On a droit surtout de lui reprocher trois fautes : 1° Cette imprudente passion de conquêtes, qui épuisa sans fruit ses revenus et ses forces, et lui fit négliger l'administration intérieure de son propre pays. 2° Le repos précoce auquel il se livra, ne faisant plus rien que par ses lieutenants; ce qui diminua parmi les Mamlouks le respect qu'on avait pour lui, et enhardit les esprits à la révolte. 3° Enfin, les richesses excessives qu'il entassa sur la tête de son favori, et qui lui procurèrent le crédit dont il abusa. En supposant Mohammad vertueux, Ali ne devait-il pas craindre la séduction des adulateurs, qui en tout pays se rassemblent autour de l'opulence? Cependant il faut admirer dans Ali-bek une qualité qui le distingue de la foule des tyrans qui ont gouverné l'Égypte : si les vices d'une mauvaise éducation l'empêchèrent de connaître la vraie gloire, il est du moins constant qu'il en eut le désir; et ce désir ne fut jamais celui des âmes vulgaires. Il ne lui manqua que d'être approché par des hommes qui en connussent les routes; et parmi ceux qui commandent, il en est peu dont on puisse faire cet éloge.

Je ne puis passer sous silence une observation

que j'ai entendu faire au Kaire. Ceux des négocians européens qui ont vu le règne d'Ali-bek et sa ruine, après avoir vanté la bonté de son administration, son zèle pour la justice et sa bienveillance pour les Francs, ajoutent avec surprise que le peuple ne le regretta point; ils en prennent occasion de répéter ces reproches d'inconstance et d'ingratitude qu'on a coutume de faire au peuple; mais en examinant tous les accessoires, ce fait ne m'a pas paru si bizarre qu'il en a l'apparence. En Égypte, comme en tous pays, les jugemens du peuple sont dictés par l'intérêt de sa subsistance; c'est selon que ses gouverneurs la lui rendent aisée ou difficile, qu'il les aime ou les hait, les blâme ou les approuve : et cette manière de juger ne peut être ni aveugle ni injuste. En vain lui diront-ils que l'honneur de l'empire, la gloire de la nation, l'encouragement du commerce et des beaux-arts exigent telle ou telle opération. Le besoin de vivre doit passer avant tout; et quand la multitude manque de pain, elle a du moins le droit de refuser sa reconnaissance et son admiration. Qu'importait au peuple d'Égypte qu'Ali-bek conquît le Saïd, la Mekke et la Syrie, si ses conquêtes ne rendaient pas son sort meilleur? Et il en devint pire; car ces guerres aggravèrent les contributions par leurs frais. La seule expédition de la Mekke coûta vingt-six millions de France. Les sorties de blé qu'occasionnèrent les

armées, jointes au monopole de quelques négociants en faveur, causèrent une famine qui désola
le pays pendant tout le cours de 1770 et 1771.
Or, quand les habitans du Kaire et les paysans des
villages mouraient de faim, avaient-ils tort de
murmurer contre Ali-bek? avaient-ils tort de con-
damner le commerce de l'Inde, si tous ses avantages devaient se concentrer en quelques mains?
Quand Ali dépensait 225,000 livres pour l'inutile
poignée d'un *kandjar* (1), si les joailliers vantaient
sa magnificence, le peuple n'avait-il pas le droit
de détester son luxe? Cette libéralité, que ses courtisans appelaient vertu, le peuple, aux dépens de
qui elle s'exerçait, n'avait-il pas raison de l'appeler vice? Était-ce un mérite à cet homme de
prodiguer un or qui ne lui coûtait rien? Était-ce
une justice de satisfaire, aux dépens du public,
ses affections ou ses obligations particulières,
comme il fit avec son panetier (2)? On ne peut le

---

(1) Poignard qu'on porte à la ceinture.

(2) Ali-bek, partant pour un exil (car il fut exilé jusqu'à
trois fois), était campé près du Kaire, ayant un délai de 24
heures pour payer ses dettes : un nommé Hasan, janissaire,
à qui il devait 500 sequins (3,750 liv.), vint le trouver. Ali,
croyant qu'il demandait son argent, commença de s'excuser;
mais Hasan, tirant 500 autres sequins, lui dit : Tu es dans le
malheur, prends encore ceux-ci. Ali, confondu de cette générosité, jura, par la tête du prophète, que s'il revenait, il
ferait à cet homme une fortune sans exemple. En effet, à son
retour, il le créa son fournisseur général des vivres; et quoi-

nier, la plupart des actions d'Ali-bek offrent bien moins les principes généraux de la justice et de l'humanité, que les motifs d'une ambition et d'une vanité personnelles. L'Égypte n'était à ses yeux qu'un domaine, et le peuple un troupeau dont il pouvait disposer à son gré. Doit-on s'étonner après cela, si les hommes qu'il traita en maître impérieux, l'ont jugé en mercenaires mécontents ?

CHAPITRE IV.

Précis des événements arrivés depuis la mort d'Ali-bek jusqu'en 1785.

Depuis la mort d'Ali-bek, le sort des Égyptiens ne s'est pas amélioré : ses successeurs n'ont pas même imité ce qu'il y avait de louable dans sa conduite. *Mohammad-bek*, qui prit sa place au mois d'avril 1773, n'a montré, pendant deux ans de règne, que les fureurs d'un brigand et les noirceurs d'un traître. D'abord, pour colorer son ingratitude envers son patron, il avait feint de n'être que le vengeur des droits du sultan, et le ministre de ses volontés; en conséquence, il avait

---

qu'on l'avertît des concussions scandaleuses de Hasan, jamais il ne les réprima.

envoyé à Constantinople le tribut interrompu depuis six ans, et le serment d'une obéissance sans bornes. Il renouvela sa soumission à la mort d'Ali-bek; et, sous prétexte de prouver son zèle pour le sultan, il demanda la permission de faire la guerre à l'Arabe *Dâher*. La Porte, qui eût elle-même sollicité cette démarche comme une faveur, se trouva trop heureuse de l'accorder comme une grace : elle y ajouta le titre de pacha du Kaire, et Mohammad ne songea plus qu'à cette expédition. On pourra demander quel intérêt politique avait un gouverneur d'Égypte à détruire l'Arabe *Dâher*, rebelle en Syrie. Mais ici la politique n'était pas plus consultée qu'en d'autres occasions. Les mobiles étaient des passions particulières, et entre autres un ressentiment personnel à Mohammad-bek. Il ne pouvait oublier une lettre sanglante que *Dâher* lui avait écrite lors de la révolution de Damas, ni toutes les démarches hostiles que le chaik avait faites contre lui en faveur d'Ali-bek. D'ailleurs la cupidité se joignait à la haine. Le ministre de Dâher, *Ybrahim-Sabbâr*(1), passait pour avoir entassé des trésors extraordinaires, et l'Égyptien voyait, en perdant Dâher, le double avantage de s'enrichir et de se venger. Il ne balança donc pas à entreprendre cette guerre, et il en fit les

―――――――――――――――

(1) *Sabbâr* en grasseyant l'*r*, ce qui signifie *teinturier*; avec l'*r* ordinaire ce mot signifierait *sondeur*.

8.

préparatifs avec toute l'activité que donne la haine. Il se munit d'un train d'artillerie extraordinaire ; il fit venir des canonniers étrangers, et il en confia le commandement à l'Anglais Robinson ; il fit transporter de Suez un canon de 16 pieds de longueur, qui restait depuis long-temps inutile. Enfin, au mois de février 1776, il parut en Palestine avec une armée égale à celle qu'il avait menée contre Damas. A son approche, les gens de Dâher qui occupaient *Gaze*, ne pouvant espérer de s'y soutenir, se retirèrent ; il s'en empara, et sans s'arrêter il marcha contre Yâfâ. Cette ville, qui avait une garnison, et dont les habitants avaient tous l'habitude de la guerre, se montra moins docile que Gaze, et il fallut l'assiéger. L'histoire de ce siége serait un monument curieux de l'ignorance de ces contrées dans l'art militaire ; quelques faits principaux en donneront une idée suffisante.

Yâfâ, l'ancienne Ioppé, est située sur un rivage dont le niveau général est peu élevé au-dessus de la mer. Le seul emplacement de la ville se trouve être une colline en pain de sucre, d'environ 130 pieds perpendiculaires. Les maisons, distribuées sur la pente, offrent le coup d'œil pittoresque des gradins d'un amphithéâtre ; sur la pointe est une petite citadelle qui domine le tout ; le bas de la colline est enceint d'un mur sans rempart, de 12 à 14 pieds de haut, sur 2 ou 3 d'épaisseur.

Les créneaux qui règnent sur son faîte sont les seuls signes qui le distinguent d'un mur de jardin. Ce mur, qui n'a point de fossé, est entouré de jardins, où les limons, les oranges et les poncires acquièrent dans un sol léger une grosseur prodigieuse : voilà la ville qu'attaquait Mohammad. Elle avait pour défenseurs 5 à 600 *Safadiens* et autant d'habitants, qui, à la vue de l'ennemi, prirent leur sabre et leur fusil à pierre et à mèche. Ils avaient quelques canons de bronze de 24 livres de balles, sans affûts; il les élevèrent tant bien que mal sur quelques charpentes faites à la hâte : et comptant le courage et la haine pour la force, ils répondirent aux sommations de l'ennemi par des menaces et des coups de fusil.

Mohammad, voyant qu'il fallait les emporter de vive force, vint asseoir son camp devant la ville; mais le Mamlouk savait si peu les règles de l'art, qu'il se plaça à demi-portée du canon; les boulets qui tombèrent sur ses tentes l'avertirent de sa faute : il recula : nouvelle expérience, nouvelle leçon; enfin il trouva la mesure, et se fixa : on planta sa tente, où le luxe le plus effréné fut déployé de toutes parts : on dressa tout autour et sans ordre, celles des Mamlouks; les Barbaresques firent des huttes avec les troncs et les branches des orangers et des limoniers; et la suite de l'armée s'arrangea comme elle put : on distribua, tant bien que mal, quelques gardes, et, sans faire de retranchements, on se réputa campé. Il fallait dresser des batteries; on choisit un terrain un peu élevé vers le sud-est de la ville, et là, derrière quelques murs de jardin, on pointa 8 pièces de gros canons à 200 pas de la ville, et l'on commença de tirer, malgré les fusiliers de l'ennemi, qui, du haut des terrasses, tuèrent plusieurs canonniers. Tout cet ordre paraîtra si étrange en Europe, que l'on sera tenté d'en douter; mais ces faits n'ont pas 11 ans: j'ai vu les lieux, j'ai entendu nombre de témoins oculaires, et je regarde comme un devoir de n'altérer ni en bien ni en mal des faits sur lesquels l'esprit d'une nation doit être jugé.

On sent qu'un mur de 3 pieds d'épaisseur et sans rempart fut bientôt ouvert d'une large brèche; il fallut, non pas y monter, mais la franchir. Les Mamlouks voulaient qu'on le fît à cheval; mais on leur fit comprendre que cela était impossible; et, pour la première fois, ils consentirent à marcher à pied. Ce dut être un spectacle curieux de les voir avec leurs immenses culottes de *sailles* de Venise, embarrassés de leurs beniches retroussés, le sabre courbe à la main et le pistolet au côté, avancer en trébuchant parmi les décombres d'une muraille. Ils crurent avoir tout surmonté, quand ils eurent franchi cet obstacle; mais les assiégés, qui jugeaient mieux, attendirent qu'ils eussent débouché sur le terrain vide qui est entre la ville et le mur ; là ils les assaillirent, du haut des terrasses et des fenêtres des maisons, d'une telle grêle de balles, que les Mamlouks n'eurent pas même l'envie de mettre le feu ; ils se retirèrent, persuadés que cet endroit était un coupe-gorge impénétrable, puisqu'on n'y pouvait entrer à cheval. Mourâd-bek les ramena plusieurs fois, toujours inutilement. Mohammad-bek séchait de désespoir, de rage et de soucis : 46 jours se passèrent ainsi. Cependant les assiégés, dont le nombre diminuait par les attaques réitérées, et qui ne voyaient pas qu'on leur préparât des secours du côté d'*Acre*, s'ennuyaient de soutenir seuls la cause de Dâher. Les musulmans surtout se plaignaient que les chrétiens, occupés à prier, se tenaient plus dans les églises qu'au champ de bataille. Quelques personnes ouvrirent des pourparlers : on proposa d'abandonner la place si les Égyptiens donnaient des sûretés : on arrêta des conditions, et l'on pouvait regarder le traité comme conclu, lorsque dans la sécurité qu'il occasionait, quelques Mamlouks entrèrent dans la ville. La foule les suivit, ils voulurent piller, on voulut se défendre, et l'attaque recommença ; l'armée alors s'y précipita en foule, et la ville éprouva les horreurs du sac ; femmes, enfants, vieillards, hommes faits, tout fut passé au fil du sabre ; et Mohammad, aussi lâche que barbare, fit ériger sous ses yeux, pour monument de sa victoire, une pyramide de toutes les têtes de ces infortunés : on assure qu'elles passaient 1200. Cette catastrophe, arrivée le 19 mai 1776, répandit la terreur dans tout le pays. Le chaik Dâher même s'enfuit d'Acre, où son fils Ali le remplaça. Cet Ali, dont la Syrie célèbre encore l'active intrépidité, mais qui en a terni la gloire par ses révoltes perpétuelles contre son père; cet Ali crut que Mohammad, avec qui il avait fait un traité, le respecterait; mais le Mamlouk, arrivé aux portes d'Acre, lui déclara que, pour prix de son amitié, il voulait la tête de Dâher même. Ali, trompé, rejeta le parricide, et abandonna la ville aux Égyptiens; ils la pillèrent complètement : à peine les négociants français furent-ils épargnés; bientôt même ils se virent dans un danger affreux. Mohammad, instruit qu'ils étaient dépositaires des richesses d'Ybrahim, Kiâya de Dâher, leur déclara que s'ils ne les restituaient, il les ferait tous égorger. Le dimanche suivant était assigné pour cette terrible recherche, quand le hasard vint les délivrer, eux et la Syrie, de ce fléau. Mohammad, saisi d'une fièvre maligne, périt en 2 jours à la fleur de l'âge (1). Les chrétiens de Syrie sont persuadés que cette mort fut une punition du prophète Élie, dont il viola l'église sur le Carmel. Ils racontent même que, dans son agonie, il le vit

---

(1) Au mois de juin 1776.

plusieurs fois sous la forme d'un vieillard, et qu'il s'écriait sans cesse : *Otez-moi ce vieillard qui m'assiége et m'épouvante.* Mais ceux qui approchèrent de ce général dans ses derniers moments, ont rapporté au Kaire, à des personnes dignes de foi, que cette vision, effet du délire, avait son origine dans le souvenir de meurtres particuliers, et que la mort de Mohammad fut due aux causes bien naturelles d'un climat connu pour malsain, d'une chaleur excessive, d'une fatigue immodérée et des soucis cuisants que lui avait causés le siége de Yâfa. Il n'est pas hors de propos de remarquer à ce sujet, que si l'on écrivait l'histoire des chrétiens de Syrie et d'Égypte, elle serait aussi remplie de prodiges et d'apparitions qu'au temps passé.

Cette mort ne fut pas plus tôt connue, que toute cette armée, par une déroute semblable à celle de Damas, prit en tumulte le chemin de l'Égypte. Mourâd-bek, à qui la faveur de Mohammad avait acquis un grand crédit, se hâta de regagner le Kaire, pour y disputer le commandement à Ybrahim-bek. Celui-ci, également affranchi et favori du mort, n'eut pas plus tôt appris l'état des affaires, qu'il prit des mesures pour s'assurer une autorité dont il était dépositaire depuis l'absence de son patron. Tout annonçait une guerre ouverte; mais les deux rivaux, mesurant chacun leurs moyens, se trouvèrent une égalité qui leur fit craindre l'issue d'un combat. Ils prirent le parti de la paix, et ils passèrent un accord, par lequel l'autorité resta indivise, à condition cependant qu'Ybrahim conserverait le titre de *chaik-el-beled*, ou de *commandant* : l'intérêt de leur sûreté commune décida surtout cet arrangement. Depuis la mort d'Ali-bek, les beks et les kachefs, issus de sa *maison* (1), frémissaient en secret de voir la puissance passée aux mains d'une faction nouvelle; la supériorité de Mohammad, ci-devant leur égal, avait blessé leurs prétentions; celle de ses esclaves leur parut encore plus insupportable : ils résolurent de s'en affranchir; et ils commencèrent des intrigues et des cabales qui aboutirent à former une ligue contre Ybrahim et Mourâd. Elle eut pour chef cet Ismaël-bek qui avait trahi Ali-bek, et qui restait seul bek de la création d'Ybrahim Kiâfa. Il se conduisit avec tant d'artifice, que Mourâd et Ybrahim furent obligés d'évacuer le Kaire de leur propre mouvement; ils se refugièrent sous la protection du château; mais Ismaël les y ayant assiégés, ils prirent le parti de passer au Saïd. Peu après, la conduite tyrannique de ce chef leur procura une foule de transfuges avec lesquels ils revinrent l'attaquer, et ils le chassèrent à leur tour. Ismaël dépossédé s'enfuit à Gaze, d'où il

---

(1) C'est-à-dire dont il avait été patron : chez les Mamlouks, l'affranchi passe pour l'enfant de la *maison*.

passa par mer à *Derné*, à l'ouest d'Alexandrie, et se rendit par le désert au Saïd. D'autre part, *Hasan-bek*, ci-devant gouverneur de Djedda, ayant été exilé du Kaire et s'étant pareillement refugié au Saïd, ces deux chefs s'unirent d'intérêts, et formèrent un parti qui subsiste encore. Mourâd et Ybrahim, inquiets de sa durée, ont tenté plusieurs fois de le détruire, sans en pouvoir venir à bout. Ils avaient fini par accorder aux rebelles un district au-dessus de Djirdjé; mais ces Mamlouks, qui ne soupirent qu'après les délices du Kaire, ayant fait quelques mouvements en 1783, Mourâd-bek crut devoir faire une tentative pour les exterminer : j'arrivai dans le temps qu'il en faisait les préparatifs. Ses gens, répandus sur le Nil, arrêtaient tous les bateaux qu'ils rencontraient, et, le bâton à la main, forçaient les malheureux patrons de les suivre au Kaire; chacun fuyait pour se dérober à une corvée qui ne devait rapporter aucun salaire. Dans la ville, on avait imposé une contribution de 500,000 dahlers (1) sur le commerce; on forçait les boulangers et les divers marchands à fournir leurs denrées au-dessous du prix qu'elles leur coûtaient, et toutes ces extorsions, si abhorrées en Europe, étaient des choses d'usage. Tout fut prêt dans les premiers jours d'avril, et Mourâd partit pour le

---

(1) 2,625,000 livres.

Saïd. Les nouvelles de Constantinople et celles d'Europe qui les répètent, peignirent dans le temps cette expédition comme une guerre considérable, et l'armée de Mourâd comme une puissante armée; elle l'était relativement à ses moyens et à l'état de l'Égypte; mais il n'en est pas moins vrai qu'elle ne passait pas 2,000 cavaliers. A voir l'altération habituelle des nouvelles de Constantinople, il faut croire, ou que les Turks de la capitale n'entendent rien aux affaires de l'Égypte et de la Syrie, ou qu'ils veulent en imposer aux Européens. Le peu de communication qu'il y a entre ces parties éloignées de l'empire, rend le premier cas plus probable que le second. D'un autre côté, il semblerait que la résidence de nos négociants dans les diverses échelles dût nous éclaircir; mais les négociants, renfermés dans leurs *kans* comme dans des prisons, ne s'embarrassent que peu de tout ce qui est étranger à leur commerce, et ils se contentent de rire des gazettes qu'on leur envoie d'Europe. Quelquefois ils ont voulu les redresser; mais on a fait un si mauvais emploi de leurs renseignements, qu'ils ont renoncé à un soin onéreux et sans profit.

Mourâd, parti du Kaire, conduisit ses cavaliers à grandes journées le long du fleuve; les équipages, les munitions, suivaient dans les bateaux, et le vent du nord, qui règne le plus souvent, favorisait leur diligence. Les exilés, au nombre d'environ 500, étaient placés au-dessus de Djirdjé. Lorsqu'ils apprirent l'arrivée de l'ennemi, la division se mit parmi eux : quelques-uns voulaient combattre, d'autres voulaient capituler; plusieurs prirent ce dernier parti, et se rendirent à Mourâd-bek; mais Hasan et Ismaël, toujours inébranlables, remontèrent vers Asouan, suivis d'environ 250 cavaliers. Mourâd les poursuivit jusque vers la cataracte, où ils s'établirent sur des lieux escarpés si avantageux, que les Mamlouks, toujours ignorants dans la guerre de poste, tinrent pour impossible de les forcer. D'ailleurs, craignant qu'une trop longue absence du Kaire n'y fît éclore des nouveautés contre lui-même, Mourâd se hâta d'y revenir, et les exilés, sortis d'embarras, revinrent prendre possession de leur poste au Saïde, comme ci-devant.

Dans une société où les passions des particuliers ne sont point dirigées vers un but général; où chacun, ne pensant qu'à soi, ne voit dans l'incertitude du lendemain que l'intérêt du moment; où les chefs, n'imprimant aucun sentiment de respect, ne peuvent maintenir la subordination : dans une pareille société, un état fixe et constant est une chose impossible; le choc tumultueux des parties incohérentes doit donner une mobilité perpétuelle à la machine entière : c'est ce qui ne cesse d'arriver dans la société des Mamlouks au Kaire. A peine Mourâd fut-il de retour, que de nouvelles combinaisons d'intérêts excitèrent de nouveaux troubles; outre sa faction et celles d'Ybrahim et de la maison d'Ali-bek, il y avait encore au Kaire divers beks sortis d'autres maisons étrangères à celles-là. Ces beks, que leur faiblesse particulière faisait négliger par les factions dominantes, s'avisèrent, au mois de juillet 1783, de réunir leurs forces, jusqu'alors isolées, et de former un parti qui eût aussi ses prétentions au commandement. Le hasard voulut que cette ligue fût éventée, et leurs chefs, au nombre de 5, se virent condamnés à l'improviste à passer en exil dans le Delta. Ils feignirent de se soumettre; mais à peine furent-ils sortis de la ville, qu'ils prirent la route du Saïde, refuge ordinaire et commode de tous les mécontents : on les poursuivit inutilement pendant une journée dans le désert des pyramides; ils échappèrent aux Mamlouks et aux Arabes, et ils arrivèrent sans accident à Minié, où ils s'établirent. Ce village, situé 40 lieues au-dessus du Kaire, et placé sur le bord du Nil qu'il domine, était très-propre à leur dessein. Maîtres du fleuve, ils pouvaient arrêter tout ce qui descendait du Saïde : ils surent en profiter; l'envoi de blé que cette province fait chaque année en cette saison était une circonstance favorable; ils la saisirent; et le Kaire, frustré de son approvisionnement, se vit menacé de la famine. D'autre part, les beks et les propriétaires dont les terres étaient dans le *Faïoum* et au-delà perdirent leurs revenus, parce que les exilés les mirent à contribution. Ce double désordre exigeait une nouvelle expédition. Mourâd-bek, fatigué de la précédente, refusa d'en faire une autre; Ybrahim-bek s'en chargea. Dès le mois d'août, malgré le *Ramádan*, on en fit les préparatifs : comme à l'autre, on saisit tous les bateaux et leurs patrons; on imposa des contributions; on contraignit les fournisseurs. Enfin, dans les premiers jours d'octobre, Ybrahim partit avec une armée qui passait pour formidable, parce qu'elle était d'environ 3,000 cavaliers. La marche se fit par le Nil, attendu que les eaux de l'inondation n'avaient pas encore évacué tout le pays, et que le terrain restait fangeux. En peu de jours on fut en présence. Ybrahim, qui n'a pas l'humeur si guerrière que Mourâd, n'attaqua point les confédérés; il entra en négociation, et il conclut un traité verbal, dont les conditions furent le retour des beks et leur rétablissement. Mourâd, qui soupçonna quelque trame contre lui dans cet accord, en fut très-mécontent : la défiance s'établit plus que jamais entre lui et son rival. L'arrogance que les exilés montrèrent dans un divan général acheva de l'alarmer : il se crut trahi; et, pour en prévenir l'effet, il sortit du Kaire avec ses agents, et il se retira au Saïde. On crut qu'il y avait une guerre ouverte; mais Ybrahim temporisa. Au bout de 4 mois, Mourâd vint à Djizé, comme pour décider la querelle par une bataille :

pendant 25 jours, les deux partis, séparés par le fleuve, restèrent en présence sans rien faire. On pourparla ; mais Mourâd, mécontent des conditions, et ne se trouvant pas assez fort pour en dicter de vive force, retourna au Saïde. Il y fut suivi par des envoyés qui, après 4 mois de négociations, parvinrent enfin à le ramener au Kaire : les conditions furent qu'il continuerait de partager l'autorité avec Ybrahim, et que les 5 beks seraient dépouillés de leurs biens. Ces beks, se voyant sacrifiés par Ybrahim, prirent la fuite; Mourâd les poursuivit, et, les ayant fait prendre par les Arabes du désert, il les ramena au Kaire pour les y garder à vue. Alors la paix sembla rétablie; mais ce qui s'était passé entre les deux commandants leur avait trop dévoilé à chacun leurs véritables intentions, pour qu'ils pussent désormais vivre comme amis. Chacun d'eux, bien convaincu que son rival n'épiait que l'occasion de le perdre, veilla pour éviter une surprise, ou la préparer. Cette guerre sourde en vint au point d'obliger Mourâd-bek de quitter le Kaire en 1784; mais, en se campant aux portes, il y tint une si bonne contenance, qu'Ybrahim, effrayé à son tour, s'enfuit avec ses gens au Saïde. Il y resta jusqu'en mars 1785, que, par un nouvel accord, il est revenu au Kaire. Il y partage comme ci-devant l'autorité avec son rival, en attendant que quelque nouvelle intrigue lui fournisse l'occasion de prendre sa revanche. Tel est le sommaire des révolutions qui ont agité l'Égypte dans ces dernières années. Je n'ai point détaillé la foule d'incidents dont les événements ont été compliqués, parce que, outre leur incertitude, ils ne portent ni intérêt ni instruction : ce sont toujours des cabales, des intrigues, des trahisons, des meurtres, dont la répétition finit par ennuyer; c'en est assez si le lecteur saisit la chaîne des faits principaux, et en tire des idées générales sur les mœurs et l'état politique du pays qu'il étudie. Il nous reste à joindre sur ces deux objets de plus grands éclaircissements.

CHAPITRE V.

État présent de L'Égypte.

Depuis la révolution d'Ybrahim Kiâya, et surtout depuis celle d'Ali-bek, le pouvoir des Ottomans en Égypte est devenu plus précaire que dans aucune autre province. Il est bien vrai que la Porte y conserve toujours un pacha; mais ce pacha, resserré et gardé à vue dans le château du Kaire, est plutôt le prisonnier des Mamlouks que le substitut du sultan. On le dépose, on l'exile, on le chasse à volonté; et, sur la simple sommation d'un héraut vêtu de noir (1), il *descend* de son palais comme le plus simple particulier. Quelques pachas, choisis à dessein par la Porte, ont tenté, par des manéges secrets, de rétablir les pouvoirs de leur dignité; mais les beks ont rendu ces intrigues si dangereuses, qu'ils se bornent maintenant à passer tranquillement les trois ans que doit durer leur captivité, et à manger en paix la pension qu'on leur alloue.

Cependant les beks, dans la crainte de porter le divan à quelque parti violent, n'osent déclarer leur indépendance. Tout continue de se faire au nom du sultan: ses ordres sont reçus, comme l'on dit, *sur la tête et sur les yeux,* c'est-à-dire avec le plus grand respect; mais cette apparence illusoire n'est jamais suivie de l'exécution. Le tribut est souvent suspendu, et il subit toujours des défalcations. On passe en compte des dépenses, telles que le curage des canaux, le transport des décombres du Kaire à la mer, le paiement des troupes, la réparation des mosquées, etc., etc., qui sont autant de dépenses fausses et simulées. On trompe sur le degré de l'inondation des terres: la crainte seule des caravelles qui, chaque année, viennent à Damiât et à Alexandrie, fait acquitter la contribution des riz et des blés; encore trouve-t-on le moyen d'altérer les fournissements effectifs en

---

(1) La formule de déposition consiste en ce mot: *Enzel*; c'est-à-dire, *descends* du château.

capitulant avec ceux qui les reçoivent. De son côté, la Porte, fidèle à sa politique ordinaire, ferme les yeux sur tous ces abus; elle sent que, pour les réprimer, il faudrait des efforts coûteux, et peut-être même une guerre ouverte qui compromettrait sa dignité : d'ailleurs, depuis plusieurs années, des intérêts plus pressants l'obligent de rassembler vers le nord toutes ses forces; occupée de sa propre sûreté dans Constantinople, elle laisse aux circonstances le soin de rétablir son pouvoir dans les provinces éloignées : elle fomente les divisions des divers partis, pour empêcher qu'aucun ne prenne consistance; et cette méthode, qui ne l'a point encore trompée, est également avantageuse à ses grands officiers, qui se font de gros revenus en vendant aux rebelles leur protection et leur influence. L'amiral actuel, *Hasan-Pacha*, a su plus d'une fois s'en prévaloir vis-à-vis de Mourâd et d'Ybrahim, de manière à en obtenir des sommes considérables.

CHAPITRE VI.

Constitution de la Milice des Mamlouks.

EN s'emparant du gouvernement de l'Égypte, les Mamlouks ont pris des mesures qui semblent leur en assurer la possession. La plus efficace, sans doute, est la précaution qu'ils ont eue d'avilir les corps militaires des *azâbs* et des *janissaires*. Ces deux corps, qui jadis étaient la terreur du pacha, ne sont plus que des simulacres aussi vains que lui-même. La Porte a encore cette faute à se reprocher : car, dès avant l'instruction d'Ybrahim *Kiâya*, le nombre des troupes turkes, qui devait être de 40,000 hommes, partie cavalerie, avait été réduit à plus de moitié par l'avarice des commandants, qui détournaient les payes à leur profit ; après Ybrahim, Ali-bek compléta ce désordre. D'abord il se défit de tous les chefs qui pouvaient lui faire ombrage ; il laissa vaquer les places sans les remplir ; il ôta aux commandants toute influence, et il avilit toutes les troupes turkes, au point qu'aujourd'hui les janissaires, les azâbs et les 5 autres corps ne sont qu'un ramas d'artisans, de goujats et de vagabonds qui gardent les portes de qui les paie, et qui tremblent devant les Mamlouks comme la populace du Kaire. C'est véritablement dans le corps de ces Mamlouks que consiste toute la force militaire de l'Égypte : parmi eux, quelques centaines sont répandues dans le pays et les villages pour y maintenir l'autorité, y percevoir les tributs, et veiller aux exactions ; mais la masse est rassemblée au Kaire. D'après les supputations de personnes instruites, leur nombre ne doit pas excéder 8,500 hommes, tant beks, kâchefs, que simples affranchis et Mamlouks encore esclaves; dans ce nombre, il y a une foule de jeunes gens qui n'ont pas atteint 20 et 22 ans. La plus forte maison est celle d'*Ybrahim-bek*, qui a environ 600 Mamlouks : après lui vient Mourâd, qui n'en a pas plus de 400, mais qui, par son audace et sa prodigalité, fait contre-poids à l'opulence avare de son rival; le reste des beks, au nombre de 18 à 20, en a depuis 50 jusqu'à 200. Il y a en outre un grand nombre de Mamlouks que l'on pourrait appeler vagues, en ce qu'étant issus de maisons éteintes, ils s'attachent à l'une ou à l'autre, selon leur intérêt, prêts à changer pour qui leur donnera davantage. Il faut encore compter quelques *Serrâdjes*, espèce de domestiques à cheval, qui portent les ordres des beks, et remplissent les fonctions d'huissiers : le tout ensemble ne va pas à 10,000 cavaliers. On ne doit point compter d'infanterie : elle n'est point estimée en Turkie, et surtout dans les provinces d'Asie. Les préjugés des anciens Perses et des Tartares règnent encore dans ces contrées : la guerre n'y étant que l'art de fuir ou de poursuivre, l'homme de cheval qui remplit le mieux ce double but est réputé le seul homme de guerre; et comme chez les barbares, l'homme de guerre est le seul homme distingué, il en est résulté, pour la marche à pied, quelque chose d'avilissant qui l'a fait réserver au peuple. C'est à ce titre que les

Mamlouks ne permettent aux habitants de l'Égypte que les mulets et les ânes, et qu'eux seuls ont le privilége d'aller à cheval; ils en usent dans toute son étendue : à la ville, à la campagne, en visite, même de porte en porte, on ne les voit jamais qu'à cheval. Leur habillement est venu se joindre aux préjugés pour leur en imposer l'obligation. Cet habillement, qui, pour la forme, ne diffère point de celui de tous les gens aisés en Turkie, mérite d'être décrit.

§ I.

Vêtements des Mamlouks.

D'abord c'est une ample chemise de toile de coton claire et jaunâtre, par-dessus laquelle on revêt une espèce de robe de chambre en toile des Indes, ou en étoffes légères de Damas et d'Alep. Cette robe appelée *antari*, tombe du cou aux chevilles, et croise sur le devant du corps jusque vers les hanches, où elle se fixe par 2 cordons. Sur cette première enveloppe vient une seconde, de la même forme, de la même ampleur, et dont les larges manches tombent également jusqu'au bout des doigts. Celle-ci s'appelle *coftân*; elle se fait ordinairement d'étoffes de soie plus riches que la première. Une longue ceinture serre ces deux vêtements à la taille, et partage le corps en deux paquets. Par-dessus ces deux pièces en vient une 3e, que l'on appelle *djoubé;* elle est de drap sans doublure, elle a la même forme générale, excepté que ses manches sont coupées au coude. Dans l'hiver, et souvent même dans l'été, ce *djoubé* est garni d'une fourrure, et devient *pelisse.* Enfin on met par-dessus ces 3 enveloppes une dernière, que l'on appelle *beniche.* C'est le manteau ou l'habit de cérémonie. Son emploi est de couvrir exactement tout le corps, même le bout des doigts, qu'il serait très-indécent de laisser paraître devant les grands. Sous ce beniche, le corps a l'air d'un long sac d'où sortent un cou nu et une tête sans cheveux, couverte d'un turban. Celui des Mamlouks, appelé *qáouq*, est un cylindre jaune, garni en dehors d'un rouleau de mousseline artistement compassé. Leurs pieds sont couverts d'un chausson de cuir jaune qui remonte jusqu'aux talons, et d'une pantoufle sans quartier, toujours prête à rester en chemin. Mais la pièce la plus singulière de cet habillement est une espèce de pantalon dont l'ampleur est telle, que dans sa hauteur, il arrive au menton, et que chacune de ses jambes pourrait recevoir le corps entier : ajoutez que les Mamlouks le font de ce drap de Venise qu'on appelle *saille*, qui, quoique aussi moelleux que l'elbeuf, est plus épais que la bure; et que, pour marcher plus à l'aise, ils y renferment, sous une ceinture à coulisse, toute la partie pendante des vêtements dont nous avons parlé. Ainsi emmaillotés, on conçoit que les Mamlouks ne sont pas des piétons agiles; mais ce que l'on ne conçoit qu'après avoir vu les hommes de divers pays, est qu'ils regardent leur habillement comme très-commode. En vain leur objecte-t-on qu'à pied il empêche de marcher, qu'à cheval il charge inutilement, et que tout cavalier démonté est un homme perdu; ils répondent: *C'est l'usage*, et ce mot répond à tout.

§ II.

Équipage des Mamlouks.

Voyons si l'équipage de leur cheval est mieux raisonné. Depuis que l'on a pris en Europe le bon esprit de se rendre compte des motifs de chaque chose, on a senti que le cheval, pour exécuter ses mouvements sous le cavalier, avait besoin d'être le moins chargé qu'il est possible, et l'on a allégé son harnais autant que le permettait la solidité. Cette révolution, que le 18e siècle a vu éclore parmi nous, est encore bien loin des Mamlouks, dont l'esprit est resté au 12e siècle. Toujours guidés par l'usage, ils donnent au cheval une selle dont la charpente grossière est chargée de fer, de bois et de cuir. Sur cette selle s'élève un troussequin de 8 pouces de hauteur, qui couvre le cavalier jusqu'aux reins, pendant que, sur le devant, un pommeau, saillant de 4 à 5 pouces, menace sa poitrine quand il se penche. Sous la selle, au lieu de coussins, ils étendent 3 épaisses couvertures de laine : le tout est fixé par une sangle qui passe sur la selle, et s'attache, non par des boucles à ardillon, mais par des nœuds de courroies peu solides et très-compliqués. D'ailleurs, ces selles ont un large poitrail et manquent de croupière, ce qui les jette trop sur les épaules du cheval. Les étriers sont une plaque de cuivre plus longue et plus large que le pied, et dont les côtés, relevés d'un pouce, viennent mourir à l'anse d'où ils pendent. Les angles de cette plaque sont tranchants, et servent, au lieu d'éperon, à ouvrir les flancs par de longues blessures. Le poids ordinaire d'une paire de ces étriers est de 9 à 10 livres, et souvent ils passent 12 et 13. La selle et les couvertures n'en pèsent pas moins de 25; ainsi le cheval porte d'abord un poids de 36 livres, ce qui est d'autant plus ridicule, que les chevaux d'Égypte sont très-petits. La bride est aussi mal conçue dans son genre; elle est de l'espèce qu'on appelle *à la genette*, sans articulation. La gourmette, qui n'est qu'un anneau de fer, serre le menton, au point d'en couper la peau; aussi tous ces chevaux ont les barres brisées, et manquent absolument de *bouche* : c'est un effet nécessaire des pratiques des Mamlouks, qui, au lieu de la ménager comme nous, la détruisent par des saccades violentes; ils les emploient surtout pour une manœuvre qui leur est particulière : elle consiste à lancer le cheval à bride abattue, puis à l'arrêter subitement au plus fort de la course; saisi par le mords, le cheval roidit les jambes, plie les jarrets, et termine sa carrière en glissant d'une seule pièce, comme un cheval de bois : on conçoit combien cette manœuvre répétée perd les jambes et la bouche; mais les Mamlouks lui trouvent de la grace, et elle convient à leur manière de combattre. Du reste, malgré leurs jambes en crochets, et les perpétuels mouvements de leurs corps, on ne peut nier qu'ils ne soient des cavaliers fermes et vigoureux, et qu'ils n'aient quelque chose de guerrier qui flatte l'œil même d'un étranger; il faut convenir aussi qu'ils ont mieux raisonné le choix de leurs armes.

§ III.

Armes des Mamlouks.

La première est une carabine anglaise d'environ 30 pouces de longueur, et d'un calibre tel, qu'elle peut lancer à la fois 10 à 12 balles, dont l'effet, même sans adresse, est toujours meurtrier. En second lieu, ils portent à la ceinture 2 grands pistolets qui tiennent au vêtement par un cordon de soie. A l'arçon pend quelquefois une masse d'armes dont ils se servent pour assommer; enfin, sur la cuisse gauche pend à une bandoulière un sabre courbe, d'une espèce peu connue en Europe; sa lame, prise en ligne droite, n'a pas plus de 24 pouces, mais, mesurée dans sa courbure, elle en a 30. Cette forme, qui nous paraît bizarre, n'a pas été adoptée sans motifs; l'expérience apprend que l'effet d'une lame droite est borné au lieu et au moment de sa chute, parce qu'elle ne coupe qu'en appuyant : une lame courbe, au contraire, présentant le tranchant en retraite, glisse par l'effort du bras, et continue son action dans un long espace. Les barbares, dont l'esprit s'exerce de préférence sur les arts meurtriers, n'ont pas manqué cette observation, et de là l'usage des cimeterres, si général et si ancien dans l'Orient. Le commun des Mamlouks tire les siens de Constantinople et d'Europe; mais les beks se disputent les lames de Perse et des anciennes fabriques de Damas (1), qu'ils paient jusqu'à 40 et 50 louis. Les qualités qu'ils en estiment sont la légèreté, la trempe égale et bien sonnante, les ondulations du fer, et surtout la finesse du tranchant : il faut avouer qu'elle est exquise;

---

(1) Je dis anciennes, car aujourd'hui on n'y fabrique plus d'acier.

mais ces lames ont le défaut d'être fragiles comme le verre.

§ IV.

Éducation et exercices des Mamlouks.

L'art de se servir de ces armes fait le sujet de l'éducation des Mamlouks, et l'occupation de toute leur vie. Chaque jour, de grand matin, la plupart se rendent dans une plaine hors du Kaire; et là, courant à toute bride, ils s'exercent à sortir prestement la carabine de la bandoulière, à la tirer juste, à la jeter sous la cuisse, pour saisir un pistolet qu'ils tirent et jettent par-dessus l'épaule : puis un second, dont ils font de même, se fiant au cordon qui les attache, sans perdre de temps à les replacer. Les beks présents les encouragent; et quiconque brise le vase de terre qui sert de but reçoit des éloges et de l'argent. Ils s'exercent aussi à bien manier le sabre, et surtout à donner le coup de revers, qui prend de bas en haut, et qui est le plus difficile à parer. Leurs tranchants sont si bons, et leurs mains si adroites, que plusieurs coupent une tête de coton mouillé, comme un pain de beurre. Ils tirent aussi l'arc, quoiqu'ils l'aient banni des combats; mais leur exercice favori est celui du *Djerid :* ce nom, qui signifie proprement *roseau*, se donne en général à tout bâton qu'on lance à la main selon des principes qui ont dû être ceux des Romains pour le *pilum*; au lieu de bâton, les Mamlouks emploient des branches fraîches de palmier effeuillées. Ces branches, qui ont la forme d'une tige d'artichaut, ont 4 pieds de longueur, et pèsent 5 à 6 livres. Armés de ce trait, les cavaliers entrent en lice, et courant à toute bride, ils se le lancent d'assez loin. Sitôt lancé, l'agresseur tourne bride, et celui qui fuit poursuit et jette à son tour. Les chevaux, dressés par l'habitude, secondent si bien leurs maîtres, qu'on dirait qu'ils y prennent autant de plaisir; mais ce plaisir est dangereux, car il y a des bras qui lancent avec tant de roideur, que souvent le coup blesse, et même devient mortel. Malheur à qui n'esquivait pas le djerid d'Ali-bek! Ces jeux, qui nous semblent barbares, tiennent de près à l'état politique des nations. Il n'y a pas 3 siècles qu'ils existaient parmi nous, et leur extinction est bien moins due à l'accident de Henri II, ou à un esprit philosophique, qu'à un état de paix intérieure qui les a rendus inutiles. Chez les Turks, au contraire, et chez les Mamlouks, ils se sont conservés, parce que l'anarchie de leur société a continué de faire un besoin de tout ce qui est relatif à la guerre. Voyons si leurs progrès dans cette partie sont proportionnés à leur pratique.

§ V.

Art Militaire des Mamlouks.

Dans notre Europe, quand on parle de troupes et de guerre, on se figure sur-le-champ une distribution d'hommes par compagnies, par bataillons, par escadrons; des uniformes de tailles et de couleurs, des formations par rangs et lignes, des combinaisons de manœuvres particulières ou d'évolutions générales; en un mot, tout un système d'opérations fondées sur des principes réfléchis. Ces idées sont justes par rapport à nous; mais quand on les transporte aux pays dont nous traitons, elles deviennent autant d'erreurs. Les Mamlouks ne connaissent rien de notre art militaire; ils n'ont ni uniformes, ni ordonnance, ni formation, ni discipline, ni même de subordination. Leur réunion est un attroupement, leur marche est une cohue, leur combat est un duel, leur guerre est un brigandage; ordinairement elle se fait dans la ville même du Kaire : au moment qu'on y pense le moins, une cabale éclate, des beks montent à cheval, l'alarme se répand, leurs adversaires paraissent : on se charge dans la rue le sabre à la main; quelques meurtres décident la querelle, et le plus faible ou le plus timide est exilé. Le peuple n'est pour rien dans ces combats; que lui importe que les tyrans s'égorgent? Mais on ne doit pas le croire spectateur tranquille, au milieu des balles et des coups de cimeterre; ce rôle est toujours dangereux : chacun fuit du champ de bataille, jusqu'au moment où le calme se rétablit. Quelquefois la populace pille les maisons des exilés, et les vainqueurs n'y mettent pas d'obstacle. A ce sujet, il est bon d'observer que ces phrases usitées dans les nouvelles d'Europe : *les beks ont fait des recrues*, *les beks ont ameuté le peuple*, *le peuple a favorisé un parti*, sont peu propres à donner des idées exactes. Dans les démêlés des Mamlouks, le peuple n'est jamais qu'un acteur passif.

Quelquefois la guerre est transportée à la campagne, et les combattants n'y déploient pas plus d'art. Le parti le plus fort ou le plus audacieux poursuit l'autre; s'ils sont égaux en courage, ils s'attendent ou se donnent un rendez-vous; et là, sans égard pour les avantages de position, les deux troupes s'approchent en peloton, les plus hardis marchent en tête; on s'aborde, on se défie, on s'attaque; chacun choisit son homme : on tire, si l'on peut, et l'on passe vite au sabre; c'est là que se déploient l'art du cavalier et la souplesse du cheval. Si celui-ci tombe, l'autre est perdu. Dans les déroutes, les valets, toujours présents, relèvent leur maître; et, s'il n'y a pas de témoins, ils l'assomment pour prendre la ceinture de sequins qu'il a soin de porter. Souvent la bataille se décide par la mort de 2 ou 3 personnes. Depuis quelque temps surtout, les Mamlouks ont compris que leurs patrons, étant les principaux intéressés, devaient courir les plus grands risques, et ils leur en laissent l'honneur. S'ils ont l'avantage, tant mieux pour tout le monde; s'ils sont vaincus, l'on capitule avec le vainqueur, qui souvent a fait ses conditions d'avance. Il n'y a que profit à rester tranquille; on est sûr de trouver un maître qui paie, et l'on revient au Kaire vivre à ses dépens jusqu'à nouvelle fortune.

§ VI.

Discipline des Mamlouks.

Ce caractère, qui cause la mobilité de cette milice, est une suite nécessaire de sa constitution. Le jeune paysan vendu en Mingrelie ou en Géorgie n'a pas plus tôt mis le pied en Égypte, que ses idées subissent une révolution. Une carrière immense s'ouvre à ses regards. Tout se réunit pour éveiller son audace et son ambition; encore esclave, il se sent destiné à devenir maître, et déjà il prend l'esprit de sa future condition. Il calcule le besoin qu'a de lui son patron, et il lui fait acheter ses services et son zèle; il les mesure sur le salaire qu'il en reçoit, ou sur celui qu'il en attend. Or, comme cette société ne connaît pas d'autre mobile que l'argent, il en résulte que le soin principal des maîtres est de satisfaire l'avidité de leurs serviteurs pour maintenir leur attachement. De là cette prodigalité des beks, ruineuse à l'Égypte qu'ils pillent; de là cette insubordination des Mamlouks, fatale à leurs chefs qu'ils dépouillent; de là ces intrigues qui ne cessent d'agiter les grands et les petits. A peine un esclave est-il affranchi, qu'il porte déja ses regards sur les premiers emplois. Qui pourrait arrêter ses prétentions? Rien dans ceux qui commandent ne lui offre cette supériorité de talents qui imprime le respect. Il n'y voit que des soldats comme lui, parvenus à la puissance *par les décrets du sort;* et s'il plaît au sort de le favoriser, il parviendra de même, et il ne sera pas moins habile dans l'art de gouverner, puisque cet art ne consiste qu'à prendre de l'argent et à donner des coups de sabre. De cet ordre de choses est encore né un luxe effréné qui, levant les barrières à tous les besoins, a donné à la rapacité des grands une étendue sans bornes. Ce luxe est tel, qu'il n'y a point de Mamlouk dont l'entretien ne coûte par an 2,500 livres, et il en est beaucoup qui coûtent le double. A chaque ramâdan, il faut un habillement neuf, il faut des draps de France, des sailles de Venise, des étoffes de Damas et des Indes. Il faut souvent renouveler les chevaux, les harnais. On veut des pistolets et des sabres damasquinés, des étriers dorés d'or moulu, des selles et des brides plaquées d'argent. Il faut aux chefs, pour les distinguer du vulgaire, des bijoux, des pierres précieuses, des chevaux arabes de 2 et 300 louis, des châles de Kachemire (1) de 25 et 50 louis, et une foule de pelisses, dont les moindres coûtent 500 livres (2). Les femmes ont rejeté, comme trop simple, l'ancien usage des garnitures de sequins sur la tête et sur la poitrine ; elles y ont substitué les diamants, les émeraudes, les rubis, les perles fines ; et, à la passion des châles et des fourrures, elles ont joint celle des étoffes et des galons de Lyon. Quand de tels besoins se trouvent dans une classe qui a en main toute l'autorité, et qui ne connaît de droits ni de propriété, ni de vie, qu'on juge des conséquences qu'ils doivent avoir, et pour les classes obligées d'y fournir, et pour les mœurs mêmes de ceux qui les ont.

§ VII.

Mœurs des Mamlouks.

Les mœurs des Mamlouks sont telles, qu'il est à craindre, en conservant les simples traits de la

---

(1) Voyez, *Voyage*, tom. II, État politique de la Syrie, chap. III, la note relative aux *châles*.

(2) Les négociants européens, qui ont pris goût à ce luxe, ne croient pas avoir une garde-robe décente quand elle ne passe pas 12 ou 15,000 francs.

vérité, d'encourir le soupçon d'une exagération passionnée. Nés la plupart dans le rit grec, et circoncis au moment qu'on les achète, ils ne sont aux yeux des Turks mêmes que des *renégats*, sans foi ni religion. Étrangers entre eux, ils ne sont point liés par ces sentiments naturels qui unissent les autres hommes. Sans parents, sans enfants, le passé n'a rien fait pour eux; ils ne font rien pour l'avenir. Ignorants et superstitieux par éducation, ils deviennent farouches par les meurtres, séditieux par les tumultes, perfides par les cabales, lâches par la dissimulation, et corrompus par toute espèce de débauche. Ils sont surtout adonnés à ce genre honteux qui fut de tout temps le vice des Grecs et des Tartares; c'est la première leçon qu'ils reçoivent de leur maître d'armes. On ne sait comment expliquer ce goût, quand on considère qu'ils ont tous des femmes, à moins de supposer qu'ils recherchent dans un sexe le piquant des refus dont ils ont dépouillé l'autre; mais il n'en est pas moins vrai qu'il n'y a pas un seul Mamlouk sans tache; et leur contagion a dépravé les habitants du Kaire, même les chrétiens de Syrie qui y demeurent.

§ VIII.

Gouvernement des Mamlouks.

Telle est l'espèce d'hommes qui fait en ce moment le sort de l'Égypte; ce sont des esprits de cette trempe qui sont à la tête du gouvernement : quelques coups de sabre heureux, plus d'astuce ou d'audace mènent à cette prééminence; mais on conçoit qu'en changeant de fortune, les parvenus ne changent point de caractère, et qu'ils portent l'ame des esclaves dans la condition des rois. La souveraineté n'est pas pour eux l'art difficile de diriger vers un but commun les passions diverses d'une société nombreuse, mais seulement un moyen d'avoir plus de femmes, de bijoux, de chevaux, d'esclaves, et de satisfaire leurs fantaisies. L'administration, à l'intérieur et à l'extérieur, est conduite dans cet esprit. D'un côté, elle se réduit à manœuvrer vis-à-vis de la cour de Constantinople, pour éluder le tribut ou les menaces du sultan; de l'autre, à acheter beaucoup d'esclaves, à multiplier les amis, à prévenir les complots, à détruire les ennemis secrets par le fer ou le poison; toujours dans les alarmes, les chefs vivent comme les anciens tyrans de Syracuse. Mourâd et Ybrahim ne dorment qu'au milieu des carabines et des sabres. Du reste, nulle idée de police ni d'ordre public (1).

---

(1) Lorsque j'étais au Kaire, des Mamlouks enlevèrent la femme d'un Juif qui passait le Nil avec elle. Ce Juif ayant fait porter des plaintes à Mourâd, ce bek répondit de sa voix de charretier : *Eh, laissez ces jeunes gens s'ébattre !* Le soir, les Mamlouks firent dire au Juif qu'ils lui rendraient sa femme, s'il comptait 100 piastres pour *leurs peines,* et il fallut en passer par-là. Il est remarquable que dans les mœurs du pays,

L'unique affaire est de se procurer de l'argent; et le moyen employé comme le plus simple est de le saisir partout où il se montre, de l'arracher par violence à quiconque en possède, d'imposer à chaque instant des contributions arbitraires sur les villages et sur la douane, qui les reverse sur le commerce.

CHAPITRE VII.

§ I.

État du peuple en Égypte.

On jugera aisément que, dans un tel pays, tout est analogue à un tel régime. Là où le cultivateur ne jouit pas du fruit de ses peines, il ne travaille que par contrainte, et l'agriculture est languissante : là où il n'y a point de sûreté dans les jouissances, il n'y a point de cette industrie qui les crée, et les arts sont dans l'enfance : là où les connaissances ne mènent à rien, l'on ne fait rien pour les acquérir, et les esprits sont dans la barbarie. Tel est l'état de l'Égypte. La majeure partie des terres est aux mains des beks, des Mamlouks,

---

l'article des femmes est une chose plus sacrée que la vie même.

des gens de loi; le nombre des autres propriétaires est infiniment borné, et leur propriété est sujette à mille charges. A chaque instant c'est une contribution à payer, un dommage à réparer; nul droit de succession ni d'héritage pour les immeubles; tout rentre au gouvernement, dont il faut tout racheter. Les paysans y sont des manœuvres à gages, à qui l'on ne laisse pour vivre que ce qu'il faut pour ne pas mourir. Le riz et le blé qu'ils cueillent passent à la table des maîtres, pendant qu'eux ne se réservent que le *doura*, dont ils font un pain sans levain et sans saveur quand il est froid. Ce pain, cuit à un feu formé de la fiente séchée des buffles et des vaches (1), est, avec l'eau et les ognons crus, leur nourriture de toute l'année : ils sont heureux s'ils y peuvent ajouter de temps en temps du miel, du fromage, du lait aigre et des dattes. La viande et la graisse, qu'ils aiment avec passion, ne paraissent qu'aux plus grands jours de fête, et chez les plus aisés. Tout leur vêtement consiste en une chemise de grosse toile bleue, et en un manteau noir d'un tissu clair et grossier. Leur coiffure est une toque d'une espèce de drap, sur laquelle ils roulent un long mouchoir de laine rouge. Les bras, les jambes, la poitrine sont nus, et la plupart ne portent pas de caleçon. Leurs habitations sont des huttes de

---

(1) On se rappelle que l'Égypte est un pays nu et sans bois.

terre, où l'on étouffe de chaleur et de fumée, et où les maladies causées par la malpropreté, l'humidité et les mauvais aliments, viennent souvent les assiéger : enfin, pour combler la mesure, viennent se joindre à ces maux physiques des alarmes habituelles, la crainte des pillages des Arabes, des visites des Mamlouks, des vengeances des familles, et tous les soucis d'une guerre civile continue. Ce tableau, commun à tous les villages, n'est guère plus riant dans les villes. Au Kaire même, l'étranger qui arrive est frappé d'un aspect général de ruine et de misère ; la foule qui se presse dans les rues n'offre à ses regards que des haillons hideux et des nudités dégoûtantes. Il est vrai qu'on y rencontre souvent des cavaliers richement vêtus ; mais ce contraste de luxe ne rend que plus choquant le spectacle de l'indigence. Tout ce que l'on voit ou que l'on entend annonce que l'on est dans le pays de l'esclavage et de la tyrannie. On ne parle que de troubles civils, que de misère publique, que d'extorsions d'argent, que de bastonnades et de meurtres. Nulle sûreté pour la vie ou la propriété. On verse le sang d'un homme comme celui d'un bœuf. La justice même le verse sans formalité. L'officier de nuit dans ses rondes, l'officier de jour dans ses tournées, jugent, condamnent et font exécuter en un clin d'œil et sans appel. Des bourreaux les accompagnent, et au premier ordre la tête d'un malheureux tombe dans le sac de cuir, où on la reçoit de peur de souiller la place. Encore si l'apparence seule du délit exposait au danger de la peine! mais souvent, sans autre motif que l'avidité d'un homme puissant et la délation d'un ennemi, on cite devant un bek un homme soupçonné d'avoir de l'argent; on exige de lui une somme; et s'il la dénie, on le renverse sur le dos, on lui donne 2 et 300 coups de bâton sur la plante des pieds, et quelquefois on l'assomme. Malheur à qui est soupçonné d'avoir de l'aisance! Cent espions sont toujours prêts à le dénoncer. Ce n'est que par les dehors de la pauvreté qu'il peut échapper aux rapines de la puissance.

§ II.

Misère et famine des dernières années.

C'est surtout dans les trois dernières années que cette capitale et l'Égypte entière ont offert le spectacle de la misère la plus déplorable. Aux maux habituels d'une tyrannie effrénée, à ceux qui résultaient des troubles des années précédentes, se sont joints des fléaux naturels encore plus destructeurs. La peste, apportée de Constantinople au mois de novembre 1783, exerça pendant l'hiver ses ravages accoutumés; on compta jusqu'à 1,500 morts sortis dans un jour par les portes du Kaire (1).

---

(1) En Turkie, les tombeaux, selon l'usage des anciens,

Par un effet ordinaire dans ce pays, l'été vint la calmer. Mais à ce premier fléau en succéda bientôt un autre aussi terrible. L'inondation de 1783 n'avait pas été complète; une grande partie des terres n'avait pu être ensemencée faute d'arrosement; une autre ne l'avait pas été faute de semences : le Nil n'ayant pas encore atteint, en 1784, les termes favorables, la disette se déclara sur-le-champ. Dès la fin de novembre, la famine enlevait au Kaire presque autant de monde que la peste; les rues, qui d'abord étaient pleines de mendiants, n'en offrirent bientôt pas un seul : tout périt ou déserta. Les villages ne furent pas moins ravagés; un nombre infini de malheureux, qui voulurent échapper à la mort, se répandirent dans les pays voisins. J'en ai vu la Syrie inondée; en janvier 1785, les rues de Saïde, d'Acre, et la Palestine étaient pleines d'Égyptiens, reconnaissables partout à leur peau noirâtre; et il en a pénétré jusqu'à Alep et à Diarbekr. L'on ne peut évaluer précisément la dépopulation de ces 2 années, parce que les Turks ne tiennent pas des registres de morts, de naissances, ni de dénombrement (1); mais l'opi-

---

sont toujours hors des villes; et comme chaque tombeau a ordinairement une grande pierre et une petite maçonnerie, il en résulte presque une seconde ville, que l'on pourrait appeler, comme jadis à Alexandrie, *Nécropolis*, *la ville des morts.*

(1) Ils ont contre cet usage des préjugés superstitieux.

nion commune était que le pays avait perdu le sixième de ses habitants.

Dans ces circonstances, on a vu se renouveler tous ces tableaux dont le récit fait frémir, et dont la vue imprime un sentiment d'horreur et de tristesse qui s'efface difficilement. Ainsi que dans la famine arrivée au Bengale, il y a quelques années, les rues et les places publiques étaient jonchées de squelettes exténués et mourants; leurs voix défaillantes imploraient en vain la pitié des passants; la crainte d'un danger commun endurcissait les cœurs; ces malheureux expiraient adossés aux maisons des beks, qu'ils savaient être approvisionnés de riz et de blé, et souvent les Mamlouks, importunés par leurs cris, les chassaient à coups de bâton. Aucun des moyens révoltants d'assouvir la rage de la faim n'a été oublié; ce qu'il y a de plus immonde était dévoré; et je n'oublierai jamais que, revenant de Syrie en France, au mois de mars 1785, j'ai vu sous les murs de l'ancienne Alexandrie, deux malheureux assis sur le cadavre d'un chameau, et disputant aux chiens ses lambeaux putrides.

Il se trouve parmi nous des ames énergiques qui, après avoir payé le tribut de compassion dû à de si grands malheurs, passent, par un retour d'indignation, à en faire un crime aux hommes qui les endurent. Ils jugent dignes de la mort ces peuples qui n'ont pas le courage de la repousser, ou qui la reçoivent sans se donner la consolation de la vengeance. On va même jusqu'à prendre ces faits en preuve d'un paradoxe moral témérairement avancé; et l'on veut en appuyer ce prétendu axiome, *que les habitants des pays chauds, avilis par tempérament et par caractère, sont destinés par la nature à n'être jamais que les esclaves du despotisme.*

Mais a-t-on bien examiné si des faits semblables ne sont jamais arrivés dans les climats qu'on veut honorer du privilége exclusif de la liberté? A-t-on bien observé si les faits généraux dont on s'autorise, ne sont point accompagnés de circonstances et d'accessoires qui en dénaturent les résultats? Il en est de la politique comme de la médecine, où des phénomènes isolés jettent dans l'erreur sur les vraies causes du mal. On se presse trop d'établir en règles générales des cas particuliers: ces principes universels qui plaisent tant à l'esprit ont presque toujours le défaut d'être vagues. Il est si rare que les faits sur lesquels on raisonne soient exacts, et l'observation en est si délicate, que l'on doit souvent craindre d'élever des systèmes sur des bases imaginaires.

Dans le cas dont il s'agit, si l'on approfondit les causes de l'accablement des Égyptiens, on trouvera que ce peuple, maîtrisé par des circonstances cruelles, est bien plus digne de pitié que de mépris. En effet, il n'en est pas de l'état politique de ce pays comme de celui de notre Europe. Parmi nous, les traces des anciennes révolutions s'affaiblissant chaque jour, les étrangers vainqueurs se sont rapprochés des indigènes vaincus; et ce mélange a formé des corps de nations identiques, qui n'ont plus eu que les mêmes intérêts. Dans l'Égypte, au contraire, et dans presque toute l'Asie, les peuples indigènes, asservis par des révolutions encore récentes à des conquérants étrangers, ont formé des corps mixtes dont les intérêts sont tous opposés. L'état est proprement divisé en deux factions : l'une, celle du peuple vainqueur, dont les individus occupent tous les emplois de la puissance civile et militaire; l'autre, celle du peuple vaincu, qui remplit toutes les classes subalternes de la société. La faction gouvernante, s'attribuant à titre de conquête le droit exclusif de toute propriété, ne traite la faction gouvernée que comme un instrument passif de ses jouissances; et celle-ci à son tour, dépouillée de tout intérêt personnel, ne rend à l'autre que le moins qu'il lui est possible : c'est un esclave à qui l'opulence de son maître est à charge, et qui s'affranchirait volontiers de sa servitude, s'il en avait les moyens. Cette impuissance est un autre caractère qui distingue cette constitution des nôtres. Dans les états de l'Europe, les gouvernements, tirant du sein même des nations les moyens de les gouverner, il ne leur est ni facile ni avantageux d'abuser de leur puissance ; mais si, par un cas supposé, ils se formaient des intérêts personnels et distincts, ils n'en pourraient porter l'usage qu'à la tyrannie. La raison en est qu'outre cette multitude qu'on appelle *peuple*, qui, quoique forte par sa masse, est toujours faible par sa désunion, il existe un ordre mitoyen, qui, participant des qualités du peuple et du gouvernement, fait en quelque sorte équilibre entre l'un et l'autre. Cet ordre est la classe de tous ces citoyens opulents et aisés, qui, répandus dans les emplois de la société, ont un intérêt commun qu'on respecte les droits de sûreté et de propriété dont ils jouissent. Dans l'Égypte, au contraire, point d'état mitoyen, point de ces classes nombreuses de nobles, de gens de robe ou d'église, de négociants, de propriétaires, etc., qui sont en quelque sorte un corps intermédiaire entre le peuple et le gouvernement. Là, tout est militaire ou homme de loi, c'est-à-dire homme du gouvernement; ou tout est laboureur, artisan, marchand, c'est-à-dire *peuple* ; et le *peuple* manque surtout du premier moyen de combattre l'oppression, l'art d'unir et de diriger ses forces. Pour détruire ou réformer les Mamlouks, il faudrait une ligue générale des paysans, et elle est impossible à former : le système d'oppression est méthodique ; on dirait que partout les tyrans en ont la science infuse. Chaque province, chaque district a son gouverneur, chaque village a son *lieutenant* (1) qui veille aux mouvements de la multitude. Seul contre tous, s'il paraît faible, la puissance qu'il représente le rend fort. D'ailleurs, l'expérience prouve que partout où un homme a le courage de se faire maître, il en trouve qui ont la bassesse de le seconder. Ce lieutenant communique de son autorité à quelques membres de la société qu'il opprime, et ces individus deviennent ses appuis: jaloux les uns des autres, ils se disputent sa faveur, et il se sert de chacun tour à tour pour les détruire tous également. Les mêmes jalousies, et des haines invétérées divisent aussi les villages; mais en supposant une réunion déja si difficile, que pourrait, avec des bâtons ou même des fusils, une troupe de paysans à pied et presque nus, contre des cavaliers exercés et armés de pied en cap? Je désespère surtout du salut de l'Égypte, quand je considère la nature du terrain trop propre à la cavalerie. Parmi nous, si l'infanterie la mieux constituée redoute encore la cavalerie en plaine, que sera-ce chez un peuple qui n'a pas les premières idées de la tactique, qui ne peut même les acquérir, parce qu'elles sont le fruit de la pratique, et que la pratique est impossible? Ce n'est que dans les pays de montagnes que la liberté a de grandes

---

(1) En arabe *qâiem maqâm*, mot à mot *tenant lieu*, dont on a fait *caïmacan*.

ressources; c'est là qu'à la faveur du terrain, une petite troupe supplée au nombre par l'habileté. Unanime, parce qu'elle est d'abord peu nombreuse, elle acquiert chaque jour de nouvelles forces par l'habitude de les employer. L'oppresseur moins actif, parce qu'il est déja puissant, temporise; et il arrive enfin que ces troupes de paysans ou de voleurs qu'il méprisait deviennent des soldats aguerris qui lui disputent dans les plaines l'art des combats et le prix de la victoire. Dans les pays plats, au contraire, le moindre attroupement est dissipé, et le paysan novice, qui ne sait pas même faire un retranchement, n'a de ressource que dans la pitié de son maître et la continuation de son servage. Aussi, s'il était un principe général à établir, nul ne serait plus vrai que celui-ci : *que les pays de plaine sont le siége de l'indolence et de l'esclavage; et les montagnes, la patrie de l'énergie et de la liberté* (1). Dans la si-

---

(1) En effet, la plupart des peuples anciens et modernes qui ont déployé une grande activité se trouvent être des montagnards. Les Assyriens, qui conquirent depuis l'Indus jusqu'à la Méditerranée, vinrent des montagnes d'Atourie. Les Kaldéens étaient originaires des mêmes contrées; les Perses de Cyrus sortirent des montagnes de l'Élymaïde, les Macédoniens, des monts Rhodope. Dans les temps modernes, les Suisses, les Écossais, les Savoyards, les Miquelets, les Asturiens, les habitants des Cevennes, toujours libres, ou difficiles à soumettre, prouveraient la généralité de cette règle, si l'exception des Arabes et des Tartares n'indiquait qu'il est

tuation présente des Égyptiens, il pourrait encore se faire qu'ils ne montrassent point de courage, sans qu'on pût dire que le germe leur en manque, et que le climat le leur a refusé. En effet, cet effort continu de l'ame, qu'on appelle *courage*, est une qualité qui tient bien plus au moral qu'au physique. Ce n'est point le plus ou le moins de chaleur du climat, mais plutôt l'énergie des passions et la confiance en ses forces qui donnent l'audace d'affronter les dangers. Si ces deux conditions n'existent pas, le courage peut rester inerte; mais ce sont les circonstances qui manquent, et non la faculté. D'ailleurs, s'il est des hommes capables d'énergie, ce doit être ceux dont l'ame et le corps trempés, si j'ose dire, par l'habitude de souffrir, ont pris une roideur qui émousse les traits de la douleur; et tels sont les Égyptiens. On se fait illusion quand on se les peint comme énervés par la chaleur, ou amollis par le libertinage. Les habitants des villes et les gens aisés peuvent avoir cette mollesse, qui dans tout climat est leur apanage; mais les payans si méprisés, sous le nom *felláhs*, supportent des fatigues étonnantes. On les voit passer des jours entiers à tirer de l'eau du Nil, exposés nus à un soleil qui nous tuerait. Ceux d'entre eux qui servent

---

une autre cause morale qui appartient aux plaines comme aux montagnes.

de valets aux Mamlouks font tous les mouvements du cavalier. A la ville, à la campagne, à la guerre, partout ils le suivent, et toujours à pied; ils passent des journées entières à courir devant ou derrière les chevaux; et quand ils sont las, ils s'attachent à leur queue, plutôt que de rester en arrière. Des traits moraux fournissent des inductions analogues à ces traits physiques. L'opiniâtreté que ces paysans montrent dans leurs haines et leurs vengeances (1), leur acharnement dans les combats qu'ils se livrent quelquefois de village à village, le point d'honneur qu'ils mettent à souffrir la bastonnade sans déceler leur secret (2), leur barbarie même à punir dans leurs femmes et leurs filles le moindre échec à la pudeur (3), tout prouve que si le préjugé a su leur trouver de l'énergie sur certains points, cette énergie n'a besoin que d'être dirigée, pour devenir un courage redoutable. Les émeutes et les séditions que leur pa-

―――――――――

(1) Quand un homme est tué par un autre, la famille du mort exige de celle de l'assassin un *talion*, dont la poursuite se transmet de race en race, sans jamais l'oublier.

(2) Quand un homme a subi cette torture sans déceler son argent, on dit de lui : *C'est un homme*, et ce mot l'indemnise.

(3) Souvent, sur un soupçon, ils les égorgent; et ce préjugé a lieu également dans la Syrie. Lorsque j'étais à Ramlé, un paysan se promena plusieurs jours dans le marché, ayant son manteau taché du sang de sa fille qu'il avait ainsi égorgée; le grand nombre l'approuvait : la justice turke ne se mêle pas de ces choses.

tience lassée excite quelquefois, surtout dans la province de *Charqié*, indiquent un feu couvert qui n'attend, pour faire explosion, que des mains qui sachent l'agiter.

§ III.

États des arts et des esprits.

Mais un obstacle puissant à toute heureuse révolution en Égypte c'est l'ignorance profonde de la nation ; c'est cette ignorance qui, aveuglant les esprits sur les causes des maux et sur leurs remèdes, les aveugle aussi sur les moyens d'y remédier.

Me proposant de revenir à cet article qui, comme plusieurs des précédents, est commun à toute la Turkie, je n'insiste pas sur les détails. Il suffit d'observer que cette ignorance répandue sur toutes les classes étend ses effets sur tous les genres de connaissances morales et physiques, sur les sciences, sur les beaux-arts, même sur les arts mécaniques. Les plus simples y sont encore dans une sorte d'enfance. Les ouvrages de menuiserie, de serrurerie, d'arquebuserie, y sont grossiers. Les merceries, les quincailleries, les canons de fusil et de pistolet viennent tous de l'étranger. A peine trouve-t-on au Kaire un horloger qui sache raccommoder une montre, et il est européen. Les joailliers y sont plus communs qu'à Smyrne et

Alep; mais ils ne savent pas monter proprement la plus simple rose. On y fait de la poudre à canon, mais elle est brute. Il y a des raffineries, mais le sucre est plein de mélasse, et celui qui est blanc devient trop coûteux. Les seuls objets qui aient quelque perfection sont les étoffes de soie; encore le travail en est bien moins fini, et le prix beaucoup plus fort qu'en Europe.

CHAPITRE VIII.

État du commerce.

Dans cette barbarie générale, on pourra s'étonner que le commerce ait conservé l'activité qu'il déploie encore au Kaire; mais l'examen attentif des sources d'où il la tire donne la solution du problème.

Deux causes principales font du Kaire le siége d'un grand commerce : la première est la réunion de toutes les consommations de l'Égypte dans l'enceinte de cette ville. Tous les grands propriétaires, c'est-à-dire les Mamlouks et les gens de loi, y sont rassemblés, et ils y attirent leurs revenus, sans rien rendre au pays qui les fournit.

La seconde est la position qui en fait un lieu de passage, un centre de circulation dont les rameaux s'étendent par la mer Rouge dans l'Arabie et dans l'Inde; par le Nil, dans l'Abissinie et l'intérieur de l'Afrique; et par la Méditerranée, dans l'Europe et l'empire turk. Chaque année il arrive au Kaire une caravane d'Abissinie, qui apporte 1,000 à 1,200 esclaves noirs, et des dents d'éléphant, de la poudre d'or, des plumes d'autruche, des gommes, des perroquets et des singes (1). Une autre, formée aux extrémités de Maroc, et destinée pour la Mekke, appelle les pèlerins, même des rives du Sénégal (2). Elle côtoie la Méditerranée en recueillant ceux d'Alger, de Tunis, de Tripoli, etc., et arrive par le désert à Alexandrie, forte de 3 à 4,000 chameaux. De là elle va au Kaire, où elle se joint à la caravane d'Égypte. Toutes deux de concert partent ensuite pour la Mekke, d'où elles reviennent 100 jours après. Mais les pèlerins de Maroc, qui ont encore 600 lieues à faire, n'arrivent chez eux qu'après une absence totale de plus d'un an. Le chargement de ces caravanes consiste en étoffes de l'Inde, en *châles*, en gommes, en parfums, en perles, et surtout en cafés de

---

(1) Cette caravane vient par terre le long du Nil; c'est avec elle que Bruce, Anglais, revint en 1772 de l'Abissinie, où il avait fait le voyage le plus hardi qu'on ait tenté dans ce siècle. En traversant le désert, la caravane manqua de vivres, et vécut pendant plusieurs jours de gomme seulement.

(2) J'ai vu au Kaire plusieurs noirs arrivés par cette caravane, qui venaient du pays des *Foulis*, au nord du Sénégal, qui disaient avoir vu des Francs dans leurs contrées.

l'*Yémen*. Ces mêmes objets arrivent par une autre voie à Suez, où les vents de sud amènent en mai 26 à 28 voiles parties du port de Djedda. Le Kaire ne garde pas la somme entière de ces marchandises; mais, outre la portion qu'il en consomme, il profite encore des droits de passage et des dépenses des pèlerins. D'autre part, il vient de temps en temps de Damas de petites caravanes qui apportent des étoffes de soie et de coton, des huiles et des fruits secs. Dans la belle saison la rade de Damiât a toujours quelques vaisseaux qui débarquent les tabacs à pipe de *Lataqié*. La consommation de cette denrée est énorme en Égypte. Ces vaisseaux prennent du riz en échange, pendant que d'autres se succèdent sans cesse à Alexandrie, et apportent de Constantinople des vêtements, des armes, des fourrures, des passagers et des merceries. D'autres encore arrivent de Marseille, de Livourne et de Venise, avec des draps, des cochenilles, des étoffes et des galons de Lyon, des épiceries, du papier, du fer, du plomb, des sequins de Venise, et des dahlers d'Allemagne. Tous ces objets, transportés par mer à Rosette sur des bateaux qu'on appelle *djerm* (1), y sont d'abord déposés, puis rembarqués sur le Nil et envoyés au Kaire. D'après ce tableau, il n'est pas étonnant

---

(1.) Espèce de bateaux qui portent une immense voile latine, rayée de bleu et de brun comme du coutil.

que le commerce offre un spectacle imposant dans cette capitale (1); mais si l'on examine en quels canaux se versent ces richesses, si l'on considère qu'une grande partie des marchandises de l'Inde, et du café, passe à l'étranger; que la dette en est acquittée avec des marchandises d'Europe et de Turkie; que la consommation du pays consiste presque toute en objets de luxe qui ont reçu leur dernier travail; enfin, que les produits donnés en retour sont, en grande partie, des matières brutes, l'on jugera que tout ce commerce s'exécute sans qu'il en résulte beaucoup d'avantages pour la richesse de l'Égypte et le bien-être de la nation.

CHAPITRE IX.

De l'isthme de Suez, et de la jonction de la Mer Rouge à la Méditerranée.

J'AI parlé du commerce que le Kaire entretient avec l'Arabie et l'Inde par la voie de Suez; ce sujet rappelle une question dont on s'occupe assez sou-

---

(1) En 1784, l'Égypte consommait pour 2 millions et demi de nos denrées, et nous en rendait pour 3 millions. Or, cette branche étant au moins le cinquième de tout son commerce, il ne peut s'évaluer à plus de 15 millions d'actif au total.

vent en Europe: savoir, s'il ne serait pas possible de couper l'isthme qui sépare la mer Rouge de la Méditerranée, afin que les vaisseaux pussent se rendre dans l'Inde par une route plus courte que celle du cap de Bonne-Espérance. On est porté à croire cette opération praticable, à raison du peu de largeur de l'isthme. Mais dans un voyage que j'ai fait à Suez, il m'a semblé voir des raisons de penser le contraire.

1° Il est bien vrai que l'espace qui sépare les deux mers n'est pas de plus de 18 à 19 lieues communes; il est bien vrai encore que ce terrain n'est point traversé par des montagnes, et que du haut des terrasses de Suez l'on ne découvre avec la lunette d'approche sur une plaine nue et rase, à perte de vue, qu'un seul rideau dans la partie du nord-ouest : ainsi ce n'est point la différence des niveaux qui s'oppose à la jonction (1); mais le grand obstacle

---

(1) Les anciens ont pensé que la mer Rouge était plus élevée que la Méditerranée; en effet, si l'on observe que, depuis le canal de Qolzoum jusqu'à la mer, le Nil a encore une pente l'espace de 30 lieues, l'on ne croira pas cette idée si ridicule, encore qu'il semble que le niveau dût s'établir par le cap de Bonne-Espérance. Ajoutez qu'il est de fait que des vents continus d'un même côté élèvent les eaux sur les rives opposées : ainsi les vents d'est élèvent de 12 à 18 pouces le niveau de la mer dans les ports de Toulon, de Marseille et de la Catalogne; et la mousson de sud doit produire un effet semblable dans le canal long et étroit de la mer Rouge : mais par inverse la mousson de nord doit produire l'effet contraire; dans tous les cas l'expérience des anciens est à recommencer.

est que dans toute la partie où la Méditerranée et la mer Rouge se répondent, le rivage de part et d'autre est un sol bas et sablonneux, où les eaux forment des lacs et des marais semés de grèves; en sorte que les vaisseaux ne peuvent s'approcher de la côte qu'à une grande distance. Or, comment pratiquer dans les sables mouvants un canal durable? D'ailleurs la plage manque de ports, et il faudrait les construire de toutes pièces; enfin le terrain manque absolument d'eau douce, et il faudrait pour une grande population la tirer de fort loin, c'est-à-dire du Nil.

Le meilleur et le seul moyen de jonction est donc celui qu'on a déjà pratiqué plusieurs fois avec succès; savoir, de faire communiquer les deux mers par l'intermède du fleuve même : le terrain s'y prête sans effort; car le mont Moqattam, s'abaissant tout à coup à la hauteur du Kaire, ne forme plus qu'une esplanade basse et demi-circulaire, autour de laquelle règne une plaine d'un niveau égal depuis le bord du Nil jusqu'à la pointe de la mer Rouge. Les anciens, qui saisirent de bonne heure l'état de ce local, en prirent l'idée de joindre les deux mers par un canal conduit au fleuve. Strabon observe que le premier fut construit sous Sésostris, qui régnait du temps de la guerre de Troie (1); et cet ouvrage avait fait assez de sensa-

---

(1) Strabo, lib. XVII : or la guerre de Troie, selon des

tion pour qu'on eût noté *qu'il avait* 100 *coudées* (*ou* 170 *pieds de large*) *sur une profondeur suffisante à un grand vaisseau.* Après l'invasion des Grecs, les Ptolémées le rétablirent. Sous l'empire des Romains, Trajan le renouvela. Enfin il n'y a pas jusqu'aux Arabes qui n'aient suivi ces exemples. *Du temps d'Omar ebn-el Kattab* (en 640), dit l'historien el-Makin, *les villes de la Mekke et de Médine souffrant de la disette, ce kalife ordonna au gouverneur d'Égypte, Amrou, de tirer un canal du Nil à Qolzoum, afin de faire passer désormais par cette voie les contributions de blé et d'orge destinées à l'Arabie.* Cent trente-quatre ans après, le kalife Abou-Djafar-al-Mansor le fit obstruer par le motif inverse de couper les vivres à un descendant d'Ali révolté à Médine; et depuis ce temps il n'a pas été rouvert. Ce canal est le même qui, de nos jours, passe au Kaire, et qui va se perdre dans la campagne au nord-est de *Berket-el-Hadj*, ou *lac des Pèlerins.* Qolzoum, le *Clysma* des Grecs, où il aboutissait, est ruiné depuis plusieurs siècles; mais le nom et l'emplacement subsistent encore dans un monticule de sable, de briques et de pierres, situé à 300 pas au nord de Suez, sur le bord de la mer, en face du gué qui conduit à la source d'*el-*

---

calculs qui me sont particuliers, correspond au temps de Salomon. Voyez un *Mémoire sur la chronologie ancienne*, inséré dans le *Journal des savants*, janvier 1782; et dans l'*Encyclopédie par ordre de matières*, tom. III des Antiquités.

Nabá. J'ai vu cet endroit comme Niebuhr, et les Arabes m'ont dit, comme à lui, qu'il s'appelait *Qolzoum;* ainsi d'Anville s'est trompé lorsque, sur une indication vicieuse de Ptolémée, il a rejeté *Clysma* 8 lieues plus au sud. Je le crois également en erreur dans l'application qu'il fait de Suez à l'ancienne *Arsinoé.* Cette ville ayant été, selon les Grecs et les Arabes, au nord de Clysma, on doit en chercher les traces, d'après l'indication de Strabon (1), *tout au fond du golfe, en tirant vers l'Égypte,* sans aller néanmoins, comme Savary, jusqu'à *Adjeroud,* qui est trop dans l'ouest : l'on doit se borner au terrain bas qui s'étend environ 2 lieues au bout du golfe actuel, cet espace étant tout ce qu'on peut accorder de retraite à la mer depuis 17 siècles. Jadis ces cantons étaient peuplés de villes qui ont disparu avec l'eau du Nil ; les canaux qui l'apportaient se sont détruits, parce que dans ce terrain mouvant ils s'encombrent rapidement, et par l'action du vent, et par la cavalerie des Arabes bedouins. Aujourd'hui le commerce du Kaire avec Suez ne s'exerce qu'au moyen des caravanes qui ont lieu lors de l'arrivée et du départ des vaisseaux, c'est-à-dire sur la fin d'avril, ou au commencement de mai, et dans le cours de juillet et d'août. Celle que j'accompagnai en 1783 était composée d'environ 3,000 chameaux et de 5 à 6,000

---

(1) Lib. XVII.

hommes (1). Le chargement consistait en bois, voiles et cordages pour les vaisseaux de Suez; en quelques ancres portées chacune par 4 chameaux; en barres de fer, en étain, en plomb; en quelques ballots de draps et barils de cochenille; en blés, orges, fèves, etc.; en piastres de Turkie, sequins de Venise, et dahlers de l'Empire. Toutes ces marchandises étaient destinées pour *Djedda*, la *Mekke* et *Moka*, où elles acquittent la dette des marchandises venues de l'Inde et du café d'Arabie, qui fait la base des retours. Il y avait en outre une grande quantité de pèlerins, qui préféraient la route de mer à celle de terre, et enfin les provisions nécessaires, telles que le riz, la viande, le bois, et même l'eau; car Suez est l'endroit du monde le plus dénué de tout. Du haut des terrasses, la vue portée sur la plaine sablonneuse du nord et de l'ouest, ou sur les rochers blanchâtres de l'Arabie à l'est, ou sur la mer et le *Moqattam* dans le sud, ne rencontre pas un arbre, pas un brin de verdure où se reposer. Des sables jaunes, ou une plaine d'eau verdâtre, voilà tout ce qu'offre le séjour de Suez; l'état de ruine des maisons en

---

(1) Elle resta plus de 40 jours assemblée, différant son départ par diverses raisons, entre autres à cause des jours *malheureux* dont le Turks ont la superstition comme les Romains. Enfin elle partit le 27 juillet, et arriva le 29 à Suez, ayant marché 29 heures par la route des Haouatâs, 1 lieue plus au sud que le lac des Pèlerins.

augmente la tristesse. La seule eau potable des environs vient de *el-Nabá*, c'est-à-dire la *source*, située à 3 heures de marche sur le rivage d'Arabie ; elle est si saumâtre qu'il n'y a qu'un mélange de *rum* qui puisse la rendre supportable à des Européens. La mer pourrait fournir quantité de poissons et de coquillages ; mais les Arabes pêchent peu et mal : aussi, lorsque les vaisseaux sont partis, ne reste-t-il à Suez que le Mamlouk qui en est le gouverneur, et 12 à 15 personnes qui forment sa maison et la garnison. Sa forteresse est une masure sans défense, que les Arabes regardent comme une citadelle, à cause de 6 canons de bronze de 4 livres de balle, et de 2 canonniers grecs qui tirent en détournant la tête. Le port est un mauvais quai, où les plus petits bateaux ne peuvent aborder que dans la marée haute : c'est là néanmoins qu'on prend les marchandises pour les conduire, à travers les bancs de sable, aux vaisseaux qui mouillent dans la rade. Cette rade, située à une lieue de la ville, en est séparée par une plage découverte au temps du reflux ; elle n'a aucune protection, en sorte qu'on y attaquerait impunément les 28 bâtiments que j'y ai comptés. Ces bâtiments, par eux-mêmes, sont incapables de résistance, n'ayant chacun pour toute artillerie que 4 pierriers rouillés. Chaque année leur nombre diminue, parce que, naviguant terre à terre sur une côte pleine d'écueils, il en périt toujours au moins 1 sur 9. En 1783, l'un d'eux ayant relâché à *el-Tor* pour faire de l'eau, il fut surpris par les Arabes pendant que l'équipage dormait à terre. Après en avoir débarqué 1,500 fardes de café, ils abandonnèrent le navire au vent, qui le jeta sur la côte. Le chantier de Suez est peu propre à réparer ces pertes; on y bâtit à peine une *cayasse* en 3 ans. D'ailleurs, la mer, qui, par son flux et reflux, accumule les sables sur cette plage, finira par encombrer le *chenal*, et il arrivera à Suez ce qui est arrivé à *Qolzoum* et à *Arsinoé*. Si l'Égypte avait alors un bon gouvernement, il profiterait de cet accident pour élever une autre ville dans la rade même, où l'on pourrait l'exploiter par une chaussée de 7 à 8 pieds d'élévation seulement, attendu que la marée ne monte pas à plus de 3 et demi à l'ordinaire. Il réparerait ou recreuserait le canal du Nil, et il économiserait les 500,000 livres que coûte chaque année l'escorte des Arabes *Haouatât* et *Ayaïdi*. Enfin, pour éviter la barre si dangereuse du *Bogâz* de Rosette, il rendrait navigable le canal d'Alexandrie, d'où les marchandises se verseraient immédiatement dans le port. Mais de tels soins ne seront jamais ceux du gouvernement actuel. Le peu de faveur qu'il accorde au commerce n'est pas même fondé sur des motifs raisonnables; s'il le tolère, ce n'est que parce qu'il y trouve un moyen de satisfaire sa rapacité, une source où il puise sans s'embarrasser de la tarir.

Il ne sait pas même profiter du grand intérêt que les Européens mettent à communiquer avec l'Inde. En vain les Anglais et les Français ont essayé de prendre des arrangements avec lui pour s'ouvrir cette route, il s'y est refusé, ou il les a rendus inutiles. L'on se flatterait à tort de succès durables; car, lors même qu'on aurait conclu des traités, les révolutions, qui du soir au matin changent le Kaire, en annulleraient l'effet, comme il est arrivé au traité que le gouverneur du Bengale avait conclu en 1775 avec Mohammad-bek. Telle est d'ailleurs l'avidité et la mauvaise foi des *Mamlouks*, qu'ils trouveront toujours des prétextes pour vexer les négociants, ou qu'ils augmenteront, contre leur parole, les droits de douane. Ceux du café sont énormes en ce moment. La balle ou *farde* de cette denrée, pesant 370 à 375 livres, et coûtant à *Moka* 45 pataques (1), ou 236 livres tournois, paie à Suez en droit de *bahr* ou de mer 147 livres : plus, une addition de 69 livres, imposée en 1783 (2);

---

(1) C'est le nom que les Provençaux donnent au dahler de l'Empire, d'après les Arabes, qui l'appellent *Riâl oboutâqà*, ou *père de la fenêtre*, à cause de son écusson, qui ressemble, selon eux, à une fenêtre. Le dahler vaut 5 livres 5 sous de France.

(2) En mai 1783, la flotte de Djedda, consistant en 28 voiles, dont 4 vaisseaux percés pour 60 canons, apporta près de 30,000 fardes de café, qui, à raison de 370 livres la farde, font un poids total de 11,100,000 livres, ou 101,000 quintaux; mais il faut observer que les demandes de cette

en sorte que, si l'on y joint les 6 pour 100 perçus à *Djedda*, on trouvera que les droits égalent presque le prix d'achat (1).

CHAPITRE X.

Des douanes et des impôts.

La régie des douanes forme en Égypte, comme par toute la Turquie, un des principaux emplois du gouvernement. L'homme qui l'exerce est tout à la fois contrôleur et fermier général. Tous les droits d'entrée, de sortie et de circulation dépendent de lui. Il nomme tous les subalternes qu'il lui plaît pour les percevoir. Il y joint les *paltes* ou

---

année furent un tiers plus fortes qu'à l'ordinaire. Ainsi l'on doit compter 60 à 70,000 quintaux par an. La farde payant 216 livres de droits à Suez, les 30,000 fardes ont rendu à la douane 6,480,000 livres tournois.

(1) A Moka....................................	16 liv.
A Suez......................................	147
Plus...	69
Total des droits............	232
Achat.......................................	236
Total....................	468

A quoi joignant le fret, les pertes, les déchets, on ne doit pas s'étonner si le café moka se vend 45 et 50 sous la livre en Égypte, et 3 francs à Marseille.

priviléges exclusifs des natrons de Térâné, des soudes d'Alexandrie, de la casse de Thébaïde, et des sénés de Nubie; en un mot, il est le despote du commerce, qu'il règle à son gré. Son bail n'est jamais que pour un an. Le prix de sa ferme, en 1783, était de 1,000 bourses, qui, à raison de 500 piastres la bourse, et de 2 livres 10 sous la piastre, font 1,250,000 livres. Il est vrai qu'on y peut joindre un casuel d'*avanies*, ou de demandes accidentelles; c'est-à-dire, que lorsque *Mourâd-bek* ou *Ibrahim* ont besoin de 500,000 livres, ils font venir le douanier, qui ne se dispense jamais de les compter. Mais sur le rescrit qu'ils lui délivrent, il a la faculté de reverser l'*avanie* sur le commerce, dont il taxe à l'amiable les divers corps ou nations, tels que les Francs, les Barbaresques, les Turks, etc., et il arrive souvent que cela même devient une aubaine pour lui. Dans quelques provinces de Turkie, le douanier est aussi chargé de la perception du *miri*, espèce d'impôt qui porte uniquement sur les terres. Mais en Égypte cette régie est confiée aux écrivains coptes, qui l'exercent sous la direction du secrétaire du commandant. Ces écrivains ont les registres de chaque village, et sont chargés de recevoir les paiements, et de les compter au trésor; souvent ils profitent de l'ignorance des paysans pour ne point porter en reçu les à-compte, et les font payer deux fois : souvent ils font vendre les bœufs, les buffles, et jusqu'à la natte de ces malheureux : l'on peut dire qu'ils sont en tout des agents dignes de leurs maîtres. La taxe ordinaire devrait revenir à 33 piastres par *feddân*, c'est-à-dire, à près de 83 livres par couple de bœufs ; mais elle se trouve quelquefois portée, par abus, jusqu'à 200 livres. On estime que la somme totale du *miri*, perçue tant en argent qu'en blés, orges, fèves, riz, etc., peut se monter de 46 à 50 millions de France, lorsque le pain se vend un *fadda* le *rotle*, c'est-à-dire 5 liards la livre de 14 onces.

Pour en revenir aux douanes, elles étaient ci-devant exercées, selon l'ancien usage, par les Juifs ; mais Ali-bek les ayant complètement ruinés en 1769, par une avanie énorme, la douane a passé aux mains des chrétiens de Syrie, qui la conservent encore. Ces chrétiens, venus de Damas au Kaire il y a environ 50 ans, n'étaient d'abord que 2 ou 3 familles ; leurs bénéfices en attirèrent d'autres, et le nombre s'en est multiplié jusqu'à près de 500. Leur modestie et leur économie les mirent à portée de s'emparer d'une branche de commerce, puis d'une autre ; enfin ils se trouvèrent en état d'affermer la douane lors du désastre des Juifs ; et de ce moment ils ont acquis une opulence et pris des prétentions qui pourront finir par le sort des Juifs. On en crut le moment venu, lorsque leur chef, Antoine *Fa-*

ráouan, déserta furtivement l'Égypte (en 1784), et vint à Livourne chercher la sûreté nécessaire pour jouir d'une fortune de 3 millions ; mais cet événement, qui n'avait pas d'exemple (1), n'a pas eu de suites.

Du commerce des Francs au Kaire.

Après ces chrétiens, le corps des négociants le plus considérable est celui des Européens, connus dans le Levant sous le nom de *Francs*. Dès long-temps les Vénitiens ont eu au Kaire des établissements où ils avaient des sailles, des étoffes de soie, des glaces, des merceries, etc. Les Anglais y ont aussi participé en envoyant des draps, des armes et quincailleries qui ont conservé jusqu'à ce jour une réputation de supériorité. Mais les Français, en fournissant des objets semblables à bien meilleur marché, ont depuis 20 ans obtenu la préférence et donné l'exclusion à leurs rivaux. Le pillage de la caravane qui voulut passer de Suez au Kaire en 1779 (2) a porté le der-

---

(1) En général les Orientaux ont une aversion pour les mœurs d'Europe, qui les éloigne de toute idée d'émigration.

(2) Les nouvelles du temps parlèrent beaucoup de ce pillage, à l'occasion de M. de Saint-Germain, de l'île de Bourbon, dont le désastre fit du bruit en France. La caravane était composée d'officiers et de passagers anglais et de quelques prisonniers français, qui étaient venus sur 2 vaisseaux débarquer à Suez, pour passer en Europe par la voie du Kaire.

nier coup aux Anglais; et depuis cette époque on n'a pas vu dans ces deux villes, même un seul

---

Les Arabes bedouins de *Tôr*, informés que ces passagers seraient accompagnés d'un riche chargement, résolurent de les piller, et les pillèrent en effet à cinq lieues de Suez. Les Européens, dépouillés nus comme la main, et dispersés par la frayeur, se partagèrent en deux bandes. Les uns retournèrent à Suez; les autres, au nombre de 7, croyant pouvoir arriver au Kaire, s'enfoncèrent dans le désert. Bientôt la fatigue, la soif, la faim et l'ardeur du soleil, les firent périr les uns après les autres. Le seul M. de Saint-Germain résista à tous ces maux. Pendant 3 jours et 2 nuits, il erra dans ce désert aride et nu, glacé du vent de nord pendant la nuit (c'était en janvier), brûlé du soleil pendant le jour, sans autre ombrage qu'un seul buisson, où il se plongea la tête parmi les épines, sans autre boisson que son urine. Enfin, le troisième jour, ayant aperçu l'eau de *Berket-el-Hadj*, il s'efforça de s'y rendre; mais déjà il était tombé trois fois de faiblesse, et sans doute il fût resté à sa dernière chute, si un paysan, monté sur son chameau, ne l'eût aperçu d'une grande distance. Cet homme charitable le transporta chez lui, et l'y soigna pendant trois jours avec la plus grande humanité. Au bout de ce terme, les négociants du Kaire, informés de son aventure, firent apporter M. de Saint-Germain à la ville; il y arriva dans l'état le plus déplorable. Son corps n'était qu'une plaie; son haleine était celle d'un cadavre, et il ne lui restait que le souffle de la vie. Cependant, à force de soins et d'attentions, Charles Magallon, qui l'avait reçu dans sa maison, eut la satisfaction de le sauver, et même de le rétablir. On a beaucoup parlé, dans le temps, de la barbarie des Arabes, qui cependant ne tuèrent personne; aujourd'hui l'on doit blâmer l'imprudence des Européens, qui dans toute cette affaire se conduisirent comme des fous. Il régnait parmi eux la plus grande discorde, et ils avaient poussé la négligence au point de n'avoir pas un pistolet en état. Toutes les armes étaient au fond des caisses. D'ailleurs, il paraît que les Arabes n'agirent pas de leur propre

facteur de cette nation. La base du commerce des Français en Egypte consiste, comme dans tout le Levant, en draps légers de Languedoc, appelés *londrins* premiers et *londrins* seconds. Ils en débitent, année commune, entre 900 et 1,000 ballots. Le bénéfice est de 35 et 40 pour cent; mais les retraits qu'ils font leur donnant une perte de 20 et 25, le produit net resté de 15 pour cent. Les autres objets d'importation sont du fer, du plomb, des épiceries, 120 barils de cochenille, quelques galons, des étoffes de Lyon, divers articles de mercerie, enfin des dahlers et des sequins.

En échange, ils prennent des cafés d'Arabie, des gommes d'Afrique, des toiles grossières de coton fabriquées à Manouf, et qu'on envoie en Amérique; des cuirs crus, du safranon, du sel ammoniac et du riz (1). Ces objets acquittent rarement la dette, et l'on est toujours embarrassé pour les retours; ce n'est pas cependant faute de productions variées, puisque l'Égypte rend du

---

mouvement : des personnes bien instruites assurent que l'affaire avait été préparée à Constantinople par la compagnie anglaise de l'Inde, qui voyait de mauvais œil que des particuliers entrassent en concurrence avec elle pour le débit des marchandises du Bengale; et ce qui s'est passé dans le cours des poursuites a prouvé la vérité de cette assertion.

(1) Le blé est prohibé, et Pococke remarquait en 1737 que cela avait nui à la culture.

blé, du riz, du doura(1), du millet, du sésame, du coton, du lin, du séné, de la casse, des cannes à sucre, du nitre, du natron, du sel ammoniac, du miel et de la cire. L'on pourrait avoir des soies et du vin; mais l'industrie et l'activité manquent, parce que l'homme qui cultiverait n'en jouirait pas. On estime que l'importation des Français peut s'élever de 2 millions et demi à 3 *millions de livres*. La France avait entretenu un consul jusqu'en 1777; mais à cette époque, les dépenses qu'il causait engagèrent à le retirer : on le transféra à Alexandrie, et les négociants, qui le laissèrent partir sans réclamer d'indemnités, sont demeurés au Kaire à leur risques et fortune. Leur situation, qui n'a pas changé, est à peu près celle des Hollandais à Nangazaki, c'est-à-dire que, renfermés dans un grand cul-de-sac, ils vivent entre eux sans beaucoup de communications au dehors; ils les craignent même, et ne sortent que le moins qu'il est possible, pour ne pas s'exposer aux insultes du peuple, qui hait le nom des Francs, ou aux outrages des Mamlouks, qui les forcent dans les rues de descendre de leurs ânes. Dans cette espèce de détention habituelle, ils tremblent à chaque instant que la peste ne les oblige de se

---

(1) Espèce de grain assez semblable aux lentilles, qui croît par touffes, sur un roseau de 6 à 7 pieds de haut : c'est le *holcus arundinaceus* de Linné.

close dans leurs maisons, ou que quelque émeute n'expose leur *contrée* au pillage, ou que le commandant ne fasse quelque demande d'argent (1), ou qu'enfin des beks ne les forcent à des fournissements toujours dangereux. Leurs affaires ne leur causent pas moins de soucis. Obligés de vendre à crédit, rarement sont-ils payés aux termes convenus. Les lettres de change même n'ont aucune police, aucun recours en justice, parce que la justice est un mal pire qu'une banqueroute : tout se fait sur conscience, et cette conscience depuis quelque temps s'altère de plus en plus : on leur diffère des payements pendant des années entières ; quelquefois on n'en fait pas du tout, presque toujours on les tronque. Les chrétiens, qui sont leur principaux correspondants, sont à cet égard plus infidèles que les Turks mêmes ; et il est remarquable que, dans tout l'empire, le caractère des chrétiens est très-inférieur à celui des musulmans ; cependant on s'est réduit à faire tout par leurs mains. Ajoutez qu'on ne peut jamais réaliser les fonds, parce que l'on ne recouvre sa dette qu'en s'engageant d'une créance plus considérable. Par toutes ces raisons, le Kaire est l'échelle la plus précaire et la plus désagréable de tout le Levant : il y a 15 ans, l'on y comptait 9 maisons fran-

---

(1) Ils ont observé que ces avanies vont, année commune, à 63,000 livres tournois.

çaises; en 1785, elles étaient réduites à 3, et bientôt peut-être n'en restera-t-il pas une seule. Les chrétiens qui se sont établis depuis quelque temps à Livourne, portent une atteinte fatale à cet établissement par la correspondance immédiate qu'ils entretiennent avec leurs compatriotes; et le grand-duc de Toscane, qui les traite comme ses sujets, concourt de tout son pouvoir à l'augmentation de leur commerce.

CHAPITRE XI.

De la ville du Kaire.

Le Kaire, dont j'ai déja beaucoup parlé, est une ville si célèbre, qu'il convient de la faire encore mieux connaître par quelques détails. Cette capitale de l'Égypte ne porte point dans le pays le nom d'*el-Qâhera*, que lui donna son fondateur; les Arabes ne la connaissent que sous celui de *Masr*, qui n'a pas de sens connu, mais qui paraît l'ancien nom oriental de la basse Égypte (1).

(1) Ce nom de *Masr* a les mêmes consonnes que celui de *Mesr*-aïm, allégué par les Hébreux; lequel, à raison de sa forme plurielle, semble désigner proprement les habitants du Delta, pendant que ceux de la Thébaïde s'appelaient *Beni-kous* ou *enfants de kous*.

Cette ville est située sur la rive orientale du Nil, à un quart de lieue de ce fleuve, ce qui la prive d'un grand avantage. Le canal qui l'y joint ne saurait l'en dédommager, puisqu'il n'a d'eau courante que pendant l'inondation. A entendre parler du *grand Kaire*, il semblerait que ce dût être une capitale au moins semblable aux nôtres; mais si l'on observe que chez nous-mêmes les villes n'ont commencé à se décorer que depuis 100 ans, on jugera que dans un pays où tout est encore au 10e siècle, elles doivent participer à la barbarie commune. Aussi le Kaire n'a-t-il pas de ces édifices publics ou particuliers, ni de ces places régulières, ni de ces rues alignées, où l'architecture déploie ses beautés. Les environs sont masqués par des collines poudreuses, formées des décombres qui s'accumulent chaque jour (1); et près d'elles la multitude des tombeaux et l'infection des voiries choquent à la fois l'odorat et les yeux. Dans l'intérieur, les rues sont étroites et tortueuses; et comme elles ne sont point pavées, la foule des hommes, des chameaux, des ânes et des chiens qui s'y pressent, élève une poussière incommode; souvent les particuliers arrosent devant leurs portes, et à la poussière succèdent

---

(1) Le sultan Sélim avait assigné des bateaux pour les porter sans cesse à la mer; mais on a détruit cet établissement pour en détourner les deniers.

la boue et des vapeurs mal odorantes. Contre l'usage ordinaire de l'Orient, les maisons sont à deux et trois étages, terminés par une terrasse pavée ou glaisée; la plupart sont en terre et en briques mal cuites; le reste est en pierres molles d'un beau grain, que l'on tire du mont Moqattam, qui est voisin; toutes ces maisons ont un air de prison, parce qu'elles manquent de jour sur la rue. Il est trop dangereux en pareil pays d'être éclairé; l'on a même la précaution de faire la porte d'entrée fort basse; l'intérieur est mal distribué; cependant chez les grands on trouve quelques ornements et quelques commodités; on doit surtout y priser de vastes salles où l'eau jaillit dans des bassins de marbre. Le pavé, formé d'une marqueterie de marbre et de faïence colorés, est couvert de nattes, de matelas, et, par-dessus le tout, d'un riche tapis sur lequel on s'assied jambes croisées. Autour du mur règne une espèce de sofa chargé de coussins mobiles propres à appuyer le dos ou les coudes. A 7 ou 8 pieds de hauteur, est un rayon de planches garnies de porcelaines de la Chine et du Japon. Les murs, d'ailleurs nus, sont bigarrés de sentences tirées du Qôran, et d'arabesques en couleurs, dont on charge aussi le portail des beks. Les fenêtres n'ont point de verres ni de châssis mobiles, mais seulement un treillage à jour, dont la façon coûte quelquefois plus que nos glaces.

Le jour vient des cours intérieures, d'où les sycomores renvoient un reflet de verdure qui plaît à l'œil. Enfin, une ouverture au nord ou au sommet du plancher, procure un air frais, pendant que, par une contradiction assez bizarre, on s'environne de vêtements et de meubles chauds, tels que les draps de laine et les fourrures. Les riches prétendent, par ces précautions, écarter les maladies, mais le peuple, avec sa chemise bleue et ses nattes dures, s'enrhume moins et se porte mieux.

Population du Kaire et de l'Égypte.

On fait souvent des questions sur la population du Kaire : si l'on en veut croire le douanier Antoun *Faráoun*, cité par le baron de Tott, elle approche de 700,000 ames, y compris *Bouláq*, faubourg et port détaché de la ville; mais tous les calculs de population en Turkie sont arbitraires, parce qu'on n'y tient point de registres de naissances, de morts ou de mariages. Les musulmans ont même des préjugés superstitieux contre les dénombrements. Les seuls chrétiens pourraient être recensés au moyen des billets de leur capitation (1). Tout ce qu'on peut dire de certain, c'est que, d'après le plan géométrique de

---

(1) Elle s'appelle *karadj*; *k* est ici le *jota* espagnol.

Niebuhr, levé en 1761, le Kaire a 3 lieues de circuit, c'est-à-dire à peu près le circuit de Paris, pris par la ligne des boulevards. Dans cette enceinte il y a quantité de jardins, de cours, de terrains vides et de ruines. Or, si Paris, dans l'enceinte des boulevards, ne donne pas plus de 700,000 ames, quoique bâti à cinq étages, il est difficile de croire que le Kaire, qui n'en a que deux, tienne plus de 250,000 ames. Il est également impossible d'apprécier au juste la population de l'Égypte entière. Néanmoins, puisqu'il est connu que le nombre des villes et des villages ne passe pas 2,300 (1), le nombre des habitants de chaque lieu, ne pouvant s'évaluer l'un portant l'autre à plus de 1,000 âmes, même en y confondant le Kaire, la population totale ne doit s'élever qu'à 2,300,000 ames. La consistance des terres cultivables est, selon d'Anville, de 2,000 et 100 lieues carrées : de là résulte, par chaque lieue carrée, 1,142 habitants. Ce rapport, plus fort que celui de France même, pourra faire croire que l'Égypte n'est pas si dépeuplée qu'on l'imagine; mais si l'on observe que les terres ne se reposent

---

(1) D'Anville a connu deux listes des villages de l'Égypte : l'une, du siècle dernier, compte 2,696 villes et villages; l'autre, du milieu de celui-ci, 2,395, dont 957 au Saïd, et 1,439 dans le Delta (ce qui fait cependant, comme l'observe aussi d'Anville, 2,396). Le résumé que je donne est de l'année 1783.

jamais, et qu'elles sont toutes fécondes, on conviendra que cette population est très-faible en comparaison de ce qu'elle a été, et de ce qu'elle pourrait être.

Parmi les singularités qui frappent un étranger au Kaire, on peut citer la quantité prodigieuse de chiens hideux qui vaguent dans les rues, et de milans, qui planent sur les maisons, en jetant des cris importuns et lugubres. Les musulmans ne tuent ni les uns ni les autres, quoiqu'ils les réputent également immondes (1); au contraire, ils leur jettent souvent les débris des tables, et les dévots font pour les chiens des fondations d'eau et de pain. Ces animaux ont d'ailleurs la ressource des voiries, qui, à la vérité, n'empêche pas qu'ils n'endurent quelquefois la faim et la soif; mais ce qui doit étonner, c'est que ces extrémités ne sont jamais suivies de la rage. *Prosper Alpin* en a déja fait la remarque dans son *Traité de la médecine des Égyptiens*. La rage est également inconnue en Syrie; cependant le nom de cette maladie existe dans la langue arabe, et n'y a point une origine étrangère.

---

(1) Les tourterelles, dont il y a une prodigieuse quantité, font leurs nids dans les maisons, et les enfants mêmes n'y touchent pas.

CHAPITRE XII.

Des maladies de l'Égypte.

§ I.

De la perte de la vue.

Ce phénomène dans le genre des maladies n'est pas le seul remarquable en Égypte; il en est plusieurs autres qui méritent d'être rapportés.

Le plus frappant de tous est la quantité prodigieuse des vues perdues ou gâtées; elle est au point que, marchant dans les rues du Kaire, j'ai souvent rencontré, sur 100 personnes, 20 aveugles, 18 borgnes, et 20 autres dont les yeux étaient rouges, purulents ou tachés. Presque tout le monde porte des bandeaux, indice d'une ophthalmie naissante ou convalescente; ce qui ne m'a pas moins étonné est le sang-froid ou l'apathie avec laquelle on supporte un si grand malheur. *C'était écrit*, dit le musulman; *louange à Dieu!* *Dieu l'a voulu*, dit le chrétien; *qu'il soit béni!* Cette résignation est sans doute ce qu'il y a de mieux à faire quand le mal est arrivé; mais par un abus funeste, en empêchant de rechercher les causes, elle en devient une elle-même. Parmi nous, quelques médecins ont traité cette question; mais n'ayant point connu toutes les circonstances du fait, ils n'en ont pu parler que vaguement. J'en vais faire un tableau général, afin que l'on puisse en tirer la solution du problème.

1° Les fluxions des yeux et leurs suites ne sont point particulières à l'Égypte; on les retrouve également en Syrie, avec cette différence qu'elles y sont moins répandues; et il est remarquable que la côte de la mer y est seule sujette.

2° La ville du Kaire, toujours pleine d'immondices, y est plus sujette que tout le reste de l'Égypte (1); le peuple, plus que les gens aisés; les naturels, plus que les étrangers : rarement les Mamlouks en sont-ils attaqués. Enfin, les paysans du Delta y sont plus sujets que les Arabes bedouins.

3° Les fluxions n'ont pas de saison bien marquée, quoi qu'en ait dit *Prosper Alpin;* c'est une endémie commune à tous les mois et à tous les âges.

En raisonnant sur ces éléments, il m'a semblé que l'on ne pouvait pas admettre pour cause principale les vents du midi, parce qu'alors l'épidémie devrait être propre au mois d'avril, et que les be-

---

(1) Il faut observer que les aveugles des villages viennent s'établir à la mosquée des Fleurs (*el-Azhar*), où ils ont une espèce d'hôpital. Lazaret me paraît venir de là.

douins en seraient affectés comme les paysans : on ne peut admettre non plus la poussière fine répandue dans l'air, parce que les paysans y sont plus exposés que les habitants de la ville : l'habitude de dormir sur les terrasses a plus de réalité, mais cette cause n'est point unique ni simple ; car dans les pays intérieurs et loin de la mer, tels que la vallée du Balbek, le Diarbekr, les plaines de Haurân et dans les montagnes, on dort sur les terrasses, sans que la vue en soit affectée. Si donc au Kaire, dans tout le Delta et sur les côtes de la Syrie, il est dangereux de dormir à l'air, il faut que cet air prenne du voisinage de la mer une qualité nuisible : cette qualité, sans doute, est l'humidité jointe à la chaleur, qui devient alors un principe premier de maladies. La salinité de cet air, si marquée dans le Delta, y contribue encore par l'irritation et les démangeaisons qu'elle cause aux yeux, ainsi que je l'ai éprouvé ; enfin, le régime des Égyptiens me paraît lui-même un agent puissant. Le fromage, le lait aigre, le miel, le raisiné, les fruits verts, les légumes crus, qui sont la nourriture ordinaire du peuple, produisent dans le bas-ventre un trouble qui, selon l'observation des praticiens, se porte sur la vue ; les oignons crus surtout, dont ils abusent, ont pour l'échauffer une vertu que les moines de Syrie m'ont fait remarquer sur moi-même. Des corps ainsi nourris abondent en humeurs corrompues qui cherchent sans cesse un écouloir. Détournées des voies internes par la sueur habituelle, elles viennent à l'extérieur, et s'établissent où elles trouvent moins de résistance. Elles doivent préférer la tête, parce que les Égyptiens, en la rasant toutes les semaines, et en la couvrant d'une coiffure prodigieusement chaude, en font un foyer principal de sueur. Or, pour peu que cette tête reçoive une impression de froid en se découvrant, la transpiration se supprime et se jette sur les dents, ou plus volontiers sur les yeux, comme partie moins résistante. A chaque fluxion l'organe s'affaiblit et il finit par se détruire. Cette disposition, transmise par la génération, devient une nouvelle cause de maladie : de là vient que les naturels y sont plus exposés que les étrangers. L'excessive transpiration de la tête est un agent d'autant plus probable, que les anciens Égyptiens, qui la portaient nue, n'ont point été cités par les médecins pour être si affligés d'ophthalmies (1); et les Arabes du désert qui se la couvrent peu, surtout dans le bas âge, en sont de même exempts.

---

(1) Cependant, l'histoire observe que plusieurs des Faraons moururent aveugles.

§ II.

De la petite-vérole.

Une grande partie des cécités en Égypte est causée par les suites de la petite-vérole. Cette maladie, qui y est très-meurtrière, n'y est point traitée selon une bonne méthode : dans les 3 premiers jours on y donne aux malades du *debs* ou raisiné, du miel et du sucre; et dès le 7e on leur permet le laitage et le poisson salé, comme en pleine santé : dans la dépuration, on ne les purge jamais, et l'on évite surtout de leur laver les yeux, encore qu'ils les aient pleins de pus, et que les paupières soient collées par la sérosité desséchée : ce n'est qu'au bout de 40 jours que l'on fait cette opération, et alors le séjour du pus, en irritant le globe, y a déterminé un cautère qui ronge l'œil entier. Ce n'est pas que l'inoculation y soit inconnue, mais on s'en sert peu. Les Syriens et les habitants de *l'Anadolie*, qui la connaissent depuis long-temps, n'en usent guère davantage (1).

L'on doit regarder ces vices de régime comme des agents plus pernicieux que le climat, qui n'a

---

(1) Ils la pratiquent en insérant un fil dans la chair, ou en faisant respirer ou avaler de la poudre de boutons desséchée.

rien de malsain (1); c'est à la mauvaise nourriture surtout que l'on doit attribuer et les hideuses formes des mendiants, et l'air misérable et avorté des enfants du Kaire. Ces petites créatures n'offrent nulle part ailleurs un extérieur si affligeant; l'œil creux, le teint hâve et bouffi, le ventre gonflé d'obstructions, les extrémités maigres et la peau jaunâtre, ils ont l'air de lutter sans cesse contre la mort. Leurs mères ignorantes prétendent que c'est *le regard malfaisant* de quelque envieux qui les ensorcelle, et ce préjugé ancien (2) est encore général et enraciné dans la Turkie; mais la vraie cause est dans la mauvaise nourriture. Aussi, malgré les talismans (3), en périt-il une quantité incroyable; et cette ville possède, plus qu'aucune capitale, la funeste propriété d'engloutir la population.

Une maladie très-répandue au Kaire est celle que le vulgaire y appelle *mal bénit*, et que nous

---

(1) On peut citer en preuve les Mamlouks, qui, au moyen d'une bonne nourriture et d'un régime bien entendu, jouissent de la santé la plus robuste.

(2) *Nescio quis teneros oculus mihi fascinat agnos.*
Virg.

(3) On voit souvent en Égypte pendre sur le visage des enfants, et même sur celui des hommes faits, de petits morceaux d'étoffes rouges, ou des rameaux de corail et de verre coloré; leur usage est de fixer, par leur couleur et leur mouvement, le premier coup d'œil de *l'envieux*, parce que c'est celui-là, disent-ils, qui *frappe*.

nommons assez improprement *mal de Naples* : la moitié du Kaire en est attaquée. La plupart des habitants croient que ce mal leur vient par *frayeur*, par *maléfice* ou par *malpropreté*. Quelques-uns se doutent de la vraie cause ; mais comme elle tient à un article sur lequel ils sont infiniment réservés, ils n'osent s'en vanter. Ce mal bénit est très-difficile à guérir : le mercure, sous quelque forme qu'il soit, échoue ordinairement ; les végétaux sudorifiques réussissent mieux, sans cependant être infaillibles ; heureusement que le virus est peu actif, à raison de la grande transpiration naturelle et artificielle. L'on voit, comme en Espagne, des vieillards le porter jusqu'à 80 ans. Mais ses effets sont funestes aux enfants qui en naissent infectés. Le danger est imminent pour quiconque le rapporte dans un pays froid ; il y fait des progrès rapides, et se montre toujours plus rebelle dans cette transplantation. En Syrie, à Damas et dans les montagnes, il est plus dangereux, parceque l'hiver y est plus rigoureux : faute de soins, il s'y termine avec tous les symptômes qu'on lui connaît, ainsi que j'en ai vu deux exemples.

Une incommodité particulière au climat d'Égyte, est une éruption à la peau, qui revient toutes les années. Vers la fin de juin ou le commencement de juillet, le corps se couvre de rougeurs et de boutons dont la cuisson est très-importune. Les médecins, qui se sont aperçus que cet effet venait constamment à la suite de l'eau nouvelle, lui en ont rapporté la cause. Plusieurs ont pensé qu'elle dépendait des sels dont ils ont supposé cette eau chargée; mais l'existence de ces sels n'est point démontrée, et il paraît que cet accident a une raison plus simple. J'ai dit que les eaux du Nil se corrompaient vers la fin d'avril dans le lit du fleuve. Les corps qui s'en abreuvent depuis ce moment forment des humeurs d'une mauvaise qualité. Lorsque l'eau nouvelle arrive, il se fait dans le sang une espèce de fermentation, dont l'issue est de séparer les humeurs vicieuses et de les chasser vers la peau, où la transpiration les appelle : c'est une vraie dépuration purgative, et toujours salutaire.

Un autre mal encore trop commun au Kaire est une enflure de bourses, qui souvent devient une énorme *hydrocèle*. On observe qu'il attaque de préférence les Grecs et les Coptes; et par là, le soupçon de sa cause tombe sur l'abus de l'huile dont ils usent plus des deux tiers de l'année. L'on soupçonne aussi que les bains chauds y concourent, et leur usage immodéré a d'autres effets qui ne sont pas moins nuisibles (1). Je remarquerai,

---

(1) Les Égyptiens et les Turks en général ont pour le bain d'étuve une passion difficile à concevoir dans un pays aussi chaud que le leur; mais elle me paraît venir moins des sensations que des préjugés. La loi du *Qôran*, qui or-

à cette occasoin, que, dans la Syrie comme dans l'Égypte, une expérience constante a prouvé que l'eau-de-vie tirée des figues ordinaires, ou de celles des sycomores, ainsi que l'eau-de-vie des dattes et des fruits de *nopal*, a un effet très-prompt sur les bourses, qu'elle rend douloureuses et dures dès le 3e ou 4e jour que l'on a commencé d'en boire; et si l'on n'en cesse pas l'usage, le mal dégénère en hydrocèle complète.

L'eau-de-vie des raisins secs n'a pas le même inconvénient; elle est toujours anisée et très-violente, parce qu'on la distille jusqu'à 3 fois. Les chrétiens de Syrie et les coptes d'Égypte en font beaucoup d'usage; ces derniers, surtout, en boi-

---

donne aux hommes une forte ablution après le devoir conjugal, est elle seule un motif très-puissant; et la vanité qu'ils attachent à l'exécuter en devient un autre qui n'est pas moins efficace. Pour les femmes, il se joint à ces motifs, 1° que le bain est le seul lieu d'assemblée où elles puissent faire parade de leur luxe et se régaler de melons et fruits, de pâtisserie et autres friandises; 2° qu'elles croient, ainsi que l'a remarqué Prosper Alpin, que le bain leur donne cet embonpoint qui passe pour la beauté. Quant aux étrangers, leurs opinions diffèrent comme leurs sensations. Plusieurs négociants du Kaire aiment le bain, d'autres s'en sont trouvés maltraités, et je leur ai ressemblé. Il m'a donné des vertiges et des tremblements de genoux qui durèrent 2 jours. J'avoue qu'une eau vraiment brûlante, et qu'une sueur arrachée par les convulsions du poumon autant que par la chaleur, m'ont paru des plaisirs d'une espèce étrange, et je n'envierai plus aux Turks ni leur opium, ni leurs étuves, ni leurs *masseurs trop complaisants*.

vent des pintes entières à leur souper : j'avais taxé ce fait d'exagération ; mais il a fallu me rendre aux preuves de l'évidence, sans cesser néanmoins de m'étonner que de pareils excès ne tuent pas sur-le-champ, ou ne procurent pas du moins les symptômes de la profonde ivresse.

Le printemps, qui dans l'Égypte est l'été de nos climats, amène des fièvres malignes dont l'issue est toujours très-prompte. Un médecin français qui en a traité beaucoup a remarqué que le kina, donné dans les rémissions à la dose de 2 et 3 onces, a fréquemmment sauvé des malades aux portes de la mort (1). Sitôt que le mal se déclare, il faut s'astreindre rigoureusement au régime végétal acide ; on s'interdit la viande, le poisson, et surtout les œufs ; ils sont une espèce de poison en Égypte. Dans ce pays comme en Syrie, les observations constatent que la saignée est toujours plus nuisible qu'avantageuse, même lorsqu'elle paraît le mieux indiquée : la raison en est que les corps nourris d'aliments malsains, tels que les fruits verts, les légumes crus, le fromage, les olives, ont peu de sang et beaucoup d'humeurs ; leur tempérament est généralement bilieux, ainsi que l'annoncent leurs yeux et leurs sourcils noirs, leur teint brun, et leurs corps maigres. Leur

---

(1) Le lendemain il donne toujours un lavement pour évacuer ce kina.

maladie habituelle est le mal d'estomac; presque tous se plaignent d'âcretés à la gorge et de nausées acides; aussi l'émétique et la crême de tartre ont-ils du succès dans presque tous les cas.

Les fièvres malignes deviennent quelquefois épidémiques, et alors on les prendrait volontiers pour la peste, dont il me reste à parler.

§ III.

De la peste.

Quelques personnes ont voulu établir parmi nous l'opinion que la peste était originaire d'Égypte; mais cette opinion, fondée sur des préjugés vagues, paraît démentie par les faits. Nos négociants établis depuis longues années à Alexandrie assurent, de concert avec les Égyptiens, que la peste ne vient jamais de l'intérieur du pays (1), mais qu'elle paraît d'abord sur la côte à Alexandrie; d'Alexandrie elle passe à Rosette, de Rosette au Kaire, du Kaire à Damiât et dans le reste du Delta. Ils observent encore qu'elle est toujours précédée de l'arrivée de quelque bâtiment venant de Smyrne ou de Constantinople, et que si la peste

---

(1) Prósper Alpin, médecin vénitien, qui écrivait en 1591, dit également que la peste n'est point originaire d'Égypte; qu'elle y vient de Grèce, de Syrie, de Barbarie; que les chaleurs la tuent, etc. Voyez *de Medicinâ Ægyptiorum*, p. 28.

a été violente dans l'une de ces villes pendant l'été, le danger est plus grand pour la leur pendant l'hiver qui suit. Il paraît constant que son vrai foyer est Constantinople; qu'elle s'y perpétue par l'aveugle négligence des Turks; elle est au point que l'on vend publiquement les effets des morts pestiférés. Les vaisseaux qui viennent ensuite à Alexandrie, ne manquent jamais d'apporter des fournitures et des habits de laine qui sortent de ces ventes, et ils les débitent au bazar de la ville, où ils jettent d'abord la contagion. Les Grecs, qui font ce commerce, en sont presque toujours les premières victimes. Peu à peu l'épidémie gagne Rosette, et enfin le Kaire, en suivant la route journalière des marchandises. Aussitôt qu'elle est constatée, les négociants européens s'enferment dans leur *kan* ou *contrée*, eux et leurs domestiques, et ils ne communiquent plus au dehors. Leurs vivres, déposés à la porte du *kan*, y sont reçus par un portier, qui les prend avec des tenailles de fer, et les plonge dans une tonne d'eau destinée à cet usage. Si l'on veut leur parler, ils observent toujours une distance qui empêche tout contact de vêtements ou d'haleine; par ce moyen ils se préservent du fléau; à moins qu'il n'arrive quelque infraction à la police. Il y a quelques années qu'un chat, passé par les terrasses chez nos négociants du Kaire, porta la peste à deux d'entre eux, dont l'un mourut.

L'on conçoit combien cet emprisonnement est ennuyeux : il dure jusqu'à 3 et 4 mois, pendant lesquels les amusements se réduisent à se promener le soir sur les terrasses, et à jouer aux cartes.

La peste offre plusieurs phénomènes très-remarquables. A Constantinople, elle règne pendant l'été, et s'affaiblit ou se détruit pendant l'hiver. En Égypte, au contraire, elle règne pendant l'hiver, et juin ne manque jamais de la détruire. Cette bizarrerie apparente s'explique par un même principe. L'hiver détruit la peste à Constantinople, parce que le froid y est très-rigoureux. L'été l'allume, parce que la chaleur y est humide, à raison des mers, des forêts et des montagnes voisines. En Égypte, l'hiver fomente la peste, parce qu'il est humide et doux ; l'été la détruit, parce qu'il est chaud et sec. Il agit sur elle comme sur les viandes, qu'il ne laisse pas pourrir. La chaleur n'est malfaisante qu'autant qu'elle se joint à l'humidité (1).

―――――――

(1) Au Kaire, on a observé que les porteurs d'eau, sans cesse arrosés de l'eau fraîche qu'ils portent dans une outre sur leur dos, ne sont jamais attaqués de la peste : mais ici c'est *lotion*, et non pas humidité; d'autre part, l'astronome Beauchamp m'observe, dans une lettre écrite de Bagdad, que la peste qui précéda 1787 moissonna tous les porteurs d'eau de la ville. Les Européens même, malgré leurs lotions de vinaigre, n'échappèrent pas, et cependant l'un d'eux qui en but des verres entiers se sauva. Beauchamp fait d'ailleurs la remarque curieuse que la peste ne passe jamais dans la Perse, dont le climat est en général plus tempéré, et le sol montueux et couvert de végétaux.

L'Égypte est affligée de la peste tous les 4 ou 5 ans; les ravages qu'elle y cause devraient la dépeupler, si les étrangers qui y affluent sans cesse de tout l'empire ne réparaient une grande partie de ses pertes.

En Syrie, la peste est beaucoup plus rare : il y a 25 ans qu'on ne l'y a ressentie. La raison en est sans doute la rareté des vaisseaux venant en droiture de Constantinople. D'ailleurs on observe qu'elle ne se naturalise pas aisément dans cette province. Transportée de l'Archipel, ou même de Damiât, dans les rades de Lataqîé, Saïd ou Acre, elle n'y prend point racine; elle veut des circonstances préliminaires et une route combinée : il faut qu'elle passe du Kaire, en droiture à Damiât : alors toute la Syrie est sûre d'en être infectée.

L'opinion enracinée du fatalisme, et bien plus encore la barbarie du gouvernement, ont empêché jusqu'ici les Turks de se mettre en garde contre ce fléau meurtrier : cependant le succès des soins qu'ils ont vu prendre aux Francs a fait depuis quelque temps impression sur plusieurs d'entre eux. Les chrétiens du pays qui traitent avec nos négociants seraient disposés à s'enfermer comme eux; mais il faudrait qu'ils y fussent autorisés par la Porte. Il paraît qu'en ce moment elle s'occupe de cet objet, s'il est vrai qu'elle ait publié l'année dernière un édit pour établir un lazaret à Constantinople, et 3 autres dans l'empire; savoir, à Smyrne, en Candie et à Alexandrie. Le gouvernement de Tunis a pris ce sage parti depuis quelques années; mais la police turke est partout si mauvaise, qu'on doit espérer peu de succès de ces établissements, malgré leur extrême importance pour le commerce, et pour la sûreté des états de la Méditerranée (1).

CHAPITRE XIII.

Tableau résumé de l'Égypte.

L'Égypte fournirait encore matière à beaucoup d'autres observations; mais comme elles sont étrangères à mon objet, ou qu'elles rentrent dans celles que j'aurai occasion de faire sur la Syrie, je ne m'étendrai pas davantage.

Si l'on se rappelle ce que j'ai exposé de la nature et de l'aspect du sol; si l'on se peint un pays plat, coupé de canaux, inondé pendant 3 mois, fangeux et verdoyant pendant 3 autres, poudreux et gercé le reste de l'année; si l'on se figure sur ce terrain des villages de boue et de briques

---

(1) L'année dernière en fait preuve, puisqu'il a éclaté dans Tunis une peste aussi violente qu'on en ait jamais éprouvé. Elle fut apportée par des bâtiments venant de Constantinople, qui corrompirent les gardes et entrèrent en fraude sans faire de quarantaine.

ruinés, des paysans nus et hâlés, des buffles, des chameaux, des sycomores, des dattiers clair-semés, des lacs, des champs cultivés, et de grands espaces vides; si l'on y joint un soleil étincelant sur l'azur d'un ciel presque toûjours sans nuages, des vents plus ou moins forts, mais perpétuels : l'on aura pu se former une idée rapprochée de l'état physique du pays (1). On a pu juger de l'état civil des

---

(1) Lorsque j'écrivais ceci en 1786, je ne connaissais pas la lettre d'Amrou au kalife Omar, laquelle traite précisément sous les mêmes rapports du même sujet. Le lecteur ne peut que me savoir gré de lui citer ce morceau curieux de l'éloquence orientale.

Lettre du kalife Omar ebn-el-Kattâb, à Amrou, son lieutenant en Égypte.

O Amrou, fils d'el-Aâs, ce que je désire de toi, à la réception de cette lettre, c'est que tu me fasses de l'Égypte une peinture assez exacte et assez vive pour que je puisse m'imaginer voir de mes propres yeux cette belle contrée. Salut.

Réponse d'Amrou.

O prince des fidèles! peins-toi un désert aride, et une campagne magnifique au milieu de deux montagnes, dont l'une a la forme d'une colline de sable, et l'autre du ventre d'un cheval étique ou du dos d'un chameau : voilà l'Égypte! Toutes ses productions et toutes ses richesses, depuis Asouan (Syène) jusqu'à Menchâ, viennent d'un fleuve béni qui coule avec majesté au milieu d'elle. Le moment de la crue et de la retraite de ses eaux est aussi réglé que le cours du soleil et de la lune; il y a une époque fixe dans l'année où toutes les sources de l'univers viennent payer à ce roi des fleuves le tribut auquel la Providence les a assujetties envers lui. Alors les eaux aug-

habitants, par leurs divisions en races, en sectes, en conditions; par la nature d'un gouvernement qui ne connaît ni propriété, ni sûreté de personnes, et par l'image d'un pouvoir illimité confié à une soldatesque licencieuse et grossière : enfin l'on

---

mentent, sortent de son lit, et couvrent toute la face de l'Égypte pour y déposer un limon productif. Il n'y a plus de communication d'un village à l'autre, que par le moyen de barques légères, aussi nombreuses que les feuilles de palmier.

Lorsqu'ensuite arrive le moment où ses eaux cessent d'être nécessaires à la fertilité du sol, ce fleuve docile rentre dans les bornes que le destin lui a prescrites, pour laisser recueillir le trésor qu'il a caché dans le sein de la terre.

Un peuple protégé du ciel, et qui comme l'abeille ne semble destiné qu'à travailler pour les autres, sans profiter lui-même du prix de ses sueurs, ouvre légèrement les entrailles de la terre, et y dépose des semences dont il attend la fécondité du bienfait de cet *être* qui fait croître et mûrir les moissons. — Le germe se développe, la tige s'élève, l'épi se forme par le secours d'une rosée qui supplée aux pluies, et qui entretient le suc nourricier dont le sol est imbu. A la plus abondante récolte succède tout à coup la stérilité. C'est ainsi, ô prince des fidèles! que l'Égypte offre tour à tour l'image d'un désert poudreux, d'une plaine liquide et argentée, d'un marécage noir et limoneux, d'une prairie verte et ondoyante, d'un parterre orné de fleurs variées, et d'un guéret couvert de moissons jaunissantes : béni soit le créateur de tant de merveilles!

Trois choses, ô prince des fidèles! contribuent essentiellement à la prospérité de l'Égypte et au bonheur de ses habitants. La première, de ne point adopter légèrement des projets inventés par l'avidité fiscale, et tendants à accroître l'impôt; la seconde, d'employer le tiers des revenus à l'entretien des canaux, des ponts et des digues; la troisième, de ne lever l'impôt qu'en nature, sur les fruits que la terre produit. Salut.

peut apprécier la force de ce gouvernement en résumant son état militaire, la qualité de ses troupes; en observant que dans toute l'Égypte et sur les frontières il n'y a ni fort, ni redoute, ni artillerie, ni ingénieurs, et que, pour la marine, on ne compte que les 28 vaisseaux et cayasses de Suez, armés chacun de 4 pierriers rouillés, et montés par des marins qui ne connaissent pas la boussole. C'est au lecteur à établir sur ces faits l'opinion qu'il doit prendre d'un tel pays. S'il trouvait, par hasard, que je le lui présente sous un point de vue différent de quelques autres relations, cette diversité ne devrait point l'étonner. Rien de moins unanime que les jugements des voyageurs sur les pays qu'ils ont vus : souvent contradictoires entre eux, celui-ci déprime ce que celui-là vante; et tel peint comme un lieu de délices ce qui pour tel autre n'est qu'un lieu fort ordinaire. On leur reproche cette contradiction; mais ils la partagent avec leurs censeurs mêmes, puisqu'elle est dans la nature des choses. Quoi que nous puissions faire, nos jugements sont biens moins fondés sur les qualités réelles des objets, que sur les affections que nous recevons, ou que nous portons déja en les voyant. Une expérience journalière prouve qu'il s'y mêle toujours des idées étrangères, et de là vient que le même pays qui nous a paru beau dans un temps nous paraît quelquefois désagréable dans un autre. D'ailleurs, le préjugé des habitudes premières est tel, que jamais l'on ne peut s'en dégager. L'habitant des montagnes hait les plaines; l'habitant des plaines déprise les montagnes. L'Espagnol veut un ciel ardent; le Danois un temps brumeux. Nous aimons la verdure des forêts; le Suédois préfère la blancheur des neiges: le Lapon, transporté de sa chaumière enfumée dans les bosquets de Chantilly, y est mort de chaleur et de mélancolie. Chacun a ses goûts, et juge en conséquence. Je conçois que, pour un Égyptien, l'Égypte est et sera toujours le plus beau pays du monde, quoiqu'il n'ait vu que celui-là. Mais, s'il m'est permis d'en dire mon avis comme témoin oculaire, j'avoue que je n'en ai pas pris une idée si avantageuse. Je rends justice à son extrême fertilité, à la variété de ses produits, à l'avantage de sa position pour le commerce : je conviens que l'Égypte est peu sujette aux intempéries qui font manquer nos récoltes; que les ouragans de l'Amérique y sont inconnus; que les tremblements qui de nos jours ont dévasté le Portugal et l'Italie y sont très-rares, quoique non pas sans exemples (1); je conviens même que la chaleur qui accable les Européens n'est pas un inconvénient pour les naturels : mais c'en est un grave que ces vents meurtriers de sud; c'en est un autre que ce vent de nord-est qui donne des maux de tête violents;

---

(1) Il y en eut un très-violent entre autres l'an 1112.

c'en est encore un que cette multitude de scorpions, de cousins, et surtout de mouches, telle
que l'on ne peut manger sans courir risque d'en
avaler. D'ailleurs, nul pays d'un aspect plus mo-
notone; toujours une plaine nue à perte de vue;
toujours un horizon plat et uniforme (1); des dattiers sur leur tige maigre, ou des huttes de terre
sur des chaussées : jamais cette richesse de paysages, où la variété des objets, où la diversité des
sites occupent l'esprit et les yeux par des scènes
et des sensations renaissantes : nul pays n'est moins
pittoresque, moins propre aux pinceaux des pein-
tres et des poètes : on n'y trouve rien de ce qui
fait le charme et la richesse de leurs tableaux; et
il est remarquable que ni les Arabes ni les anciens ne font mention des poètes d'Égypte. En
effet, que chanterait l'Égyptien sur le chalumeau
de Gessner et de Théocrite? Il n'a ni clairs ruisseaux, ni frais gazons, ni antres solitaires; il ne
connaît ni les vallons, ni les coteaux, ni les roches
pendantes. Thompson n'y trouverait ni le sifflement
des vents dans les forêts, ni les roulements du
tonnerre dans les montagnes, ni la paisible majesté
des bois antiques, ni l'orage imposant, ni le calme
touchant qui lui succède : un cercle éternel des
mêmes opérations ramène toujours les gras trou-

---

(1) On peut, à ce sujet, consulter les planches de *Norden*,
qui rendent cet état sensible.

peaux, les champs fertiles, le fleuve boueux, la mer d'eau douce, et les villages semblables aux îles. Que si la pensée se porte à l'horizon qu'embrasse la vue, elle s'effraie de n'y trouver que des déserts sauvages, où le voyageur égaré, épuisé de soif et de fatigue, se décourage devant l'espace immense qui le sépare du monde; il implore en vain la terre et le ciel; ses cris, perdus sur une plaine rase, ne lui sont pas même rendus par des échos : dénué de tout, et seul dans l'univers, il périt de rage et de désespoir devant une nature morne, sans la consolation même de voir verser une larme sur son malheur. Ce contraste si voisin est sans doute ce qui donne tant de prix au sol de l'Égypte. La nudité du désert rend plus saillante l'abondance du fleuve, et l'aspect des privations ajoute au charme des jouissances : elles ont pu être nombreuses dans les temps passés, et elles pourraient renaître sous l'influence d'un bon gouvernement; mais, dans l'état actuel, la richesse de la nature y est sans effet et sans fruit. En vain célèbre-t-on les jardins de Rosette et du Kaire; l'art des jardins, cet art si cher aux peuples policés, est ignoré des Turks, qui méprisent les champs et la culture. Dans tout l'empire les jardins ne sont que des vergers sauvages où les arbres, jetés sans soin, n'ont pas même le mérite du désordre. En vain se récrie-t-on sur les orangers et les cédrats qui croissent en plein air : on fait illusion à notre esprit, accoutumé d'allier à ces arbres les idées d'opulence et de culture qui chez nous les accompagnent. En Égypte, arbres vulgaires, ils s'associent à la misère des cabanes qu'ils couvrent, et ne rappellent que l'idée de l'abandon et de la pauvreté. En vain peint-on le Turk mollement couché sous leur ombre, heureux de fumer sa pipe sans penser : l'ignorance et la sottise ont sans doute leurs jouissances, comme l'esprit et le savoir; mais, je l'avoue, je n'ai pu envier le repos des esclaves, ni appeler bonheur l'apathie des automates. Je ne concevrais pas même d'où peut venir l'enthousiasme que des voyageurs témoignent pour l'Égypte, si l'expérience ne m'en eût dévoilé les causes secrètes.

Des exagérations des voyageurs.

On a dès long-temps remarqué dans les voyageurs une affectation particulière à vanter le théâtre de leurs voyages, et les bons esprits, qui souvent ont reconnu l'exagération de leurs récits, ont averti, par un proverbe, de se tenir en garde contre leur prestige (1); mais l'abus subsiste, parce qu'il tient à des causes renaissantes. Chacun de nous en porte le germe; et souvent le reproche appartient à ceux mêmes qui l'adressent. En effet,

---

(1) *Multum mentitur qui multum vidit*

qu'on examine un arrivant de pays lointains, dans une société oisive et curieuse : la nouveauté de ses récits attire l'attention sur lui ; elle mène jusqu'à la bienveillance pour sa personne ; on l'aime parce qu'il amuse, et parce que ses prétentions sont d'un genre qui ne peut choquer. De son côté, il ne tarde pas de sentir qu'il n'intéresse qu'autant qu'il excite des sensations nouvelles. Le besoin de soutenir, l'envie même d'augmenter l'intérêt, l'engagent à donner des couleurs plus fortes à ses tableaux ; il peint les objets plus grands pour qu'ils frappent davantage : les succès qu'il obtient l'encouragent ; l'enthousiasme qu'il produit se réfléchit sur lui-même ; et bientôt il s'établit entre ses auditeurs et lui une émulation et un commerce par lequel il rend en étonnement ce qu'on lui paie en admiration. Le merveilleux de ce qu'il a vu rejaillit d'abord sur lui-même ; puis, par une seconde gradation, sur ceux qui l'ont entendu, et qui à leur tour le racontent : ainsi la vanité, qui se mêle à tout, devient une des causes de ce penchant que nous avons tous, soit pour croire, soit pour raconter les prodiges. D'ailleurs, nous voulons moins être instruits qu'amusés, et c'est par ces raisons que les faiseurs de contes, en tout genre, ont toujours occupé un rang distingué dans l'estime des hommes et dans la classe des écrivains.

Il est pour les voyageurs une autre cause d'enthousiasme : loin des objets dont elle a joui, l'imagination privée s'enflamme; l'absence rallume les désirs, et la satiété de ce qui nous environne prête un charme à ce qui est hors de notre portée. On regrette un pays d'où l'on désira souvent de sortir, et l'on se peint en beau les lieux dont la présence pourrait être encore à charge. Les voyageurs qui ne font que passer en Égypte ne sont pas dans cette classe, parce qu'ils n'ont pas le temps de perdre l'illusion de la nouveauté; mais quiconque y séjourne peut y être rangé. Nos négociants le savent, et ils ont fait à ce sujet une observation qu'on doit citer : ils ont remarqué que ceux même d'entre eux qui ont le plus senti les désagréments de cette demeure ne sont pas plus tôt retournés en France, que tout s'efface de leur mémoire; leurs souvenirs prennent de riantes couleurs; en sorte que 2 ans après on n'imaginerait pas qu'ils y eussent jamais été. « Comment pensez-vous en« core à nous? » m'écrivait dernièrement un résident au Kaire; « comment conservez-vous les idées « vraies de ce lieu de misère (1), lorsque nous

---

(1) Personne n'a moins que moi de sujets d'humeur contre l'Égypte : j'y ai éprouvé, de la part de nos négociants, l'accueil le plus généreux et le plus honnête; jamais il ne m'est arrivé aucun accident désagréable, pas même de mettre pied à terre devant les Mamlouks. Il est vrai que le plus souvent, et malgré la honte qu'on y attribue, je ne marchais qu'à pied dans les rues.

« avons éprouvé que tous ceux qui repassent les
« oublient au point de nous étonner nous-mêmes? ».
Je l'avoue, des causes si générales et si puissantes
n'eussent pas été sans effet sur moi-même; mais
j'ai pris un soin particulier de m'en défendre, et
de conserver mes impressions premières, pour
donner à mes récits le seul mérite qu'ils pussent
avoir, celui de la vérité. Il est temps de les reporter sur des objets d'un intérêt plus vaste; mais
comme le lecteur ne me pardonnerait pas de quitter l'Égypte sans parler des ruines et des pyramides, j'en dirai deux mots.

CHAPITRE XIV.

Des ruines et des pyramides (1).

J'AI déja exposé comment la difficulté habituelle
des voyages en Égypte, devenue plus grande en
ces dernières années, s'opposait aux recherches

---

(1) La vue des pyramides, que je joins à cette édition, et
qui manque aux premières, n'est pas prise du bord du fleuve
même, qui en est trop distant, mais du bord du canal qui se
trouve dans la plaine avant d'arriver au rocher, et qui n'est
rempli qu'au temps de l'inondation. Le talent de l'artiste me
paraît avoir donné dans ce dessin circonscrit l'idée la plus
étendue et la plus exacte de ces prodigieux monuments.

sur les antiquités. Faute de moyens, et surtout de circonstances propres, on est réduit à ne voir que ce que d'autres ont vu, et à ne dire que ce qu'ils ont déja publié. Par cette raison, je ne répéterai pas ce qui se trouve déja répété plus d'une fois dans *Paul Luca, Maillet, Siccard, Pocoke, Graves, Norden, Niebuhr*, et récemment dans les Lettres de Savary. Je me bornerai à quelques considérations générales.

- Les pyramides de Djizé sont un exemple frappant de cette difficulté d'observer dont j'ai fait mention. Quoique situées à 4 lieues seulement du Kaire, où il réside des Francs, quoique visitées par une foule de voyageurs, on n'est point encore d'accord sur leurs dimensions. On a mesuré plusieurs fois leur hauteur par les procédés géométriques, et chaque opération a donné un résultat différent (1). Pour décider la question, il faudrait une nouvelle mesure solennelle, faite par des personnes connues; mais en attendant, on doit taxer d'erreur tous ceux qui donnent à la grande pyramide autant d'élévation que de base, attendu que son triangle est très-sensiblement écrasé. La connaissance de cette base me paraît d'autant plus intéressante, que je lui crois du rap-

---

(1) A la liste de ces différences, alléguée par Savary, il faut ajouter la mesure récente de Niebuhr qui donne à la grande pyramide 480 pieds de hauteur perpendiculaire.

port à l'une des mesures carrées des Égyptiens; et dans la coupe des pierres, si l'on trouvait des dimensions revenant souvent les mêmes, peut-être en pourrait-on déduire leurs autres mesures.

On se plaint ordinairement de ne point comprendre la description de l'intérieur de la pyramide; et en effet, à moins d'être versé dans l'art des plans, on a peine à se reconnaître sur la gravure. Le meilleur moyen de s'en faire une idée, serait d'exécuter en terre crue ou cuite, une pyramide dans des proportions réduites, par exemple, d'un pouce par toise. Cette masse aurait 8 pieds 4 pouces de base, et à peu près 7 et demi de hauteur : en la coupant en 2 portions de haut en bas, on y pratiquerait le premier canal qui descend obliquement, la galerie qui remonte de même, et la chambre sépulcrale qui est à son extrémité. Norden fournirait les meilleurs détails; mais il faudrait un artiste habitué à ce genre d'ouvrages.

La ligne du rocher sur lequel sont assises les pyramides ne s'élève pas au-dessus du niveau de la plaine de plus de 40 à 50 pieds. La pierre dont il est formé, est, comme je l'ai dit, une pierre calcaire blanchâtre, d'un grain pareil au beau moellon, ou à cette pierre connue dans quelques provinces sous le nom de *rairie*. Celle des pyramides est d'une nature semblable. Au commencement du siècle, on croyait, sur l'autorité d'Hérodote, que les matériaux en avaient été transportés d'ailleurs; mais des voyageurs, observant la ressemblance dont nous parlons, ont trouvé plus naturel de les faire tirer du rocher même; et l'on traite aujourd'hui de fable le récit d'Hérodote, et d'absurdité cette translation de pierres. On calcule que l'aplanissement du rocher en a dû fournir la majeure partie; et, pour le reste, on suppose des souterrains invisibles, que l'on agrandit autant qu'il est besoin. Mais si l'opinion ancienne a des invraisemblances, la moderne n'a que des suppositions. Ce n'est point un motif suffisant de juger, que de dire : *Il est incroyable que l'on ait transporté des carrières éloignées; il est absurde d'avoir multiplié des frais qui deviennent énormes, etc.* Dans les choses qui tiennent aux opinions et aux gouvernements des peuples anciens, la mesure des probabilités est délicate à saisir : aussi, quelque invraisemblable que paraisse le fait dont il s'agit, si l'on observe que l'historien qui le rapporte a puisé dans les archives originales; qu'il est très-exact dans tous ceux que l'on peut vérifier; que le rocher libyque n'offre en aucun endroit des élévations semblables à celles qu'on veut supposer, et que les souterrains sont encore à connaître; si l'on se rappelle les immenses carrières qui s'étendent de Saouâdi à Manfalout, dans un espace de 25 lieues; enfin, si l'on considère que leurs pierres, qui sont de la même espèce, n'ont aucun autre emploi apparent (1); on sera porté tout au moins à suspendre son jugement, en attendant une évidence qui le détermine. Pareillement quelques écrivains se sont lassés de l'opinion que les pyramides étaient des tombeaux, et ils en ont voulu faire des temples ou des observatoires; ils ont regardé comme absurde qu'une nation sage et policée fît une affaire d'état du sépulcre de son chef, et comme extravagant qu'un monarque écrasât son peuple de corvées, pour enfermer un squelette de 5 pieds dans une montagne de pierres : mais, je le répète, on juge mal les peuples anciens, quand on prend pour terme de comparaison nos opinions, nos usages. Les motifs qui les ont animés peuvent nous paraître extravagants, peuvent l'être même aux yeux de la raison, sans avoir été moins puissants, moins efficaces. On se donne des entraves gratuites de contradictions, en leur supposant une sagesse conforme à nos principes; nous raisonnons trop d'après nos idées, et pas assez d'après les leurs. En suivant ici, soit les unes, soit les autres, on jugera que les pyramides ne peuvent avoir été des observatoires d'astronomie (2); parce que le

---

(1) Je n'entends pas les seules pyramides de Djizé, mais toutes en général. Quelques-unes, comme celle de Bayamont, n'ont de rochers ni dessous, ni aux environs. Voyez *Pocoke*.

(2) Néanmoins je ne conteste pas à la plus grande des pyramides la propriété que lui a découverte l'ingénieux et savant Dupuis.

mont Moqattam en offrait un plus élevé, et qui borne ceux-là; parce que tout observatoire élevé est inutile en Égypte, où le sol est très-plat, et où les vapeurs dérobent les étoiles plusieurs degrés au-dessus de l'horizon; parce qu'il est impossible de monter sur la plupart des pyramides; enfin, parce qu'il était inutile de rassembler 11 observatoires aussi voisins que le sont les pyramides, grandes et petites, que l'on découvre du local de Djizé. D'après ces considérations, on pensera que Platon, qui a fourni l'idée en question, n'a pu avoir en vue que des cas accidentels; ou qu'il n'a ici que son mérite ordinaire d'éloquent orateur. Si, d'autre part, on pèse les témoignages des anciens et les circonstances des lieux, si l'on fait attention qu'auprès des pyramides il se trouve 30 à 40 moindres monuments, offrant des ébauches de la même figure pyramidale; que ce lieu stérile, écarté de la terre cultivable, a la qualité requise des Égyptiens pour être un cimetière, et que près de là était celui de toute la ville de Memphis, la plaine des Momies; on sera persuadé que les pyramides ne sont que des tombeaux. L'on croira que les despotes d'un peuple superstitieux ont pu mettre de l'importance et de l'orgueil à bâtir pour leur squelette une demeure impénétrable, quand on saura que, dès avant Moïse, il était de dogme à Memphis que les ames reviendraient au bout de 6,000 ans habiter les corps qu'elles avaient quittés : c'était par cette raison que l'on prenait tant de soin de préserver ces mêmes corps de la dissolution, et que l'on s'efforçait d'en conserver les formes au moyen des aromates, des bandelettes et des sarcophages. Celui qui est encore dans la chambre sépulcrale de la grande pyramide est précisément dans les dimensions naturelles; et cette chambre, si obscure et si étroite (1), n'a jamais pu convenir qu'à loger un mort. On veut trouver du mystère à ce conduit souterrain qui descend perpendiculairement dans le dessous de la pyramide; mais on oublie que l'usage de toute l'antiquité fut de ménager des communications avec l'intérieur des tombeaux, pour y pratiquer, aux jours prescrits par la religion, les cérémonies funèbres, telles que les libations et les offrandes d'aliments aux morts. Il faut donc revenir à l'opinion, toute vieille qu'elle peut être, que les pyramides sont des tombeaux(2); et cet emploi, indiqué par toutes

---

(1) Elle a 13 pas de long sur 11 de large, et à peu près autant de hauteur.

(2) La grande pyramide elle-même en est un; mais s'il est constaté que le côté de sa base équivaut juste à 1 stade alexandrin (de 684 pieds 9 pouces 60 centièmes), et se trouve être exactement la 500 partie d'un degré du cercle terrestre, tel que nous-mêmes le connaissons; si, comme l'observe l'ingénieux et savant Dupuis, ses pans sont disposés sous un angle tel qu'à l'entrée du soleil dans les signes équinoxiaux son disque paraît placé au sommet pour le specta-

les circonstances locales, l'est encore par un usage des Hébreux, qui, comme l'on sait, ont presque en tout imité les Égyptiens, et qui, à ce titre, donnèrent la forme pyramidale aux tombeaux d'Absalon et de Zakarie, que l'on voit encore dans la vallée de Josaphat : enfin, il est constaté par le nom même de ces monuments, qui, selon une analyse conforme à tous les principes de la science, me donne mot à mot, *chambre* ou *caveau* du *mort* (1).

---

teur à genoux à la base, il faut convenir que dans la construction de celle-là l'on a combiné d'autres motifs. Au reste, ces questions seront bientôt éclaircies par les savants qui sont en Égypte.

(1) Voici la marche de cette étymologie. Le mot français *pyramide*, est le grec *pyramis, idos;* mais dans l'ancien grec, l'*y* était prononcé *ou;* donc il faut dire *pouramis*. Lorsque les Grecs, après la guerre de Troie, fréquentèrent l'Égypte, ils ne devaient point avoir, dans leur langue, le nom de cet objet nouveau pour eux; ils durent l'emprunter des Égyptiens. *Pouramis* n'est donc pas grec, mais égyptien. Or, il paraît constant que les dialectes de l'Égypte, qui étaient variés, ont eu de grandes analogies avec ceux des pays voisins, tels que l'Arabie et la Syrie. Il est vrai que, dans ces langues, *p* est une prononciation inconnue; mais il est de fait aussi que les Grecs, en adoptant des mots *barbares*, les altéraient presque toujours, et confondaient souvent un son avec un autre à peu près semblable. Il est de fait encore, que, dans des mots connus, *p* se trouve sans cesse pris pour *b*, qui n'en diffère presque pas. Dans cette donnée, *pouramis* devient *bouramis*. Or, dans le dialecte de la Palestine, *bour* signifie *toute excavation* en terre, une *citerne*, une *prison* proprement *souterraine*, un *sépulcre*. Voyez *Buxtorf, Lexicon hebr.* Reste *amis*, où l's finale me paraît une terminaison substituée

La grande pyramide n'est pas la seule qui ait été ouverte. Il y en a une autre à *Saqâra* qui offre les mêmes détails intérieurs. Depuis quelques années, un bek a tenté d'ouvrir la 3ᵉ en grandeur du local de Djizé, pour en tirer le trésor supposé. Il l'a attaquée par le même côté et à la même hauteur que la grande est ouverte; mais après avoir arraché 2 ou 300 pierres, avec des peines et une dépense considérable, il a quitté sans succès son avaricieuse entreprise. L'époque de la construction de la plupart des pyramides n'est pas connue; mais celle de la grande est si évidente, qu'on n'eût jamais dû la contester. Hérodote l'attribue à *Cheops*, avec un détail de circonstances qui prouve que ses auteurs étaient bien instruits (1). Or ce Cheops, dans sa liste, la meilleure de toutes, se trouve le second roi après *Protée* (2), qui fut contemporain de la guerre

---

au *t*, qui n'était point dans le génie grec, et qui faisait l'oriental, *a-mit, du mort; bour a-mit, caveau du mort;* cette substitution de l'*s* au *t* a un exemple dans *atribis*, bien connu pour être *atribit* : c'est aux connaisseurs à juger s'il est beaucoup d'étymologies qui réunissent autant de conditions que celle-ci.

(1) Ce prince, dit-il, régna cinquante ans, et il en employa vingt à bâtir la pyramide. Le tiers de l'Égypte fut employé, par corvées, à tailler, à transporter et à élever les pierres.

(2) Il est remarquable que si l'on écrivait le nom égyptien allégué par les Grecs, en caractères phéniciens, on se servirait des mêmes lettres que nous prononçons *pharao*; l'*o* final est dans l'hébreu un *h*, qui à la fin des mots devient très-souvent *t*.

de Troie ; et il en résulte, par l'ordre des faits, que sa pyramide fut construite vers les années 140 et 160 de la fondation du temple de Salomon, c'est-à-dire, 850 ans avant Jésus-Christ.

La main du temps, et plus encore celle des hommes, qui ont ravagé tous les monuments de l'antiquité, n'ont rien pu jusqu'ici contre les pyramides. La solidité de leur construction, et l'énormité de leur masse, les ont garanties de toute atteinte, et semblent leur assurer une durée éternelle. Les voyageurs en parlent tous avec enthousiasme, et cet enthousiasme n'est point exagéré. L'on commence à voir ces montagnes factices 10 lieues avant d'y arriver. Elles semblent s'éloigner à mesure qu'on s'en approche ; on en est encore à une lieue, et déja elles dominent tellement sur la terre, qu'on croit être à leur pied ; enfin l'on y touche, et rien ne peut exprimer la variété des sensations qu'on y éprouve (1) : la

---

(1) Je ne connais rien de plus propre à figurer les pyramides, à Paris, que l'Hôtel des Invalides, vu du Cours-la-Reine. La longueur du bâtiment étant de six cents pieds, égale précisément la base de la grande pyramide; mais pour s'en figurer la hauteur et la solidité, il faut supposer que la face mentionnée s'élève en un triangle dont la pointe excède la hauteur du dôme des deux tiers de ce dôme même (il a 300 pieds) : de plus, que la même face doit se répéter sur 4 côtés en carré, et que tout le massif qui en résulte, est plein, et n'offre à l'extérieur qu'un immense talus disposé par gradins.

hauteur de leur sommet, la rapidité de leur pente ; l'ampleur de leur surface, le poids de leur assiette, la mémoire des temps qu'elles rappellent, le calcul du travail qu'elles ont coûté, l'idée que ces immenses rochers sont l'ouvrage de l'homme si petit et si faible, qui rampe à leurs pieds ; tout saisit à la fois le cœur et l'esprit d'étonnement, de terreur, d'humiliation, d'admiration, de respect : mais, il faut l'avouer, un autre sentiment succède à ce premier transport. Après avoir pris une si grande opinion de la puissance de l'homme, quand on vient à méditer l'objet de son emploi, on ne jette plus qu'un œil de regret sur son ouvrage ; on s'afflige de penser que, pour construire un vain tombeau, il a fallu tourmenter 20 ans une nation entière ; on gémit sur la foule d'injustices et de vexations qu'ont dû coûter les corvées onéreuses et du transport, et de la coupe, et de l'entassement de tant de matériaux. On s'indigne contre l'extravagance des despotes qui ont commandé ces barbares ouvrages ; ce sentiment revient plus d'une fois en parcourant les monuments de l'Égypte : ces labyrinthes, ces temples, ces pyramides, dans leur massive structure, attestent bien moins le génie d'un peuple opulent et ami des arts, que la servitude d'une nation tourmentée par le caprice de ses maîtres. Alors on pardonne à l'avarice, qui, violant leurs tombeaux, a frustré leur espoir ; on en accorde moins de pitié à ces ruines ; et tandis que l'amateur des arts s'indigne dans Alexandrie de voir scier les colonnes des palais, pour en faire des *meules* de moulin, le philosophe, après cette première émotion que cause la perte de toute belle chose, ne peut s'empêcher de sourire à la justice secrète du sort, qui rend au peuple ce qui lui coûta tant de peines, et qui soumet au plus humble de ses besoins l'orgueil d'un luxe inutile.

C'est l'intérêt de ce peuple, sans doute, plus que celui des monuments, qui doit dicter le souhait de voir passer en d'autres mains l'Égypte ; mais, ne fût-ce que sous cet aspect, cette révolution serait toujours très-désirable. Si l'Égypte était possédée par une nation amie des beaux-arts, on y trouverait, pour la connaissance de l'antiquité, des ressources que désormais le reste de la terre nous refuse ; peut-être y découvrirait-on même des livres. Il n'y a pas 3 ans qu'on déterra près de Damiât plus de 100 *volumes* écrits en langue inconnue (1) ; ils furent incontinent brûlés sur la décision des chaiks du Kaire. A la vérité le Delta n'offre plus de ruines bien intéressantes, parce que les habitants ont tout détruit par besoin ou par superstition. Mais le Saïd moins peuplé, mais la

---

(1) Je tiens ce fait des négociants d'Acre, qui le racontent sur la foi d'un capitaine de Marseille, qui, dans le temps, chargeait du riz à Damiât.

lisière du désert moins fréquentée en ont encore d'intactes. On en doit surtout espérer dans les *Oasis*; dans ces îles séparées du monde par une mer de sable, où nul voyageur connu n'a pénétré depuis Alexandre. Ces cantons, qui jadis avaient des villes et des temples, n'ayant point subi les dévastations des barbares, ont dû garder leurs monuments, par cela même que leur population a dépéri ou s'est anéantie; et ces monuments, enfouis dans les sables, s'y conservent comme en dépôt pour la génération future. C'est à ce temps, moins éloigné peut-être qu'on ne pense, qu'il faut remettre nos souhaits et notre espoir. C'est alors qu'on pourra fouiller de toutes parts la terre du Nil et les sables de la Libye; qu'on pourra ouvrir la petite pyramide de Djizé, qui, pour être démolie de fond en comble, ne coûterait pas 50,000 livres : c'est peut-être encore à cette époque qu'il faut remettre la solution des hiéroglyphes, quoique les secours actuels me paraissent suffisants pour y arriver.

Mais c'en est assez sur des sujets de conjectures : il est temps de passer à l'examen d'une autre contrée qui, sous les rapports de l'état ancien et de l'état moderne, n'est pas moins intéressante que l'Égypte elle-même.

NOTE.

Le premier des deux manuscrits arabes dont j'ai parlé, page 85, est numéroté 786. Il paraît avoir été composé vers l'an 1620, par un homme de loi, le chaïk Merëi, fils de Yousef le Hanbalite.

C'est une espèce de chronique à la manière des Orientaux, qui trace de suite, mais sans cohérence de discours, les événements saillants des règnes des princes, leur avénement au trône, leurs guerres, leurs fondations pieuses, leur mort et quelques traits de leur caractère. L'auteur en conduit la série depuis les premiers kalifes, sous qui se fit la conquête de l'Égypte, jusqu'au pacha turk qui de son temps y était vice-roi du sultan de Constantinople. Un extrait détaillé de cet ouvrage serait à la fois étranger à mon sujet et trop long. Il me suffira d'en donner les résultats principaux qui sont — que, depuis l'invasion d'*Amrou*, lieutenant du kalife Omar, l'Égypte fut gouvernée par les vice-rois des kalifes ses successeurs, dont le siége fut d'abord à Damas, puis à Bagdad. — Que l'un de ces kalifes (*Maimoun*) s'étant composé une garde d'esclaves turkmans, cette soldatesque finit par envahir tous les emplois militaires de l'empire, et le gouvernement des provinces. — Qu'un fils de ces soldats esclaves, nommé Ahmed-Ben-Touloun, se rendit indépendant en Égypte vers 872, et forma un empire qui s'étendit depuis Rahbé, près de Moussel, jusqu'en Barbarie. — (Le tribut de l'Égypte passait 41,111,111 tournois, et il y avait 7,000 juments de race dans les haras d'Ahmed) — Qu'après 30 ans, l'Égypte retourna aux kalifes, qui ne furent pas plus prudents. — Qu'en 934, un soldat de fortune, nommé Akchid, se déclara encore indépendant, et entretint jusqu'à 400,000 hommes.— Qu'à sa mort, un esclave noir, appelé Kafour, saisit le sceptre et régna avec un talent transcendant. — Qu'après lui, en 968, les descendants de Fatime et d'Ali, reconnus pour kalifes en Barbarie, s'emparèrent de l'Égypte, où ils régnèrent sous le nom de fatimites.— Que l'un d'eux fonda en 969 la ville du Kaire actuel.— Que cette famille régna jusqu'en 1200 dans une suite de princes qui, selon la remarque de Mereï, furent tous des fous furieux ou stupides. —Sous eux, l'Égypte tomba dans un gouffre de calamités, de pestes et de famines, dont une dura 7 ans. L'auteur à cette occasion recense les famines et les pestes, et en trouve 21 depuis 635 jusqu'en 1440.

Les kalifes d'Égypte, comme ceux de Bagdad, s'étant formé une garde d'étrangers, en devinrent comme eux la victime. Selah-el-din, Kourde d'extraction, vizir du dernier fatimite, dépose son maître, et fonde la dynastie dite d'Aïoub, du nom de son père. — Ce fut lui qui fit construire le puits à escalier en limaçon, appelé puits de Josef. Son armée était surtout composée de *cavaliers* nommés en arabe *serrâdjin*, dont les croisés firent leur mot *Sarrazins*. Cette dynastie régna 85 ans sous 10 sultans.

L'armée, alors composée de Mamlouks turkmans, ayant tué le dernier aïoubite, un Turkman, nommé Ibek, saisit le sceptre, et établit la dynastie des *Mamlouks* turkmans. — Sous le court règne du fils d'Ibek, Holagou-Kan et ses Mogols détruisent Bagdad et le kalifat en 1258. — Le dixième sultan turkman, Qalaoun, s'étant formé une garde de 12,000 Mamlouks tcherkasses, achetés dans les marchés de l'Asie, cette milice devient la maîtresse, élit les princes, les dépose, les étrangle, etc. — Un chef de ce corps, nommé Barqouq, est élu et ouvre la dynastie des Mamlouks tcherkasses; il laissa en monnaie 25,000,000 tournois et 14,000,000 en meubles. —Le 23e de cette dynastie fut attaqué par Sélim II, qui, l'ayant tué dans une bataille livrée près d'Alep, poursuivit en Égypte son successeur Toumâmbek, en qui finit le premier empire des Mamlouks. — Résumant la série des ces princes, il se trouve que 48 sultans, dont 24 Turkmans et 24 Tcherkasses, n'ont régné que 263 ans : que, sur les 24 Turkmans, 11 furent assassinés et 6 déposés : que sur les

24 Tcherkasses, 6 furent assassinés et 11 déposés, et que nombre d'entre eux n'ont régné que quelques mois : que tous ces princes ne surent que faire la guerre, piller, ravager, et faire ensuite des fondations pieuses de mosquées, d'écoles, etc. : que, sous le 11e de la race turkmane, on fut au moment de détourner le Nil dans la mer Rouge, par le pied du mont Moqattam, et que les frais furent évalués 2,250,000 fr. Enfin Mereï donne la série des pachas, qui est de peu d'intérêt, et termine par les principes du gouvernement musulman, qui sont purement le despotisme de droit divin.

Le second manuscrit, numéroté 695, est un *miroir* ou tableau de l'empire des Mamlouks, sultans d'Égypte, composé par Kalil, fils de Châhin el Zâher, vizir du sultan Malek-el-*acheraf* (8e de la dynastie tcherkasse).

Cet ouvrage, d'un genre dont je ne connais aucun exemple parmi les Arabes, est une espèce de statistique de l'empire des Mamlouks, au temps de l'écrivain ; on dirait, en le lisant, qu'il a décrit la cour de Louis XIV. La table seule des chapitres en donnera une idée capable de le faire apprécier, et j'y joindrai quelques-uns des détails qui m'ont paru les plus curieux et les plus instructifs.

Après une préface très-emphatique, selon l'usage musulman, après avoir attesté qu'il n'y a qu'un Dieu, que Mahomet est son seul prophète, Châhin décrit les qualités éminentes qui doivent composer le caractère de tout mortel à qui *la plume du destin a tracé sur ses tables indélébiles* une carrière glorieuse ; il prévient qu'ayant d'abord fait un gros livre, il a ensuite trouvé plus sage de le réduire et de le faire très-petit (ce qui est digne d'imitation), et il procède à la table méthodique des chapitres.

Chapitre Ier. Des titres qui assurent à l'Égypte la supériorité sur les autres empires de la terre. — De ses lieux de dévotion et de pèlerinage. — De ses monuments merveilleux, tant anciens que modernes. — De ses limites. — De ses villes. — De ses frontières. — Des provinces et des pays où s'étend sa domination.

Chapitre II. Du pouvoir souverain. — Des qualités nécessaires à un sultan. — De ses devoirs. — Des jours de *gala* et de cérémonies publiques. — Des habits d'uniforme de chaque classe d'officiers attachés au sultan.

Chapitre III. Du commandant des fidèles; de son rang; de son état. — Des grands qâdis (juges) auxquels appartient de *lier* et de *délier*. — Des imâms. — Des gens de loi et des qâdis particuliers.

Chapitre IV. Du vizir, à la fois premier ministre et surintendant des finances de la maison du sultan. — Du trésor du sultan et de ses administrateurs. — Des secrétaires d'état, ayant le département de la chambre et des dépêches. — De l'inspecteur général des armées. — Du parleur (ou grand avocat) du divan (conseil). — Du premier maître de la bouche (maître d'hôtel) du sultan, ayant l'administration du trésor particulier et du domaine, et généralement de tous les bureaux établis pour l'administration des finances.

Chapitre V. Des enfants du sultan régnant, et des princes du sang royal. — Du régent. — Du vicaire de l'empire. — Du maître des écuries (ou connétable). — Des émirs commandant à 1,000 Mamlouks. — Des émirs de la musique guerrière, commandant à 40 Mamlouks; et des émirs inférieurs, commandant à 20, à 10 et à 5 Mamlouks.

Chapitre VI. Des grands officiers de la couronne, et généralement de tous ceux qui remplissent des fonctions publiques et particulières auprès du sultan. — Des officiers kavanis et des officiers khassekis, tirés des Mamlouks affranchis, et faisant dans le palais l'office de chambellans et de gardes du corps. — De leurs services et des places de garnison où ils sont établis. — Des colombiers affectés à l'entretien des pigeons messagers. — Du transport de la neige de la Syrie en Égypte, et des postes royales établies dans tout l'empire.

Chapitre VII. Des maisons des princesses, et du sous-intendant des harems. — Des eunuques et des domestiques libres, faisant le service du sérail. — Du garde-meuble de la couronne. — De la salle d'armes. — Des magasins du sultan. — Des deux grands greniers royaux, et de tout ce qui est relatif à cette administration, tant pour l'entrée que pour la sortie des grains.

Chapitre VIII. Des officiers du palais. — De la cuisine,

— Des écuries. — De la fauconnerie. — Des parties de chasse du sultan, et des lieux affectés à l'entrepôt des filets et au logement des oiseleurs pour la chasse des oiseaux aquatiques.

Chapitre IX. Des inspecteurs du terrain, chargés de faire construire et réparer les ponts, creuser les canaux, élever les digues et les chaussées, et de présider à tous les travaux publics pendant la crue et la diminution des eaux du Nil. — Des gouverneurs des provinces de l'Égypte. — Des commandants particuliers. — Des gens en place dans les villes et dans les villages, et du régime établi pour la perception des impôts.

Chapitre X. Des vice-rois, préposés au gouvernement des 8 provinces de Syrie. — Des grands qâdis. — Des émirs. — Des administrateurs et des autres officiers employés dans les capitales de ces provinces. — Du nombre des giundis et halqâ qui y sont en garnison, et des commandants particuliers des villes et des châteaux répandus dans cet empire.

Chapitre XI. Des émirs et des cheiks arabes. — Des émirs turkmans et curdes, au service de l'état. — Des expéditions militaires. — Des camps volants. — De la conquête de l'Yemen, du Diarbekr et de l'île de Cypre, sous le règne du sultan *Malek-el-Acheraf*.

Chapitre XII. Recueil de quelques faits historiques qu'il convient à chacun de connaître et de méditer, pour en tirer des principes de conduite. Ce chapitre est terminé par quelques morceaux de poésie morale, composés par Malek-el-Kiâmel, prince souverain de la forteresse de Heifa; et par une réponse de Malek-el-Acheraf à Mirza-Chah-Rok (fils de Tamerlan.)

Chapitre Ier. Section V. *Limites de l'Égypte.* — Au sud, les limites de l'Égypte partent des rives de la mer de *Qolzoum* (mer Rouge), près de la ville d'*Aidab*, et embrassant le pays des Haribs de Nubie, lequel commence à la grande Cataracte, derrière le mont Djenadel, elles s'étendent jusqu'aux monts d'Aden et aux rochers de *Habeche* (Abissinie). A l'est, ses bornes sont la mer Rouge, dont la côte est aride et pleine de rochers. Depuis Suez, cette côte s'élargit vers l'est. Sa plus grande largeur est depuis l'étang de Gorandel jusqu'au *Tih*. Là est la frontière de Syrie.

Au nord, elle est bornée par la mer, depuis les villes de Zàqat, de Refah et d'Amedj, plus connue sous le nom d'*el-Arich*, frontière de Syrie sur le golfe de Gaze.

A l'ouest, elle comprend le territoire d'Alexandrie, le pays de Loïounet et d'*el-Amidain*, jusqu'à l'*Acabé* inclusivement (jadis *Catabathmus magnus*, ou la grande descente); là, se détournant et resserrant les deux Oasis, la ligne se rapproche du *Saïd* (haute Égypte), pour se joindre aux frontières du sud.

Le Nil prend sa source au pied des monts de la Lune. — Pendant 60 journées de marche, il coule en des pays habités. — Pendant 10 autres, en des terres stériles. — Arrivé en Nubie, il y coule 60 journées, puis il passe en des déserts 120 journées; enfin il rentre dans une terre fertile jusqu'à la mer, où il se jette par les deux embouchures de Damiette et de Rosette.

Section VII. *Du Kaire et de ses faubourgs*. — Le nouveau Kaire (Masr-el-Qâhera) a 12 milles (ou 4 lieues) de long, depuis *Târ-el-nabi*, jusqu'à *Sebàat-oudjouh*. Cet espace comprend le vieux Kaire (*Masr-el-Qadim*), et 7 grands faubourgs. L'auteur entre dans de longs détails de colléges, de mosquées, de palais, de parcs, et il compare chaque faubourg à une grande ville de l'empire; l'un équivaut à *Alep*; un autre, à *Alexandrie*; un troisième, à *Hems*; un quatrième, à *Acre*: et il conclut 700,000 ames de population (ce qui me paraît l'origine de l'opinion qui a subsisté depuis; mais les temps sont bien changés.)

Le vieux Kaire est le port de la haute Égypte. Sous le sultan Nadjm-el-din, l'on y compta 1,800 bateaux.

Section IX. *Division de l'Égypte*. — L'Égypte se divise en 14 provinces : 7 au midi, et 7 au nord. Chaque province a 360 villages et plusieurs villes.

Miniet est le nom général des ports et abords du Nil.

Monfalout, territoire détaché de la province d'Ousiout, avec 30 villages, fait de l'indigo superbe (en 1442). L'on y dépose le tribut de cette province, qui se monte à 1,150,000 *ardeb* de grains (l'ardeb de 192 livres.)

A 3 journées ouest d'Ousiout, par un désert sablonneux et pierreux, est *el-Ouàh* (oasis), ainsi nommé de son chef-lieu.

Une autre oasis *du milieu* a 2 villages, appelés *el-Qasr*, et *el-Hindan*.

Une troisième oasis, plus voisine de la haute Égypte, s'appelle *Dakilé* (intérieure), et a 2 villages dont les habitants vivent d'orge, de maïs et de dattes.

Section XI. *De la ville d'Alexandrie.* — Alexandrie est le port le plus fréquenté des étrangers; les nations franques y ont des consuls, gens distingués, qui servent d'otages au sultan. Lorsqu'une de ces nations fait tort à l'islamisme, on prend à partie son représentant, et on l'oblige de réparer le mal. — La douane rend 1,000 dinars. Hors de la ville se voit la fameuse colonne appelée *el-Saouâri*, ou le grand mât. (Abulfeda a dit la même chose; et c'est ce mot *Saouâri* que quelques-uns ont pris pour *Sévère, empereur.*) J'ai ouï dire qu'une personne avait trouvé le moyen de monter dessus et de s'asseoir sur son chapiteau.

Chapitre IV. *Du vizir ou grand ministre.* — Le vizir est un ministre qui a la prééminence sur tous les grands officiers. — Il est d'institution divine. Aaron fut le vizir de Moïse.

Le vizir surveille toutes les parties du gouvernement, tous les agents de l'administration; il les établit et les dépose; les punit et les récompense.

Il tient le registre des recettes et des dépenses de l'état; il en accroît le revenu, non par tyrannie, mais par sagesse et économie.

Les revenus de l'empire consistent en revenus fixes, en revenus casuels, et en droits seigneuriaux sur les cultivateurs. Les revenus fixes sont la taxe en deniers comptants sur les terres productives; la douane, de 10 pour 100 en nature, sur le commerce d'importation et exportation; le tribut des peuples conquis, la capitation des non-musulmans dite *karadje*; les fermes de monopoles, dits *paltes*; les dîmes sur les fruits de la terre; les impositions sur les fabriques et boutiques, et la 5e partie du butin légal.

Les revenus casuels sont le 20e sur les héritages collatéraux; les amendes; le prix du sang versé; les impôts extraordinaires et les investitures; le droit d'aubaine; les épaves; les trésors découverts; la dîme sur les troupeaux *paissants* et *passants*, et non sur les animaux domestiques.

Les droits seigneuriaux sur les cultivateurs sont : 1° droit d'arpentage; 2° droit de partage d'une terre léguée à divers cohéritiers; 3° droit d'accroissement des terres et pâturages par l'effet du Nil; 4° droit de bornage, ou limites de propriétés; 5° droit sur les machines à eau, élevées sur le Nil pour les arrosages.

Voilà les revenus légaux : on les lève selon des usages fixes, et ils ont une destination utile à l'état, de manière que le sultan n'en est que le dépositaire.

De même que le vizir surveille les officiers, le sultan doit surveiller le vizir; et le vizir conseiller le sultan, l'avertir et même le reprendre.

Section II. Le trésor royal est un département chargé d'une foule de recettes grosses et petites.

1° Droits sur la frontière d'Égypte vers la Syrie.

2° Droits d'entrée sur tout ce qui entre au Kaire et en Égypte, excepté sur ce qui est attribué au trésor privé.

3° Aubaine sur les successions des étrangers.

4° Régies et fermes du Kaire, telles que les boucheries, les cuirs, les moulins à huile, à *sucre*; droits sur l'entrée des comestibles.

Droits sur les natrons de Terrâné.

Droit de Monfalout.

Droits d'investiture, et redevances des fiefs affermés ou des pays protégés.

Droit de curage des canaux que doivent faire plusieurs provinces.

Produit des cannes à sucre et des colqâz, cultivées pour le compte du sultan.

Produit des métairies et jardins du sultan, enrichis par les puits à roue.

Sur ces revenus le trésor paie et défraie :

1° L'orge des écuries du sultan.

2° La nourriture des écuries des courriers.

3° La table du palais.

4° Les réparations des maisons royales.

5° La viande et toute la cuisine des Mamlouks du sultan; celle de tout son domestique.

6° L'entretien de ses offices.

7° Les pensions de charité assignées sur l'aubaine.

8° L'entretien des bœufs des métairies. — Le transport des trèfles et pailles pour les écuries.

Sous le sultan Barqoûq, tous ces frais se montaient par mois à 50,000 dinars ou sequins de 7 livres.

Le trésor est régi par un chef et une quantité de subalternes. Ce département a pour huissiers et sbires une compagnie de Maures qui portent les ordres et les exécutent.

SECTION III. *Du premier secrétaire d'état, chef des dépêches et de la chancellerie.* — C'est un officier important, qui a toute la confiance du sultan; il doit savoir citer le Qoran, les anecdotes des rois, les sentences des sages, les beaux vers des poètes, etc.

Son art est de faire parler dans tous ses écrits le sultan avec noblesse, grandeur, esprit, grace; il doit faire des phrases rimées et pompeuses; il expédie les actes d'alliance des kalifes et sultans; l'installation des qâdis et des gouverneurs, les commissions de bénéfices militaires en faveur des émirs et djondis, etc., et enfin les lettres du sultan.

Ces lettres ont un formulaire plein d'art, selon le rang des personnes. Celles aux sujets s'appellent *mokâtebât*; celles aux étrangers, *morâselât*.

Le plus haut titre pour les étrangers est *el maqâm, el àâli*.

Le moindre est *el madjlas* ou *megeles, el àâli*.

Pour les sujets, le plus haut titre est *el-maqarr, el-karim* (votre grace).

Puis *maqarr-el-àâli* (excellence).

Puis *djenâb-el-kerim* (cour magnifique).

Puis *djenâb-el-àâli* (cour très-haute); enfin *sadr-el-adjal* (présence auguste); *hadrat* (présence simple).

SECTION VI. *Trésor privé.* Le trésor privé est régi par un grand officier qui administre les terres affectées à la solde des Mamlouks du sultan, et plusieurs branches de revenus, dont la masse se nomme *trésor privé*. Ces officiers ont souvent acquis d'immenses richesses.

De ce département dépendent 160 villages, auxquels il faut ajouter plusieurs pays de protection et de fermes. Les seuls villages de Menzalé et de Faraskout, près Damiette, rendent chacun par an 30,000 dinars : plus, les droits d'investiture des gouverneurs de province, des inspecteurs du terrain, des commandants de bourgs et villages, des commissaires de police. — Des gens instruits m'ont assuré que tout ce trésor se montait à 400,000 dinars, et à 300,000 ardebs de blé, orge et fèves.

La dépense consiste en solde et entretien des Mamlouks du sultan; en orge pour leurs chevaux; entretien des princesses et du harem; solde et entretien de tout le service du palais, etc.

Section VII. *Du Domaine*. Le domaine est le revenu propre du sultan; il comprend :

1° La douane d'Alexandrie sur le commerce des Francs.

2° Les droits sur les épiceries venant des Indes.

3° La vente des muges et poutargues de Damiette.

4° Les droits sur les arts, métiers, cabarets, danseuses et filles publiques.

5° Droits sur les courtiers et interprètes.

6° Produit des briqueteries.

7° Ferme des chameaux pour le transport d'Alexandrie à Rosette.

8° Douane des marchandises de l'Inde, placée à *el Tor*.

9° Droits à Damiette sur beaucoup d'objets, et entre autres sur *la raffinerie du sucre*.

10° Le quint du butin légal.

11° Ferme du lac Semanaoui et autres étangs.

12° Droits sur Foua, entrepôt des Francs quand le canal d'Alexandrie était navigable, ce qui a cessé depuis 120 ans (1320).

13° Droits sur les terres de Broulos, de Nesterouh, du pont de Rosette.

14° Douanes du Saïd (haute Égypte) sur les Abissins qui apportent des esclaves noirs, de la poudre d'or, etc., et paltes (monopoles) du séné et de la casse.

15° Droits des pays protégés et des pays affermés aux Arabes.

Produit des nombreuses métairies et terres du domaine, arrosées par des roues.

Le loyer de Fondouq-el-Kerim, situé au vieux Kaire.

Succession de tous les grands qui, dans l'Égypte, meurent sans héritiers légitimes.

Bénéfices de l'Hôtel des monnaies.

Droit de la ville de Bairout.

Douanes des marchandises de l'Inde, voiturées à Bedr, à Honain, à Bouaib-el-aqabé.

Voici maintenant les charges :

1° Munitions de guerre pour toute expédition.

2° Dépenses de la caravane et de la fête du sacrifice.

3° Distribution des victimes aux grands et petits officiers.

4° Dépenses de la fête pascale, du banquet et des réjouissances.

5° Renouvellement de la garde-robe et des meubles du harem.

6° *Idem*, du vêtement des Mamlouks.

7° Veste d'honneur aux grands officiers, aux qâdis, aux émirs de 1re classe, aux kâchefs. (Au Bairam, tous les musulmans s'habillent à neuf, eux et leur maison; cela s'appelle *kesoué.*)

8° Entretien complet des employés pour l'impôt.

9° Fourniture du harem et seraï, en sucreries, confitures, sorbets, fruits, etc.

10° Présents à faire aux souverains.

11° Veste d'honneur (ou caftan annuel) à tous les gens en place de l'empire (dans tout l'Islamisme les places ne sont que pour l'année courante; le revêtu paie un don ou prix de babouches : le plus riche l'emporte). Chacune de ces vestes diffère de forme, de couleur, de richesse, selon le rang (en général le vêtement est très-dispendieux, surtout pour les pelisses.)

SECTION V. *Le grand avocat du conseil.* — Lorsque pour une affaire majeure le sultan assemble le conseil (diouân), il mande le prince des croyants, les 4 grands qâdis, le vizir, les émirs de 1,000 cavaliers, et le connétable.

Avant la séance, le sultan explique ses intentions à un homme de confiance et éloquent, qui est chargé de présenter l'affaire et de répondre à toutes les objections. Le sultan garde le silence.

On a imaginé cet officier, afin que le sultan ne soit jamais compromis, et qu'on puisse faire des objections librement, toute erreur tombant sur l'avocat ou rapporteur.

Chapitre V. Les enfants des sultans sont élevés avec soin dans le harem. C'est un usage ancien de faire enfermer tous ceux qui existent à l'avénement d'un prince. Malek-el-acheraf donna la liberté à 40; mais ils moururent dans la peste de l'an 1429, qui enleva jusqu'à 10,500 têtes par jour.

Quand un prince est mineur, il y a un régent que l'on nomme nezàm-el-molk (celui qui met l'ordre dans le royaume). Quand le sultan s'absente, il y a un vicaire *nàieb-el-molk*.

Le chef des émirs, ou *àtabek-el-àsàker*, est une espèce de connétable.

Les émirs sont divisés en plusieurs classes.

Ceux de la 1re possèdent 100 Mamlouks, et commandent à 1,000: ils devraient être 24.

Ceux de la 2e possèdent 40 Mamlouks : ils devraient être 40. La musique guerrière joue à la porte de leurs hôtels à l'âsr (ou heure de la 3e prière); elle est composée de timbales, tambours et clarinettes. Ces derniers instruments sont de date récente.

Les emirs de 3e classe devraient être au nombre de 20 : ils ont chacun 20 Mamlouks.

Les émirs de 4e classe devraient être 50, et avoir chacun 10 Mamlouks.

Enfin la 5e et dernière classe est de 30 émirs, qui ont chacun 5 Mamlouks pour cortége.

Parmi ces émirs, les uns ont de l'emploi dans l'état, d'autres n'ont que leur titre et grade.

L'armée se divise en plusieurs corps. Karabal Couli, prince tartare, ayant, il y a plusieurs années, envoyé demander un tribut, sous peine d'envoyer contre l'Égypte 20 toumans de cavaliers (200,000), le sultan d'alors lui envoya pour toute réponse l'état suivant de ses troupes :

1° Les djendis el halqa, ou escorte du sultan. — (*Maison du roi.*) .... 24,000 cavaliers.
2° Mamlouks du sultan................. 10,000
Mamlouks des émirs.................. 8,000
Gendarmes à Damas.................. 12,000
Mamlouks des émirs de Damas........... 3,000
Gendarmes à Alep.................... 6,000
Mamlouks des émirs d'Alep............ 2,000

Gendarmes de Tripoli.................. 4,000
Mamlouks des émirs................. 1,000
Gendarmes de Safad................. 1,000
Mamlouks des émirs................. 1,000
Garnisons des châteaux de Syrie, les
  Mamlouks compris................. 60,000

                                      132,000 cavaliers.

Arabes sujets.

Tribu Bâli-fadl, enfants de Nouëïr....... 24,000
Arabes de Hedjaz................... 24,000
Tribu d'el-Aâli.................... 2,000
Arabes d'Irâq..................... 2,000
— d'Yemen....................... 2,000
— de Djezire..................... 2,000
— de Metrouq.................... 1,000
— de Djarm...................... 1,000
— Beni-oqbé et Beni-mehdi........... 1,000
— el-Omara...................... 1,000
— de Hindam..................... 1,000
— Aâïd.......................... 1,000
— Fezârât....................... 1,000
— Mohârib....................... 1,000
— Qarîl......................... 1,000
— Qattâb........................ 1,000
— d'Égypte ensemble............... 3,000
— Haouâra....................... 24,000
Turkmans répandus en hordes ou *camps*
  sur les terres de Syrie et de Diarbekr,
  portés sur les registres au nombre de... 180,000
Les Ochrân (l'on ne sait ce que c'est,
  sinon d'autres Turkmans) divisés en
  35 districts, à chacun 1,000 cavaliers... 35,000
Kourdes........................... 20,000
Milices de l'Égypte, à raison de 33,000
  villages et de 2 cavaliers par village :
  total............................ 66,000

    En tout..................... 526,000 cavaliers.

Des magasins et greniers du sultan. — Le sultan a des magasins où s'entreposent tous les produits en nature de ses douanes, le poivre, la cannelle, les épiceries, les sucres, les bois de construction.

Il a aussi 2 greniers qui sont des merveilles.

Dans l'un, nommé Chiouân, s'entreposent les grains, blés, riz, bois, pailles, etc., pour l'usage du palais.

Dans l'autre, nommé Hirâ, se déposent des grains auxquels on ne touche qu'en cas de nécessité; quelquefois on prohibe la sortie. Ce grenier se remplit et subvient aux disettes. C'est de là que se tirent les aumônes. Dans une année le bénéfice de la vente se monta à 300,000 dinars (de 10 liv. 3 s.)

Il y a eu en Égypte 26 pestes et famines en 800 ans; quelquefois 3 en 25 ans; et cela toujours en temps de trouble et de mauvais gouvernement.

Chapitre IX. § Ier. *Des inspecteurs du terrain labourable*, Kochâf-el-Torâb. — Les inspecteurs du terrain sont choisis parmi les émirs de la 1re classe; ils sont expédiés tous les ans au commencement du printemps, dans toutes les provinces de l'Égypte, pour faire exécuter les travaux nécessaires à l'entretien des canaux, à l'élévation des digues et chaussées, et tout ce qui est relatif à la hausse et à la baisse des eaux du Nil.

Le département du trésor royal est chargé, sur les droits qu'il perçoit, de faire creuser certains canaux publics, qui facilitent l'écoulement des eaux. Mais tout ce qui tient aux digues et chaussées nécessaires à la solidité des ponts, se doit faire par corvées et contributions réparties sur chaque village, en raison de l'étendue et de la fertilité de son territoire. Lorsque le Nil commence à déborder, l'on ne saurait trop veiller à la conservation des digues, chaussées et ponts, jusqu'à ce que les terres soient assez abreuvées; car s'ils étaient emportés, les eaux, s'écoulant de suite, laisseraient sans arrosement des contrées entières.

Quand le Nil décroît, il faut au contraire faciliter l'écoulement, afin d'ensemencer les terres à temps.

Quant aux ponts établis pour l'utilité locale de certains villages, c'est aux possédant-biens de les entretenir. Les inspecteurs n'ont rien à y voir.

§ II. *Des kâchefs, ou inspecteurs des provinces.* — Les gouverneurs, dits kâchefs, de l'Égypte, étaient autrefois au nombre de 3.

L'un commandait des confins de Gizah exclusivement jusqu'à Genadel. Il nommait 7 émirs, qui administraient sous ses ordres immédiats les 7 provinces méridionales (Heptanomis et Thébaïs).

Le second gouvernait la partie nord (Delta), ayant aussi sous lui 7 émirs.

Le troisième gouvernait la province de Gizah seulement. Celui-ci était quelquefois un émir de la 1re classe, chef de 1,000 cavaliers, comme les 2 premiers; quelquefois un émir de la musique guerrière.

Depuis quelque temps l'on a établi trois kâchefs pour le sud; l'un au Faïoum, l'autre au Saïd inférieur, le troisième au Saïd supérieur. De même on a divisé le nord en 3 kâchefliks. L'un contient les provinces de l'est (Charqié); l'autre celle de l'ouest (Garbîe); le troisième, la Béhiré, ou province du Lac, qui de tout temps a été un gouvernement particulier.

Mais, s'il m'est permis d'en dire mon avis, ces dispositions sont moins favorables au bon ordre.

En divisant les places, l'on a atténué la puissance et l'influence qui, ci-devant réunies en peu de mains, permettaient aux commandants de déployer cet appareil et cette magnificence toujours si imposants à la multitude.

Ci-devant, lorsqu'un *kâchef* du Saïd ou du nord faisait sa tournée, le calme devançait ses pas, et sa suite de 1,000 cavaliers occasionait une circulation d'espèces qui vivifiait le commerce et l'agriculture.

Parmi les émirs subalternes, quelques-uns sont encore nommés par les kâchefs; mais le grand nombre est tombé à la nomination de l'administrateur du trésor privé (oustadar), qui vend ces places et paralyse le pouvoir des kâchefs.

§ III. *Des fonctionnaires en chaque village et de la perception de l'impôt.* — Dans chaque ville et village principal il y a un qâdi, un percepteur des droits pour le trésor royal, un autre pour le trésor privé, un autre pour le domaine; plus, un commissaire royal de la navigation (du Nil), un officier militaire pour la police, un fermier adjudicataire, un inspecteur des canaux, et des syndics ou vieillards bourgmestres.

Autrefois l'impôt ne se levait qu'en nature, maintenant et depuis long-temps tout est affermé, et les fermiers adjudicataires des villages tiennent un état de maison si opulent, que beaucoup de petits souverains d'Asie vivent avec moins d'éclat.

Les fermiers de Menzalé et de Faraskour, rendent au domaine chacun 36,000 dinars *.

Les autres villages, dont plusieurs rendent 12 à 20,000 dinars, sont également affermés pour des sommes qui ne varient point **.

Les terres affectées à l'apanage des djendis sont divisées par kirâts; et chaque kirât est évalué à 1,000 dinars, environ 11,000 livres.

CHAPITRE X. *Administration des provinces.*

1° Province de Damas.

2° Karak.

3° Halab (Alep.)

4° Tarâbolos (Tripoli.)

5° Homs (Hems.)

6° Safad.

7° Gazzah (Gaze.)

La première et la plus considérable province de la Syrie est celle de Damas.

Son vice-roi (kafil) a un appareil égal au sultan qu'il représente. Il dispose à son gré de toutes les places civiles et militaires de son gouvernement.

Les grands officiers militaires sont l'émir généralissime des troupes, le chef des portiers, 12 émirs de 1re classe, 20 émirs de 2e classe, et 60 émirs à 10 et à 5 Mamlouks.

Le tribunal de justice est composé de 4 grands qâdis, des 4 écoles ou sectes orthodoxes, et chacun d'eux nomme des substituts dans Damas et dans les autres villes de la province, pour juger au civil et au criminel.

Les grands officiers de plume (mobâcherin) sont le secré-

---

* Environ 437,000 livres. En 1780, Mourad-bek retirait de Faraskour 100,000 pataques ou 525,000 livres.

** Voilà pourquoi tout prospérait, car l'impôt foncier variable chaque année tue l'industrie et perd les états. (*Note de Volney*).

taire des dépêches, le grand inspecteur de l'armée, l'oustadar ou chef du trésor privé, celui du domaine, celui du trésor royal, et le vizir.

Les agents exécutifs (arbâb-el-ouazaïef) sont 2 inspecteurs titrés kâchefs faisant leur tournée à tour de rôle; les émirs des généralités, les commandants de places, le grand maréchal des logis, le tribun de l'armée, etc., presque comme au Kaire.

Le château de Damas est confié au lieutenant du sultan et à 7 officiers-portiers (capidjis).

Quant aux djendis de garnison dans la province, ils devraient être 12,000, dont 2,000 près du vice-roi; le reste près des émirs, par escadron de 500 hommes et non de 1,000 hommes, comme en Égypte.

Karak tient le second rang de province. L'on écrit à son vice-roi sur du papier rouge, parce que l'un des successeurs de Selâheldin, ayant donné à ses 3 enfants son empire, savoir : à l'un l'Égypte; à l'autre la Syrie, depuis Bisan jusqu'au Diarbekr; au 3ᵉ le reste de la Syrie et Karak, l'étiquette de ces sultans a passé à leurs vice-rois.

Depuis quelque temps Karak n'a plus pour gouverneur que 2 capidjis; pour tribunal, que 2 qâdis; pour garnison, que quelques Mamlouks et Babrites (gens de la marine), avec un prince arabe qui commande à toutes les tribus du ressort.

Les 5 autres gouvernements sont administrés sur le même plan que celui de Damas, mais avec moins de faste et de dépense : celui de Hama était dès-lors ruiné.

Il y a des forts et des châteaux qui ont des émirs particuliers. Leur garnison est composée d'un lieutenant du sultan, d'un corps d'affranchis-babrites, d'un chef de ronde, d'un tribun de l'armée, de quelques Mamlouks du sultan, des portiers, et de quelques soldats du pays qui montent la garde.

L'auteur ne sait s'il doit regarder Malatié comme un château ou comme le chef-lieu d'une province. C'est là que commandait Doqmaq, de qui fut esclave Malek-el-acheraf sultan (maître du vizir auteur).

CHAPITRE XI. *Des émirs et chaiks, arabes, turkmans et kour-*

des. — Les Arabes répandus sur les terres d'Égypte et de Syrie sont divisés par tribus, dont chacune a son émir. Cet émir a sous lui des chaiks chargés du maintien de l'ordre et de la levée des contributions dont ils sont fermiers, chacun dans leur district respectif.

§ I. *Des expéditions militaires*. — On distingue 2 espèces d'expéditions (tedjârid), l'une contre l'étranger, l'autre contre le sujet rebelle. Dans l'un et l'autre cas, l'armée est composée de cavaliers et d'archers à pied, en nombre capable d'écraser l'ennemi qui ose se mesurer.

On fait des camps volants, soit pour renforcer une place, soit pour garder un poste, observer un ennemi, etc.

L'ordre invariable des camps est que la tente du supérieur soit toujours postée derrière celle de son subordonné, de manière que celle du sultan est à la queue de toutes les autres.

(Suivent ici 2 articles sur la conquête de l'Yemen par ordre de Malek-el-acheraf, et de l'île de Cypre, qui la suivit peu de temps après. Dans tous ces faits on ne voit que des boucheries d'hommes, sans raison, et sans instruction pour le lecteur).

Chapitre XII. Il contient, en 3 sections, des anecdotes historiques et des maximes arabes, qui se résument à dire, 1° que les princes sont renversés par ceux qu'ils élèvent; 2° que la fatalité régit tout, et qu'il faut être patient et résigné; 3° que l'inconstance et la mauvaise foi sont la base du cœur humain. Et la conclusion est une lettre de Malek-el-acheraf à Châh Rok, fils de Timour (Tamerlan), dans laquelle le sultan égyptien répond des injures grossières au sultan tatar.

Des ouqâfs, ou fondations en Égypte. — Les kalifes Ommiades et Abbasides ont souvent fait des aumônes; mais ils prenaient les sommes sur leur trésor; et il ne me paraît pas qu'ils aient jamais affecté des terres à perpétuité.

En Égypte ce fut Malek-el-Sâhél, 16° qualaounide, qui le premier affecta 2 villages à l'entretien des Mahmals, fondés par Bibars.

Aujourd'hui les rentes foncières en faveur de la Mekke et de Médine sont si multipliées en Turkie, que, sans le gaspillage des régies, ces 2 villes seraient les plus riches du globe. La raison en est que l'on lègue souvent son bien à ces villes pour le conserver en usufruit à sa race, en le préservant de la rapacité du gouvernement. D'autre part, les princes et les riches font des legs pieux et expiatifs aux desservants des riches et pauvres de ces villes. L'Égypte seule en est grevée, selon Mohammad-ben-eshâq, savoir, de 6 grands legs principaux, appelés *dechîchet-el-kobra*, ou grosse semoule.

1° Le legs de Djaqmaq, 10° sultan circassien.
2° Le legs de Qâiet-baï *, 17° circassien.
3° De Tenâm,   } émirs riches du temps des Tcher-
4° De Kâouend,   } kasses.
5° De Sélim I°'.
6° De Soliman son fils.

Les terres affectées par ces legs sont, savoir :
Pour le premier, 6 villages dans le Kalioûb.
Pour le second, 5 villages dans le Monoûf.
Pour le troisième, 6 villages et une île dans le Garbié.
Pour le quatrième, 9 villages dans le Daq-Halié, près de la Charqîé.
Pour le cinquième, 2 villages dans la Béhairé.
Pour le sixième, 5 villages dans le district de Foua.
7° Dans celui de Djizah, 3 villages.
8° Dans le Faïoum, 2 villages.
9° Dans le Behensaoûîé, 7 villages.
10° Dans le Saïd, 7 villages : total, 52 villages et l'île.

Année commune, le produit de toutes ces terres, en froment, orge, fèves, lentilles, pois-chiches, riz, est de 48,880 ardeb (l'ardeb pesant 192 livres).

Les mêmes terres donnent de plus en redevances pécuniaires 70 bourses (87,000 fr.).

A cette somme se joignent d'autres parties de rentes foncières, fondées en divers endroits par des sultans, des pachas, des particuliers, tant sur des terres que sur des maisons et boutiques; c'est ce que l'on appelle el *sourer*. Ces aumônes s'élèvent, selon Mohammad-ben-ezhâq, à 164 bourses (205,000 fr.). Mais les détails des comptes n'en offrent que 141.

* *Baï* en turkman signifie *riche*; c'est le *bey* tunisien. *Daï* ou *dey* signifie *brave*.

A quoi il faut ajouter de semblables legs faits en Natolie (Roum-ili), Alep, Damas, et tous les autres pays musulmans; ce qui constitue une énorme richesse pour la Mekke et Médine.

Soliman a d'ailleurs fondé 80 chameaux pour des pauvres qui veulent faire le pèlerinage.

Colombiers des pigeons de message. — Ces colombiers sont établis dans des tours construites de distance en distance sur toute l'étendue de l'empire, dans l'intention de surveiller à la la sûreté et à la tranquillité publique.

C'est à Moussel que l'on a commencé de se servir de pigeons pour porter des lettres *. Lorsque les Fâtmîtes envahirent l'Égypte, ils y établirent ces postes aériennes, et ils y attachèrent un si vif intérêt, qu'ils assignèrent des fonds propres à une régie spéciale à cet objet. Parmi les registres de ce bureau en était un où se trouvaient classées les races de pigeons reconnus les plus propres. Le vertueux Madj-el-dîn Abd-el-Dâher a composé sur cette matière un livre curieux, intitulé *Tamâïm-el-Hâmâïm*, *Amulettes des pigeons*.

Depuis long-temps les colombiers du *Saïd* sont détruits par suite des troubles qui ont ruiné le pays; mais ceux de la basse Égypte subsistent (en 1450), et en voici l'état ainsi que pour la Syrie.

N. B. Les distances ont été ajoutées par le traducteur, d'après d'Anville et d'après ses propres connaissances.

§ Ier. *Correspondance du Kaire avec Alexandrie.*

COLOMBIERS.

Château de la Montagne (au Kaire)	0
Monouf-el-ouliâ	39
Damanhour-el-ouâhech	45
Skanderié (Alexandrie)	36

120 milles.

---

* Ces lettres, appelées bàtàïq, contenaient l'avis pur et simple; elles s'attachaient sous l'aile : elles étaient datées du lieu, du jour, de l'heure. On expédiait par duplicata : à l'arrivée de l'oiseau, la sentinelle le portait au sultan même, qui détachait l'écrit. Les pigeons bien dressés étaient hors de prix. Ces établissements étaient fort coûteux, mais très utiles. On appelait les pigeons les *anges des rois*.

§ II. *Du Kaire à Damiette.*

Château de la Montagne................	o
Tour de Beni òbaid....................	36
Echmoun-el-rommân..................	36
Doumiât............................	3o
	102 milles.

§ III. *Du Kaire à Gazzah.*

Du Kaire à Bilbais....................	27
De Bilbais à Saléhié...................	27
De Saléhié à Qâtia....................	42
De Qâtia à Ouarrâdé..................	48
De Ouarrâdé à Gazzé *................	81
	225 milles.

§ IV. De Gazzé à Jérusalem, 1 colombier..... 81
à Nablous, 1 colombier................. 36
                                      117 milles.

De Gazzé à Habroun...................	30
à Sâfié, sur un ruisseau de ce nom.........	45
à Karak.............................	48
	123 milles.

§ V. *De Gazzé à Safad.*

à El-qods (Jérusalem)..................	48
à Djenîn............................	3o
à Bisan.............................	24
à Safad.............................	24
	126 milles.

§ VI. *De Gazzé à Damas, 7 colombiers.*

De Gazzé à Jérusalem, 1 colombier.........	48
à Genin.............................	30
à Bisân.............................	24

---

* Le traducteur croit que l'on a oublié un colombier à el-Arich, fondé sur la trop grande distance incommode au transport des pigeons.

à Tâfés..................................... 30
à el-Sânemain............................. 24
à Damas.................................... 30
                                         ──────
                                         186 milles.

De Damas à Balbek, 1 colombier......... 48 milles.

De Damas à Halab, 7 colombiers.

à Damas, 1 colombier......................
à Cara..................................... 45
à Hems..................................... 36
à Hama..................................... 24
à Màrra.................................... 30
à Kan-tounâm............................... 30
à Halab.................................... 28
                                         ──────
                                         193 milles.

De Halab à Behesna, 4 colombiers.

à Halab....................................
à el-Biré, sur la rive est de l'Euphrate... 66
à Qalàt-el-Roum............................ 27
à Behesna.................................. 45
                                         ──────
                                         138 milles.

De Halab à Rahábé, 4 colombiers.

à Halab....................................
à Qàbâqib.................................. 75
à Tadmour (Palmyre)........................ 75
à el-Rahâbé................................ 108
                                         ──────
                                         258 milles.

De Damas à Tarâbolos (Tripoli), 5 colombiers.

à Damas*...................................
à Saïda.................................... 63
à Bairoût.................................. 24
à Terbelé.................................. 30

* On suppose ici l'omission d'un colombier sur les montagnes.

à Tarâbolos............................ 24
_____
                         141 milles.

Tels sont les colombiers entretenus dans l'empire pour la célérité des dépêches. Chaque colombier a son directeur et ses *veilleurs*, qui attendent à tour de rôle l'arrivée des pigeons : il y a en outre des domestiques et des mules à chaque colombier pour les échanges respectifs des pigeons. La dépense totale ne laisse pas que d'être considérable.

Du transport de la neige, et des relais de hedjin pour cet effet.

Avant le sultan Barqouq, la neige venait de Damas au Kaire par des bateaux qui partaient de Saïd et Bairout pour Damiet, où des bateaux plus petits les relayaient jusqu'à Boulâq. Là, des chameaux la transportaient au château, où on la déposait dans des citernes. Sous Barqouq, et depuis lui, on l'a expédiée par des *hedjines* (chameaux coureurs) dont il se fait 70 départs depuis le 1er juin jusqu'au 30 novembre.... un toutes les 54 heures.

Tous les 2 jours il part de Damas 5 *hedjines* chargés, et guidés par un homme expert et par un courrier porteur d'ordres au relais. Dans chaque relais on entretient 6 hedjines.

Les relais sont comme il suit :

De Damas à el-Sânemain................... 30
à Tafés................................ 24
à Erbed................................ 18
à Djenîn............................... 36
à Qàqoun............................... 18
à Loudd................................ 18
à Gazzé................................ 36
_____
                         180 milles.

à el-Arich............................. 57
à Ouarrâdé............................. 24
à Moutailem............................ 24
à Qâtiê................................ 24
à Salèhié.............................. 42

à Bilbeis..................................	24
au château du Kaire.....................	27
	222 milles.

Postes à cheval, dites barîd.

Le gouvernement a établi des postes sur les principaux chemins de l'empire, les voici :

(Il faut savoir que par *barîd* (course) on entend un espace de 2 à 4 lieues (un relais).

La lieue est de 3 milles; le mille de 3,000 coudées, mesure d'el-Hachîm, l'une des premières tribus arabes.

La coudée est de 24 doigts; le doigt de 6 grains d'orge par le travers; et le grain de 6 crins de la queue d'un mulet.

Route du Kaire au Saïd.

Du Kaire à Gizah, en traversant le Nil......	15
à Bernecht...............................	15
à Minîet-el-Qâïd........................	18
à Ouena.................................	18
à Siâtem................................	18
à Dehrout..............................	15
à Iqlosena..............................	18
à Minîet Ebukasib......................	18
à Achmounain..........................	15
à Dehrout-el-Cherif.....................	12
à Menhi................................	12
à Manfalout............................	12
à Ousiout..............................	13
à Tima.................................	21
à Maragat..............................	12
à Belensoun............................	12
à Djirdgé..............................	12
à Belienet..............................	15
à Hou..................................	21
à Qôm-el-Ahmar........................	12
à Derenbe..............................	15
à Kous, en traversant le Nil.............	12
de Kous à Hedjré.......................	15

à Edoua 15
à Esna, poste double. 24

                                        385 milles.

Là finissent les relais. Pour aller plus loin on loue les chevaux chez des particuliers.

D'Esna l'on se rend à Aïdab sur la mer Rouge, entrepôt de l'Yémen et de Habach (Abissinie).

Du Kaire à Scanderié, il y a deux routes; l'une par le Delta au milieu des villages, l'autre par le désert à gauche du fleuve;

Par le Delta, il y a du Kaire............... 0
à Kalioub................................. 9
à Monouf................................. 18
à Mohallet-el-Marhoum 24
à N'hararîé............................... 24
à Turkmânié.............................. 24
à Scanderié.............................. 24

                                        123 milles.

Par le désert ou chemin sec, il y a du Kaire à Djaziret-el-Qît.................................... 18
à Ouardan................................ 12
à Terrâné................................ 12
à Zàouiet-el-Mobarek 12
à Damanhour............................. 21
à Louqîn................................. 18
à Skanderié.............................. 24

                                        117 milles.

Du Kaire à Doumiât.

Du Kaire à Kalioub....................... 9
à Bilbais................................. 18
à Salehîé................................ 24
à Sadîé.................................. 12
à Bainounet.............................. 12
à Achmoun-el-Roumman................... 12
à Faraskour.............................. 21

DE L'ÉGYPTE.   251

à Doumiàt................................. 9
                                          ―――
                                          117 milles.

Du Kaire à Gazzé.

Du Kaire à Sâdié ci-dessus............... 63
à Goràbi.................................. 18
à Qâtié................................... 12
à Màân.................................... 12
à Motâilem................................ 12
à Seouâdé................................. 12
à Ouarràdé................................ 12
à Bir-el-Qâdi............................. 12
à el-Arich................................ 12
à Karrîobé................................ 12
à Sààqa................................... 12
à Refah................................... 9
à Salqa................................... 12
à Gazzé................................... 12
                                          ―――
                                          222 milles.

De Gazzé à Karak.

De Gazzé à Belaqis........................ 12
à Habroun................................. 18
à Djenba.................................. 12
à Zouair.................................. 18
à Safié................................... 15
à Kafar................................... 24
à Karak................................... 21
                                          ―――
                                          120 milles.

De Karak à Choubak, extrémité nord de l'Arabie pétrée, il n'y a que 3 relais pour environ 90.

De Gazzé à Damas.

De Gazzé à Djenîn........................ 12
à Bait-Deràs.............................. 12
à Loudd................................... 12
à el-Oudjaà............................... 6

à Tiret.....	6
à Qâqoun.....	6
à Fâmié.....	9
à Djenin (en Safad).....	9
à Hettin.....	6
à Zerîn.....	6
à aïn-Djalout.....	6
à Bisan.....	6
à Erbed.....	12
à Tâfes.....	18
à Râs-el-Mâ.....	12
à el-Sânemain.....	12
à Gàbâgib.....	12
à Kesoué.....	9
à Damas.....	9
	180 milles.

De Damas à el-Biré sur l'Euphrate.

De Damas à Kousair au nord.....	9
à Qatifé, à l'est.....	12
à Efterâq, au nord.....	6
à Kastel.....	9
à Qara.....	9
à Gasoulé.....	12
à Semsin.....	12
à Hems.....	12
à Rousten.....	12
à Hama.....	12
à Latmîn.....	9
à Djerabolos.....	9
à Marra.....	12
à Ebad.....	12
à Emâr.....	12
à Kinesrin.....	9
à Halab.....	12
à el-Bab.....	30
à Bait-Beré.....	30

à el-Biré.................................... 15
                                            ─────
                                            255 milles.

De Damas à Djabar, boulevard de l'empire sur l'Euphrate.

De Damas à Homs; voyez ci-dessus.......... 81
De Homs vers l'est à Masnà................ 24
à Qarnain................................. 18
à el-Baida................................ 24
à Tadmour................................. 24
à Kerbe................................... 24
à Sakné................................... 18
à Qabqab.................................. 18
à Kaouamel................................ 24
à Rahàbé.................................. 24
à Djabar.................................. 110
                                            ─────
                                            389 milles.

De Damas à Safad.

De Damas à Bouraid, nord-ouest............ 12
à Qoulous................................. 12
à Orainbé................................. 18
à Nouran.................................. 12
à Djabb Yousef............................ 18
à Safad................................... 12
                                            ─────
                                            84 milles.

De Damas à Bairout.

De Damas à Kan-Maiseloun.................. 12
à Harin, sur la Qasmîc.................... 18
à Saïd, par le Liban...................... 33
à Bairout................................. 24
                                            ─────
                                            87 milles.

De Damas à Balbek.

à Zebdani................................. 15
à Boura................................... 12

à Balbek.................................. 13

              40 milles.

De Damas à Tarâbolos.

De Damas à Gazoubé. (Voyez route de Halab)...................................... 55
 à Qadis.................................. 18
 à Aqmar................................. 21
 à el-Akra................................ 18
 à el-Arqâ................................ 12
 à Tarâbolos.............................. 15

             139 milles.

De Damas à Karak.

De Damas à el-Qatibé...................... 12
 à Barâdié................................ 18
 à Bordj el-Abiad......................... 18
 à Hosbân................................ 18
 à Qanbes................................ 24
 à Dibiân................................. 24
 à Qâtè-el-Modjeb........................ 24
 à Safra.................................. 24
 à Karak................................. 24

             186 milles.

De Halab à Behesna et à Qaïsarié (Cézarée), frontière de l'empire en Arménie.

De Halab à el-Semoûqa.................... 12
 à Istidra................................. 12
 à Bait-el-Fâr............................ 18
 à Antab................................. 12
 à Dair-Koûn............................. 9
 à Qoûna................................ 12
 à Arban................................. 12
 à Behesna............................... 9
 à el-Qaïsarié............................ 120

             216 milles.

Depuis l'an 1412, le gouvernement a cessé d'entretenir des relais de Behesna à Qaïsarïé.

L'auteur traite ensuite de la Syrie dans les sections XII et XIII, d'une manière étendue et intéressante, mais qu'il serait trop long de copier : il suffira de dire qu'il divise, avec les géographes musulmans, la Syrie en 5 contrées :

1° La Palestine, depuis *el-Ariche* jusqu'à Lajdoun, près le Qarmel.

2° Le Haurán, pays varié de plaines et de montagnes dont la capitale est Tabarié.

3° Le Goutáh (ou pays creux) dont les principales villes sont Damas, Tripoli, Safad, Balbek.

4° Le pays des Hems, où l'on ne voit ni scorpions ni serpents.

5° Le Kinesrin, qui a pour capitale Halab, et pour dépendances Antioche, Ama, Serbin, etc.

Dans l'administration de l'empire, la Syrie est divisée en 6 provinces qui tirent leurs noms de leurs capitales.

La première s'appelle province de *Gaza*, ville située en une plaine fertile. Le district de Karak, dit aussi Moab, en est détaché, et s'étend depuis *Oula*, dans l'Arabie pétrée, jusqu'au ruisseau Zizalé, qui tombe dans le Jourdain : c'est un espace de 20 journées de chameaux (à 6 lieues la journée). Le pays a beaucoup de villages ; mais il y a disette d'eau sur les routes, et une grande quantité de défilés entre des rocs où un seul homme peut arrêter 100 cavaliers. — Karak est une des plus fortes citadelles connues ; on ne l'a jamais prise de force.

La seconde est appelée province de *Safad*, et contient plus de 1,200 villages. La ville est située très-agréablement sur le lac Tabarié, et a une excellente forteresse. Sour (Tyr), qui en dépend, n'est qu'un hameau.

La troisième, dite province de Damas, est la plus riche en tout genre de productions et en villages. L'auteur en compte plus de dix-huit cents, et omet ceux de divers districts.

La quatrième, dite province de Tripoli, contient plus de 3000 villages : Hesn-el-akrad, château fort, forme sa limite à l'est.

La cinquième, dite province de Hama, est riche en villages et en châteaux forts : celui de Hama fut détruit par Tamerlan.

La sixième, dite province de *Halab*, est très-étendue et très-riche. Le château de Halab est fait de main d'homme, (il veut dire le monticule qui porte le château).

De Halab dépendent *Antioche* sur l'Oronte; *Djabar* sur l'Euphrate; *Rahbé* au sud de Djabar, sur la rive orientale du même fleuve; *Sis* en Arménie, peuplé de chrétiens; *Tarsous* au bord de la mer en face de Cypre; *Biré* sur l'Euphrate, où il y a un pont de bateaux et un très-grand nombre de châteaux et villes importantes que l'auteur décrit en détail. (En sorte qu'à cette époque l'on ne peut pas évaluer la Syrie à moins de 20,000 villes et villages : et en les supposant, l'un portant l'autre, contenir 300 têtes, ce serait 6,000,000 d'habitants; état bien différent de l'actuel, et je pense très-inférieur à l'ancien, du temps de Titus et de Vespasien.

(Je termine cette notice par quelques idées du vizir Châhin sur les principes de la souveraineté).

Chapitre II. Section Ire. — *De la puissance souveraine.*
La puissance souveraine est un rayon de la divinité. C'est par un effet miraculeux du caractère sacré imprimé sur le front du despote (*sultan, maître absolu*), que le bon ordre subsiste, que la révolte et la licence sont châtiées; etc.

Le but du pouvoir suprême est la conservation des particuliers et l'accroissement du bien public par un gouvernement juste. Le sultan doit user avec sagesse du sabre que Dieu a remis en ses mains pour défendre l'empire, pour faire fleurir la religion, et faire observer les lois divines et humaines.

(*Mereï*, l'historien homme de loi ci-devant cité, répète souvent que les principes de la loi sont de faire la guerre aux infidèles. — Que dans les villes conquises l'on ne doit point leur permettre de bâtir ou réparer leurs temples. — Que même il faudrait les détruire sans exception).

En même temps que Dieu ordonne au sultan de travailler au bonheur des sujets, il ordonne aux sujets d'obéir aveuglément au sultan, d'exécuter ses ordres sans examen, parce qu'il est dépositaire de la loi de Dieu et du prophète.

Le prophète a reçu de Dieu l'empire universel du monde; sa puissance, quant aux lois et au sacerdoce, a été transmise à ses successeurs de main en main jusqu'à ce jour et à *l'émir el-Moumenin*, qui donne au sultan l'investiture du consentement des grands juges, des docteurs de la loi, des grands officiers de la couronne et des commandants de l'armée (ce qui modifie *la grace de Dieu*, presque comme en Europe).

Par cette sanction le souverain *élu* devient le maître du trésor de l'état, le généralissime des troupes, le gouverneur des places, l'administrateur de toutes les affaires de l'empire; et chacun doit placer sa gloire à lui obéir.

Section II. *Des devoirs du despote.* — (Ce chapitre est un vrai traité de morale chrétienne. Le sultan doit être pieux, pratiquer les actes de la religion devant le peuple; il doit repousser l'orgueil, la présomption, l'avarice, le mensonge; réprimer sa colère, avoir un maintien digne, silencieux, imposant; être patient, juste, et en un mot avoir les bonnes qualités d'esprit et de cœur qui, dans toute espèce de gouvernement composent l'art *un* de gouverner, quant à l'individu, mais non quant aux bases du contrat social.)

Section IV. *Devoirs des sujets.* — Les devoirs des sujets consistent dans le profond respect pour le sultan, dans l'exécution *aveugle* de ses ordres, le dévouement à son service; les bons conseils pour ses succès.

Le grand point du gouvernement est que chaque classe, chaque individu, se tiennent dans les bornes qui leur sont assignées.

ÉTAT PHYSIQUE
DE
LA SYRIE.

CHAPITRE PREMIER.

Géographie et Histoire Naturelle de la Syrie.

EN sortant de l'*Égypte* par l'isthme qui sépare l'*Afrique* de l'*Asie*, si l'on suit le rivage de la *Méditerranée*, l'on entre dans une seconde province des Turks, connue parmi nous sous le nom de *Syrie*. Ce nom, qui, comme tant d'autres, nous a été transmis par les *Grecs*, est une altération de celui d'*Assyrie*, introduite chez les *Ioniens*, qui en fréquentaient les côtes, après que les Assyriens de Ninive eurent réduit cette contrée en province de leur empire (1). Par cette raison, le nom de

---

(1) C'est-à-dire vers l'an 750 avant Jésus-Christ. Voilà pourquoi Homère, qui écrivit au commencement de ce siècle-là, ne l'a point citée, quoiqu'il fasse mention des habitants du pays : il s'est servi du nom oriental *Aram*, altéré dans *Ariméén*, et *Erembos*.

Syrie n'eut pas d'abord l'extension qu'il a prise ensuite. On n'y comprenait ni la *Phénicie* ni la *Palestine*. Les habitants actuels, qui, selon l'usage constant des Arabes, n'ont point adopté la nomenclature grecque, méconnaissent le nom de *Syrie* (1); ils le remplacent par celui de *Barr-el-Châm* (2), qui signifie *pays de la gauche*; et par là ils désignent tout l'espace compris entre deux lignes tirées, l'une d'*Alexandrette* à l'*Euphrate*, l'autre de *Gaze* dans le désert d'*Arabie*, ayant pour bornes à l'*est* ce même désert, et à l'*ouest* la *Méditerranée*. Cette dénomination de *pays de la gauche*, par son contraste à celle de l'*Yamin* ou *pays de la droite*, indique pour chef-lieu un local intermédiaire, qui doit être la Mekke; et par son allusion au culte du soleil (3), elle prouve à la fois une origine antérieure à Mahomet, et l'existence déja connue de ce culte au temple de la *Kiabé*.

---

(1) Les géographes le citent cependant quelquefois, en l'écrivant *Souria*, selon la traduction perpétuelle de l'*y* en *ou* arabe.

(2) Prononcez *châm* et non *kâm*; et, règle générale dans les mots arabes que je cite, prononcez *ch* comme dans *charme*, fût-il à la fin du mot. D'Anville écrit *shâm*, parce qu'il suit l'orthographe anglaise, dans laquelle *sh* est notre *ch* · *El-Châm* tout seul est le nom de la ville de *Damas*, réputée capitale de la Syrie. J'ignore pourquoi Savary en a fait *El-Chams*, ville du soleil.

(3) Dans l'antiquité, les peuples qui adoraient le soleil, lui rendant leur hommage au moment de son lever, se supposèrent

§ I.

Aspect de la Syrie.

Quand on jette les yeux sur la carte de la *Syrie*, on observe que ce pays n'est en quelque sorte qu'une chaîne de montagnes, qui d'un rameau principal se distribuent à droite et à gauche en divers sens : la vue du terrain est analogue à cet exposé. En effet, soit que l'on aborde par la mer, soit que l'on arrive par les immenses plaines du désert, on commence toujours à découvrir de très-loin l'horizon bordé d'un rempart nébuleux qui court nord et sud, tant que la vue peut s'étendre : à mesure que l'on approche, on distingue des entassements gradués de sommets, qui, tantôt isolés, et tantôt réunis en chaînes, vont se terminer à une ligne principale qui domine sur tout. On suit cette ligne sans interruption, depuis son entrée par le nord jusque dans l'Arabie. D'abord elle serre la mer entre *Alexandrette* et l'*Oronte*; puis, après avoir cédé passage à cette rivière, elle reprend sa route au midi en s'écartant un peu du rivage, et par une suite de sommets continus, elle se prolonge jusqu'aux

---

toujours la face tournée à l'orient. Le nord fut *la gauche*, le midi *la droite*, et le couchant *le derrière*, appelé, en oriental, *acheron* et *akaron*.

sources du Jourdain, où elle se divise en deux branches, pour enfermer, comme en un bassin, ce fleuve et ses trois lacs. Pendant ce trajet, il se détache de cette ligne, comme d'un tronc principal, une infinité de rameaux qui vont se perdre, les uns dans le désert, où ils forment divers bassins, tels que celui de *Damas*, de *Haurán*, etc., les autres vers la mer, où ils se terminent quelquefois par des chutes rapides, comme il arrive au *Carmel*, à la *Nakoure*, au cap *Blanc*, et à presque tout le terrain entre *Bairout* (1) et *Tripoli*. Plus communément ils conservent des pentes douces qui se terminent en plaines, telles que celles d'*Antioche*, de *Tripoli*, de *Tyr*, d'*Acre*, etc.

§ II.

Des montagnes.

Ces montagnes, en changeant de niveaux et de lieux, changent aussi beaucoup de formes et d'aspect. Entre *Alexandrette* et l'*Oronte*, les sapins, les mélèzes, les chênes, les buis, les lauriers, les ifs et les myrtes qui les couvrent, leur donnent un air de vie qui déride le voyageur attristé de la nudité de Cypre (2). Il rencontre même sur quel-

---

(1) L'ancienne *Béryte*.
(2) Tous les vaisseaux qui vont à Alexandrette touchent en Cypre, dont la partie méridionale est une plaine nue et ravagée.

ques pentes des cabanes environnées de figuiers et de vignes; et cette vue adoucit la fatigue d'une route qui, par des sentiers raboteux, le conduit sans cesse du fond des ravins à la cime des hauteurs, et de la cime des hauteurs le ramène au fond des ravins. Les rameaux inférieurs, qui vont dans le nord d'*Alep*, n'offrent au contraire que des rochers nus, sans verdure et sans terre. Au midi d'*Antioche* et sur la mer, les coteaux se prêtent à porter des oliviers, des tabacs et des vignes (1); mais du côté du désert, le sommet et la pente de cette chaîne ne sont qu'une suite presque continue de roches blanches. Vers le Liban, les montagnes s'élèvent, et cependant se couvrent en beaucoup d'endroits d'autant de terre qu'il en faut pour devenir cultivables à force d'industrie et de travail. Là, parmi les rocailles, se présentent les restes peu magnifiques des cèdres si vantés (2), et plus souvent des sapins, des chênes, des ronces, des mûriers, des figuiers et des vignes. En quittant le pays des *Druzes*, les montagnes perdent de leur hauteur, de leur aspérité, et deviennent plus propres au labourage;

---

(1) Il faut en excepter le mont *Casius*, qui s'élève sur Antioche comme un énorme pic. Mais Pline passe l'hyperbole, quand il dit que de sa pointe on découvre en même temps l'aurore et le crépuscule.

(2) Il n'y a plus que 4 ou 5 de ces arbres qui aient quelque apparence.

elles se relèvent dans le sud-est du Carmel, et se revêtent de futaies qui forment d'assez beaux paysages; mais en avançant vers la *Judée*, elles se dépouillent, resserrent leurs vallées, deviennent sèches, raboteuses, et finissent par n'être plus sur la mer *Morte* qu'un entassement de roches sauvages, pleines de précipices et de cavernes (1); pendant qu'à l'est du Jourdain et du lac, une autre chaîne de rocs plus hauts et plus hérissés offre une perspective encore plus lugubre, et annonce dans le lointain l'entrée du désert et la fin de la terre habitable.

La vue des lieux atteste que le point le plus élevé de toute la Syrie est le *Liban*, au sud-est de Tripoli. A peine sort-on de *Larneca*, en *Cypre*, que déja, à 30 lieues de distance, on voit à l'horizon sa pointe nébuleuse. D'ailleurs, le même fait s'indique sensiblement sur les cartes, par le cours des rivières. L'*Oronte*, qui des montagnes de Damas va se perdre sous Antioche; la *Qâsmie*, qui du nord de *Balbek* se rend vers *Tyr*; le *Jourdain*, que sa pente verse au midi, prouvent que le sommet général est au local indiqué. Après le Liban, le point le plus saillant est le mont *Aqqar* : on le voit dès la sortie de *Marra* dans le désert, comme un énorme cône

---

(1) C'est le terrain appelé grottes d'Engaddi, où se retirèrent de tout temps les vagabonds. Il y en a qui tiendraient 1,500 hommes.

écrasé, que l'on ne cesse pendant 2 journées d'avoir devant les yeux. Personne jusqu'à ce jour n'a eu le loisir ou la faculté de porter le baromètre sur ces montagnes pour en connaître la hauteur; mais on peut la déduire d'une mesure naturelle, la neige : dans l'hiver, tous les sommets en sont couverts depuis *Alexandrette* jusqu'à *Jérusalem*; mais dès mars, elle fond partout, le Liban excepté : cependant elle n'y persiste toute l'année que dans les sinuosités les plus élevées, et au *nord-est*, où elle est à l'abri des vents de mer et de l'action du soleil. C'est ainsi que je l'ai vue à la fin d'août 1784, lorsque j'étouffais de chaleur dans la vallée de *Balbek*. Or, étant connu que la neige à cette latitude exige une élévation de 15 à 1600 toises, on en doit conclure que le Liban atteint cette hauteur, et qu'il est par conséquent bien inférieur aux Alpes, et même aux Pyrénées (1).

Le *Liban*, dont le nom doit s'étendre à toute la chaîne du *Kesraouán* et du pays des *Druzes*, présente tout le spectacle des grandes montagnes. On y trouve à chaque pas ces scènes où la nature déploie, tantôt de l'agrément ou de la grandeur, tantôt de la bizarrerie, toujours de la

---

(1) On estime que le mont Blanc, le plus élevé des Alpes, a 2,400 toises au-dessus du niveau de la mer; et le pic d'Ossian dans les Pyrénées, 1,900.

variété. Arrive-t-on par la mer, et descend-on sur le rivage : la hauteur et la rapidité de ce rempart, qui semble fermer la terre, le gigantesque des masses qui s'élancent dans les nues, inspirent l'étonnement et le respect. Si l'observateur curieux se transporte ensuite jusqu'à ces sommets qui bornaient sa vue, l'immensité de l'espace qu'il découvre devient un autre sujet de son admiration : mais pour jouir entièrement de la majesté de ce spectacle, il faut se placer sur la cime même du Liban ou du *Sannine*. Là, de toutes parts, s'étend un horizon sans bornes ; là, par un temps clair, la vue s'égare et sur le désert qui confine au golfe Persique, et sur la mer qui baigne l'Europe : l'ame croit embrasser le monde. Tantôt les regards, errant sur la chaîne successive des montagnes, portent l'esprit, en un clin d'œil, d'*Antioche* à *Jérusalem* ; tantôt, se rapprochant de ce qui les environne, ils sondent la lointaine profondeur du rivage. Enfin, l'attention, fixée par des objets distincts, examine avec détail les rochers, les bois, les torrents, les coteaux, les villages et les villes. On prend un plaisir secret à trouver petits ces objets qu'on a vus si grands. On regarde avec complaisance la vallée couverte de nuées orageuses, et l'on sourit d'entendre sous ses pas ce tonnerre qui gronda si long-temps sur la tête ; on aime à voir à ses pieds ces sommets, jadis menaçants, devenus dans leur abaissement, semblables aux sillons d'un champ, ou aux gradins d'un amphithéâtre ; on est flatté d'être devenu le point le plus élevé de tant de choses, et un sentiment d'orgueil les fait regarder avec plus de complaisance.

Lorsque le voyageur parcourt l'intérieur de ces montagnes, l'aspérité des chemins, la rapidité des pentes, la profondeur des précipices commencent par l'effrayer. Bientôt l'adresse des mulets qui le portent le rassure, et il examine à son aise les incidents pittoresques qui se succèdent pour le distraire. Là, comme dans les Alpes, il marche des journées entières, pour arriver dans un lieu qui, dès le départ, est en vue; il tourne, il descend; il côtoie, il grimpe; et dans ce changement perpétuel de sites, on dirait qu'un pouvoir magique varie à chaque pas les décorations de la scène. Tantôt ce sont des villages près de glisser sur des pentes rapides, et tellement disposés, que les terrasses d'un rang de maisons servent de rue au rang qui les domine. Tantôt c'est un couvent placé sur un cône isolé, comme *Mar-Châiâ* dans la vallée du *Tigre*. Ici, un rocher percé par un torrent est devenu une arcade naturelle, comme à *Nahr-el-Leben* (1). Là, un autre rocher taillé à pic,

(1) La rivière du Lait, qui se verse dans *Nahr-el-Salib*, appelée aussi rivière du *Bairout*; cette arcade a plus de 160 pieds de long sur 85 de large, et près de 200 pieds d'élévation au-dessus du torrent.

ressemble à une haute muraille; souvent, sur les côteaux, les bancs de pierres, dépouillés et isolés par les eaux, ressemblent à des ruines que l'art aurait disposées. En plusieurs lieux, les eaux, trouvant des couches inclinées, ont miné la terre intermédiaire, et formé des cavernes, comme à *Nahr-el-Kelb*, près d'Antoura : ailleurs, elles se sont pratiqué des cours souterrains, où coulent des ruisseaux pendant une partie de l'année, comme à *Mar-Eliás-el-Roum*, et à *Mar-Hanna* (1); quelquefois ces incidents pittoresques sont devenus tragiques. On a vu par des dégels et des tremblements de terre, des rochers perdre leur équili-

---

(1) Ces ruisseaux souterrains sont communs dans toute la Syrie; il y en a près de Damas, aux sources de l'Oronte, et à celles du Jourdain. Celui de *Mar-Hanna*, couvent de Grecs, près du village de *Chouaîr*, s'ouvre par un gouffre appelé *el-Báloué*, c'est-à-dire *l'engloutisseur*; c'est une bouche d'environ 10 pieds de large, située au fond d'un entonnoir. A 15 pieds de profondeur est une espèce de premier fond; mais il ne fait que masquer une ouverture latérale très-profonde. Il y a quelques années qu'on le ferma, parce qu'il avait servi à receler un meurtre. Les pluies d'hiver étant venues, les eaux s'accumulèrent et firent un lac assez profond; mais quelques filets d'eau s'étant fait jour parmi les pierres, elles furent bientôt dégarnies de la terre qui les liait : alors la masse des eaux faisant effort, l'obstacle creva tout-à-coup avec une explosion semblable à un coup de tonnerre; la réaction de l'air comprimé fut telle, qu'il jaillit une trombe d'eau à plus de 200 pas sur une maison voisine. Le courant établi par cette issue forma un tournoiement qui engloutit les arbres et les vignes plantés dans l'entonnoir, et alla les rejeter par la seconde issue.

bre, se renverser sur les maisons voisines, et en écraser les habitans; il y a environ 20 ans qu'un accident semblable ensevelit, près de *Mardjordjós*, un village qui n'a laissé aucune trace. Plus récemment et près du même lieu, le terrain d'un coteau chargé de mûriers et de vignes s'est détaché par un dégel subit, et glissant sur le talus de roc qui le portait, est venu, semblable à un vaisseau qu'on lance du chantier, s'établir tout d'une pièce dans la vallée inférieure. Il en est résulté un procès bizarre, quoique juste, entre le propriétaire du fonds indigène et celui du fonds émigré, et il a été porté jusqu'au tribunal de l'émir Yousef, qui a compensé les pertes. Il semblerait que ces accidents dussent jeter du dégoût sur l'habitation de ces montagnes; mais, outre qu'ils sont rares, ils sont compensés par un avantage qui rend leur séjour préférable à celui des plus riches plaines; je veux dire par la sécurité contre les vexations des Turks. Cette sécurité a paru un bien si précieux aux habitants, qu'ils ont déployé dans ces rochers une industrie que l'on chercherait vainement ailleurs. A force d'art et de travail, ils ont contraint un sol rocailleux à devenir fertile. Tantôt, pour profiter des eaux, ils les conduisent par mille détours sur les pentes, ou ils les arrêtent dans les vallons par des chaussées; tantôt ils soutiennent les terres prêtes à s'écrouler, par des terrasses et des murailles. Presque toutes les montagnes ainsi travaillées, présentent l'aspect d'un escalier ou d'un amphithéâtre, dont chaque gradin est un rang de vignes ou de mûriers. J'en ai compté sur une même pente jusqu'à 100 et 120, depuis le fond du vallon jusqu'au faîte de la colline ; j'oubliais alors que j'étais en Turkie, ou si je me le rappelais, c'était pour sentir plus vivement combien est puissante l'influence même la plus légère de la liberté.

§. III.

Structure des montagnes.

La charpente de ces montagnes est formée d'un banc de pierre calcaire dure, blanchâtre et sonnante comme le grès, disposée par lits diversement inclinés. Cette pierre se représente presque la même dans toute l'étendue de la Syrie ; tantôt elle est nue, et elle a l'aspect des rochers pelés de la côte de Provence : telle est la chaîne qui borde au nord le chemin d'Antioche à Alep, et qui sert de lit au cours supérieur du ruisseau qui coule en cette dernière ville. *Ermenâz*, village situé entre *Serkin* et *Kaftin*, a un défilé qui rassemble parfaitement à ceux qu'on passe en allant de Marseille à Toulon. Si l'on va d'*Alep* à *Hama*, l'on rencontre sans cesse les veines du même roc dans la plaine, tandis que les montagnes qui courent sur la droite, en offrent des entassements qui figurent de grandes ruines de villes et de châteaux. C'est encore cette même pierre qui, sous une forme plus régulière, compose la masse du *Liban*, de l'*Anti-Liban*, des montagnes des *Druzes*, de la *Galilée*, du *Carmel*, et se prolonge jusqu'au *sud* du *lac Asphaltite*; partout les habitants en construisent leurs maisons et en font de la chaux. Je n'ai jamais vu ni entendu dire que ces pierres tinssent des coquillages pétrifiés dans les parties hautes du Liban; mais il existe entre *Bâtroun* et *Djebaîl* au *Kesrâouan*, à peu de distance de la mer, une carrière de pierres schisteuses, dont les lames portent des empreintes de plantes, de poissons, de coquillages, et surtout d'ognons de mer. Le torrent d'*Azqâlan*, en Palestine, et aussi pavé d'une pierre lourde, poreuse et salée, qui contient beaucoup de petites volutes et de bivalves de la Méditerranée. Enfin Pocoke en a trouvé une quantité dans les rochers qui bordent la mer Morte.

En minéraux, le fer seul est abondant; les montagnes du Kesrâouan et des Druzes en sont remplies. Chaque année, les habitants en exploitent pendant l'été des mines qui sont simplement ocreuses. La Judée n'en doit pas manquer, puisque Moïse observait, il y a plus de 3,000 ans, que ses pierres étaient *de fer*. On parle d'une mine de cuivre à Antabès, au nord d'Alep; mais elle est abandonnée : on m'a dit aussi chez les Druzes, que dans l'éboulement de cette montagne dont j'ai parlé, on avait trouvé un minéral qui rendit du plomb et de l'argent; mais comme une pareille découverte aurait ruiné le canton, en y attirant l'attention des Turks, l'on s'est hâté d'en étouffer tous les indices.

§ IV.

Volcans et tremblements.

Le midi de la Syrie, c'est-à-dire le bassin du Jourdain, est un pays de volcans ; les sources bitumineuses et soufrées du lac Asphaltite, les laves, les pierres-ponces jetées sur ces bords, et le bain chaud de *Tabarié*, prouvent que cette vallée a été le siége d'un feu qui n'est pas encore éteint. On observe qu'il s'échappe souvent du lac des trombons de fumée, et qu'il se fait de nouvelles crevasses sur ses rivages. Si les conjectures en pareille matière n'étaient pas sujettes à être trop vagues, on pourrait soupçonner que toute la vallée n'est due qu'à l'affaissement violent d'un terrain qui jadis versait le Jourdain dans la Méditerranée. Il paraît du moins certain que l'accident des 5 villes foudroyées, eut pour cause l'éruption d'un volcan alors embrasé. Strabon dit expressément (1), que la *tradition des habitants du pays*, c'est-à-dire des Juifs mêmes, était que *jadis la vallée du lac était peuplée de 13 villes florissantes, et qu'elles furent englouties par un volcan*. Ce récit semble confirmé par les ruines que les voyageurs trouvent encore en grand nombre sur le rivage occidental. Les éruptions ont cessé depuis long-temps; mais les tremblements de terre qui en sont le supplément se montrent encore quelquefois dans ce canton : la côte en général y est sujette, et l'histoire en cite plusieurs exemples qui ont changé la face d'*Antioche*, de *Laodikée*, de *Tripoli*, de *Béryte*, de *Sidon*, de *Tyr*, etc. De nos jours, en 1759, il en est arrivé un qui a causé les plus grands ravages : on prétend qu'il tua dans la vallée de Balbek plus de 20,000 ames, dont la perte ne s'est point réparée. Pendant 3 mois, ses secousses inquiétèrent les habitants du Liban, au point qu'ils abandonnèrent leurs maisons, et demeurèrent sous des tentes. Récemment (le 14 décembre 1783), lorsque j'étais à Alep, on ressentit dans cette ville une commotion qui fut si forte, qu'elle fit tinter la sonnette du consul de France. On a observé en Syrie que les tremblements n'arrivent presque jamais que dans l'hiver, après les pluies d'automne; et cette observation, conforme à celle du docteur

---

(1) Lib. XVI, p. 264.

Chá (Shaw), en Barbarie, semblerait indiquer que l'action des eaux sur la terre et les minéraux desséchés est la cause de ces mouvements convulsifs. Il n'est pas hors de propos de remarquer que l'*Asie mineure* y est également sujette.

§ V.

Des sauterelles.

La Syrie partage avec l'Égypte, la Perse et presque tout le midi de l'Asie, un autre fléau non moins redoutable, les nuées de sauterelles dont les voyageurs ont parlé. La quantité de ces insectes est une chose incroyable pour quiconque ne l'a pas vue par lui-même : la terre en est couverte sur un espace de plusieurs lieues. On entend de loin le bruit qu'elles font en broutant les herbes et les arbres comme d'une armée qui fourrage à la dérobée. Il vaudrait mieux avoir affaire à des Tartares qu'à ces petits animaux destructeurs : on dirait que le feu suit leurs traces. Partout où leurs légions se portent, la verdure disparaît de la campagne, comme un rideau que l'on plie ; les arbres et les plantes, dépouillés de feuilles, et réduits à leurs rameaux et à leurs tiges, font succéder en un clin d'œil le spectacle hideux de l'hiver aux riches scènes du printemps. Lorsque ces nuées de sauterelles prennent leur vol pour surmonter quelque osbtacle, ou traverser plus rapidement un sol désert, on peut dire, à la lettre, que le ciel en est obscurci. Heureusement que ce fléau n'est pas trop répété; car il n'en est point qui amène aussi sûrement la famine, et les maladies qui la suivent. Des habitants de la Syrie ont fait la double remarque que les sauterelles n'avaient lieu qu'à la suite des hivers trop doux, et qu'elles venaient toujours du désert d'Arabie. A l'aide de cette remarque, l'on explique très-bien comment le froid ayant ménagé les œufs de ces insectes, ils se multiplient si subitement, et comme les herbes venant à s'épuiser dans les immenses plaines du désert, il en sort tout à coup des légions si nombreuses. Quand elles paraissent sur la frontière du pays cultivé, les habitants s'efforcent de les détourner, en leur opposant des torrents de fumée; mais souvent les herbes et la paille mouillée leur manquent : ils creusent aussi des fosses où il s'en ensevelit beaucoup; mais les deux agents les plus efficaces contre ces insectes sont les vents de sud et de sud-est, et l'oiseau appelé *samarmar*: cet oiseau, qui ressemble bien au loriot, les suit en troupes nombreuses, comme celles des étourneaux; et non-seulement il en mange à satiété, mais il en tue tout ce qu'il en peut tuer : aussi les paysans le respectent-ils, et l'on ne permet en aucun temps de le tirer. Quant aux vents de sud et de sud-est, ils chassent violemment les nuages de sauterelles sur la Méditerranée; et ils les y noient en si grande quantité, que lorsque leurs cadavres sont rejetés sur le rivage, ils infectent l'air pendant plusieurs jours à une grande distance.

§ VI.

Qualités du sol.

On présume aisément que dans un pays aussi étendu que la Syrie, la qualité du sol n'est pas partout la même : en général la terre des montagnes est rude; celle des plaines est grasse, légère, et annonce la plus grande fécondité. Dans le territoire d'Alep, jusque vers Antioche, elle ressemble à de la brique pilée très-fine, ou à du tabac d'Espagne. L'Oronte cependant, qui traverse ce district, a ses eaux teintes en blanc; ce qui vient des terres blanches dont elles se sont chargées vers leur source. Presque partout ailleurs la terre est brune, et ressemble à un excellent terreau de jardin. Dans les plaines, telles que celles de Hauran, de Gaze et de Balbek, souvent on aurait peine à trouver un caillou. Les pluies d'hiver y font des boues profondes, et lorsque l'été revient, la chaleur y cause, comme en Égypte, des gerçures qui ouvrent la terre à plusieurs pieds de profondeur.

§ VII.

Des rivières et des lacs.

Les idées exagérées, ou, si l'on veut, les grandes idées que l'histoire et les relations aiment à donner des objets lointains, nous ont accoutumés à parler des eaux de la Syrie avec un respect qui flatte notre imagination. Nous aimons à dire le fleuve *Jourdain*, le fleuve *Oronte*, le fleuve *Adonis*. Cependant, si l'on voulait conserver aux noms le sens que l'usage leur assigne, nous ne trouverions guère en ce pays que des *ruisseaux*. A peine l'*Oronte* et le *Jourdain*, qui sont les plus considérables, ont-ils 60 pas de canal(1); les autres ne méritent pas que l'on en parle. Si, pendant l'hiver, les pluies et la fonte des neiges leur donnent quelque importance, le reste de l'année on ne reconnaît leur place que par les cailloux roulés ou les blocs de roc dont leur lit est rempli. Ce ne sont que des torrents à cascades, et l'on conçoit que les montagnes qui les fournissent n'étant qu'à deux pas de la mer, leurs eaux n'ont pas le temps de s'assembler dans de longues vallées, pour former des *rivières*. Les obstacles que ces mêmes

---

(1) Il est vrai que le Jourdain est profond; mais si l'Oronte n'était arrêté par des barres multipliées, il resterait à sec pendant l'été.

montagnes opposent en plusieurs lieux à leur issue, ont formé divers lacs, tels que celui d'Antioche, d'Alep, de Damas, de *Houlé*, de *Tabarié*, et celui que l'on a décoré du nom de *mér Morte* ou lac *Asphaltite*. Tous ces lacs, à la réserve du dernier, sont d'eau douce, et contiennent plusieurs espèces de poissons étrangères (1) aux nôtres.

Le seul lac *Asphaltite* ne contient rien de vivant ni même de végétant. On ne voit ni verdure sur ses bords, ni poisson dans ses eaux; mais il est faux que son air soit empesté au point que les oiseaux ne puissent le traverser impunément. Il n'est pas rare de voir des hirondelles voler à sa surface, pour y prendre l'eau nécessaire à bâtir leurs nids. La vraie cause de l'absence des végétaux et des animaux, est la salure âcre de ses eaux, infiniment plus forte que celle de la mer. La terre qui l'environne, également imprégnée de cette salure, se refuse à produire des plantes; l'air lui-même qui s'en charge par l'évaporation, et qui reçoit encore les vapeurs du soufre et du bitume, ne peut convenir à la végé-

---

(1) Le lac d'Antioche abonde surtout en anguilles et en une espèce de poisson rouge de médiocre qualité. Les Grecs, qui sont des jeûneurs perpétuels, en font une grande consommation. Le lac de Tabarié est encore plus riche; il est surtout rempli de crabes; mais comme ses environs ne sont peuplés que de musulmans, il est peu pêché.

tation : de là cet aspect de mort qui règne autour du lac. Du reste, ses eaux ne présentent point un marécage; elles sont limpides et incorruptibles, comme il convient à une dissolution de sel. L'origine de ce minéral n'y est pas équivoque; car sur le rivage du sud-ouest il y a des mines de sel gemme, dont j'ai rapporté des échantillons. Elles sont situées dans le flanc des montagnes qui règnent de ce côté, et elles fournissent de temps immémorial à la consommation des Arabes de ces cantons, et même de la ville de Jérusalem. On trouve aussi sur ce rivage des morceaux de bitume et de soufre, dont les Arabes font un petit commerce; des fontaines chaudes, et des crevasses profondes, qui s'annoncent de loin par de petites pyramides qu'on a bâties sur le bord. On y rencontre encore une espèce de pierre qui exhale, en la frottant, une odeur infecte, brûle comme le bitume, se polit comme l'albâtre, et sert à paver les cours. Enfin l'on y voit, d'espace en espace, des blocs informes, que des yeux prévenus prennent pour des statues mutilées, et que les pèlerins ignorants et superstitieux regardent comme un monument de l'aventure de la femme de Loth, quoiqu'il ne soit pas dit que cette femme fût changée en pierre comme Niobé, mais en sel, qui a dû se fondre l'hiver suivant.

Quelques physiciens, embarrassés des eaux que le Jourdain ne cesse de verser dans le lac, ont supposé qu'il avait une communication souterraine avec la Méditerranée; mais, outre que l'on ne connaît aucun gouffre qui puisse confirmer cette idée, *Hales* a démontré par des calculs précis, que l'évaporation était plus que suffisante pour consommer les eaux du fleuve. Elle est en effet très-considérable; souvent elle devient sensible à la vue, par des brouillards dont le lac paraît tout couvert au lever du soleil, et qui se dissipent ensuite par la chaleur.

§ VIII.

Du climat.

On est assez généralement dans l'opinion que la Syrie est un pays très-chaud; mais cette idée, pour être exacte, demande des distinctions : 1° à raison des latitudes qui ne laissent pas que de différer de 150 lieues du fort au faible; en second lieu, à raison de la division naturelle du terrain en pays bas et plat, et en pays haut ou de montagnes : cette division cause des différences bien plus sensibles; car, tandis que le thermomètre de Réaumur atteint sur les bords de la mer 25 et 29 degrés, à peine dans les montagnes s'élève-t-il à 20 et 21 (1). Aussi dans l'hiver, toute la chaîne

___

(1) Sur toute la côte de Syrie, et notamment à Tripoli, les plus bas degrés du thermomètre en hiver sont 9 et 8 degrés

des montagnes se couvre de neige, pendant que les terrains inférieurs n'en ont jamais, ou ne la gardent qu'un instant. On devrait donc établir deux climats généraux : l'un très-chaud, qui est celui de la côte et des plaines intérieures, telles que celles de *Balbek*, *Antioche*, *Tripoli*, *Acre*, *Gaze*, *Hauran*, etc.; l'autre tempéré et presque semblable au nôtre, lequel règne dans les montagnes, surtout quand elles prennent une certaine élévation. L'été de 1784 a passé chez les Druzes pour un des plus chauds dont on eût mémoire; cependant je ne lui ai rien trouvé de comparable aux chaleurs de *Saïde* ou de *Bairout*.

Sous ce climat, l'ordre des saisons est presque le même qu'au milieu de la France : l'hiver, qui dure de novembre en mars, est vif et rigoureux. Il ne se passe point d'années sans neiges, et souvent elles y couvrent la terre de plusieurs pieds, et pendant des mois entiers; le printemps et l'automne y sont doux, et l'été n'y a rien d'insupportable. Dans les plaines, au contraire, dès que le soleil revient à l'équateur, on passe subitement à des chaleurs accablantes, qui ne finissent qu'avec octobre. En récompense, l'hiver est si tempéré, que les orangers, les dattiers, les bana-

---

au-dessus de la glace; en été, dans les appartements bien clos, il va jusqu'à 25 et demi et 26. Quant au baromètre, il est remarquable que, dans les derniers jours de mai, il se fixe à 28 pouces, et ne varie plus jusqu'en octobre.

niers et autres arbres délicats, croissent en pleine terre : c'est un spectacle pittoresque pour un Européen, dans Tripoli, de voir sous ses fenêtres, en janvier, des orangers chargés de fleurs et de fruits, pendant que sur sa tête le Liban est hérissé de frimas et de neiges. Il faut néanmoins remarquer que dans les parties du nord, et à l'est des montagnes, l'hiver est plus rigoureux, sans que l'été soit moins chaud. A *Antioche*, à *Alep*, à *Damas*, on a tous les hivers plusieurs semaines de glace et de neige; ce qui vient du gissement des terres, encore plus que des latitudes. En effet, toute la plaine à l'est des montagnes est un pays fort élevé au-dessus du niveau de la mer, ouvert aux vents secs de nord et de nord-est, et à l'abri des vents humides d'ouest et de sud-ouest. Enfin Antioche et Alep reçoivent des montagnes d'Alexandrette, qui sont en vue, un air que la neige dont elles sont long-temps couvertes, ne peut manquer de rendre très-piquant.

Par cette disposition, la Syrie réunit sous un même ciel des climats différents, et rassemble dans une enceinte étroite des jouissances que la nature a dispersées ailleurs à de grandes distances de temps et de lieux. Chez nous, par exemple, elle a séparé les saisons par des mois; là, on peut dire qu'elles ne le sont que par des heures. Est-on importuné dans *Saïde* ou *Tripoli* des chaleurs de juillet, six heures de marche transportent sur les montagnes voisines, à la température de mars. Par inverse, est-on tourmenté à Becharrai des frimas de décembre, une journée ramène au rivage parmi les fleurs de mai (1). Aussi les poëtes arabes ont-ils dit, que le *Sannine* portait l'hiver sur sa tête, le printemps sur ses épaules, l'automne dans son sein, pendant que l'été dormait à ses pieds. J'ai connu par moi-même la vérité de cette image dans le séjour de huit mois que j'ai fait au monastère de *Mar - Hanna* (2), à sept lieues de Baîrout. J'avais laissé à Tripoli, sur la fin de février, les légumes nouveaux en pleine saison, et les fleurs écloses : arrivé à *Antoura* (3); je trouvai les herbes seulement naissantes; et à *Mar-Hanna*, tout était encore sous la neige. Le *Sannine* n'en fut dépouillé que sur la fin d'avril, et déja dans le vallon qu'il domine, on commençait à voir boutonner les roses. Les figues primes étaient passées à Baîrout, quand nous mangions les premières, et les vers à soie y étaient en co-

---

(1) C'est ce que pratiquent plusieurs des habitants de ce canton, qui passent l'hiver près de Tripoli, pendant que leurs maisons sont ensevelies sous la neige.

(2) Mar-*Hanna* el-*Chouair;* c'est-à-dire *Saint-Jean* près du village de *Chouair*. Ce monastère est dans une vallée de rocailles, qui verse dans celle de *Nahr-el-Kelb,* ou *torrent du Chien*. Les religieux sont grecs-catholiques, de l'ordre de Saint-Basile : j'aurai occasion d'en parler plus amplement.

(3) Maison ci-devant des jésuites, occupée aujourd'hui par les lazaristes.

cons, lorsque parmi nous l'on n'avait effeuillé que la moitié des mûriers. A ce premier avantage, qui perpétue les jouissances par leur succession, la Syrie en joint un second, celui de les multiplier par la variété de ses productions. Si l'art venait au secours de la nature, on pourrait y rapprocher dans un espace de vingt lieues celles des contrées les plus distantes. Dans l'état actuel, malgré la barbarie d'un gouvernement ennemi de toute activité et de toute industrie, l'on est étonné de la liste que fournit cette province. Outre le froment, le seigle, l'orge, les fèves et le coton-plante qu'on y cultive partout, on y trouve encore une foule d'objets utiles ou agréables, appropriés à divers lieux. La Palestine abonde en *sésame* propre à l'huile, et en *doura* pareil à celui d'Égypte (1). Le maïs prospère dans le sol léger de Balbek, et le riz même est cultivé avec succès sur les bords du marécage de *Haoulé*. On ne s'est avisé que depuis peu de planter des cannes à sucre dans les jardins de Saïde et de Baîrout ; elles y ont égalé celle du Delta. L'indigo croît sans art sur les bords du Jourdain au pays de *Bisân* ; et il ne demande que des soins pour acquérir de la qualité. Les coteaux de *Lataqîé* produisent des tabacs à fumer, qui font la base des relations de commerce avec Da-

---

(1) Je n'ai jamais vu en Syrie de sarrasin, et l'avoine y est rare. On n'y donne aux chevaux que de l'orge et de la paille.

mià et le Kaire. Cette culture est répandue désormais dans toutes les montagnes. En arbres, l'olivier de Provence croît à *Antioche* et à *Ramlé*, à la hauteur des hêtres. Le mûrier blanc fait la richesse de tout le pays des Druzes, par les belles soies qu'il procure; et la vigne élevée en échalas, ou grimpant sur les chênes, y donne des vins rouges et blancs qui pourraient égaler ceux de Bordeaux. Avant le ravage des derniers troubles, *Yâfa* voyait dans ses jardins deux plants du coton-arbre de l'Inde, qui grandissaient à vue d'œil; et cette ville n'a pas perdu ses limons ni ses poncires énormes (1) ni ses pastèques, préférées à celles de *Broulos* (2) même. Gaze a des dattes comme la Mekke, et des grenades comme Alger. Tripoli produit des oranges comme Malte; Baîrout, des figues comme Marseille, et des bananes comme Saint-Domingue; Alep a le privilége exclusif des pistaches, et Damas se vante avec justice de réunir tous les fruits de nos provinces. Son sol pierreux convient également aux pommes de la Normandie, aux prunes de la Touraine, et aux pêches de Paris. On y compte vingt espèces d'abricots, dont l'une contient une amande qui la fait rechercher dans toute la Turkie. Enfin, la plante à co-

---

(1) J'en ai vu qui pesaient 18 livres.
(2) *Broulos*, sur la côte d'Égypte, a des pastèques meilleures que dans le reste du Delta, où les fruits sont en général trop aqueux.

chenille qui croît sur toute la côte, nourrit peut-être déja cet insecte précieux comme au Mexique et à Saint-Domingue (1); et si l'on fait attention que les montagnes de l'Yemen, qui produisent un café si précieux, sont une suite de celles de la Syrie, et que leur sol et leur température sont presque les mêmes (2), on sera porté à croire que la *Judée* surtout pourrait s'approprier cette denrée de l'*Arabie*. Avec ces avantages nombreux de climat et de sol, il n'est pas étonnant que la Syrie ait passé de tout temps pour un pays délicieux, et que les Grecs et les Romains l'aient mise au rang de leurs plus belles provinces, à l'égal même de l'Égypte. Aussi, dans ces derniers temps, un pacha qui les connaît toutes les deux, étant interrogé à laquelle il donnait la préférence, répondit : *L'Égypte, sans doute, est une excellente métairie; mais la Syrie est une charmante maison de campagne* (3).

---

(1) On a long-temps cru que l'insecte de la cochenille appartenait exclusivement au Mexique; et les Espagnols, pour s'en assurer la propriété, ont défendu l'exportation de la cochenille vivante, sous peine de mort; mais Thierri, qui réussit à l'enlever en 1771, et qui la transporta à Saint-Domingue, a trouvé que les nopals de cette île en avaient dès avant son arrivée. Il paraît que la nature ne sépare presque jamais les insectes des plantes qui leur sont appropriées.

(2) La disposition du terrain de l'Yemen et du Tchama a beaucoup d'analogie avec celle de la Syrie. Voyez Niebuhr, *Voyage en Arabie.*

(3) Pour compléter l'histoire naturelle de la Syrie, il con-

§ IX.

Qualités de l'air.

Je ne dois point oublier de parler des qualités de l'air et des eaux : ces éléments offrent en Syrie

---

vient de dire qu'elle produit tous nos animaux domestiques; mais elle y ajoute le buffle et le chameau, dont l'utilité est si connue. En fauves, on y trouve dans les plaines des gazelles qui remplacent notre chevreuil; dans les montagnes et les marais, quantité de sangliers moins grands et moins féroces que les nôtres. Le cerf et le daim n'y sont point connus; le loup et le vrai renard le sont très-peu; mais il y a une prodigieuse quantité de l'espèce mitoyenne appelée *chacal* (en Syrie ou le nomme *oudoui*, par imitation de son cri; et en Égypte *dîb* ou *loup*). Les chacals habitent par troupes aux environs des villes, dont ils mangent les charognes; ils n'attaquent jamais personne, et ne savent défendre leur vie que par la fuite. Chaque soir ils semblent se donner le mot pour hurler, et leurs cris, qui sont très-lugubres, durent quelquefois un quart d'heure. Il y a aussi dans les lieux écartés des hyènes (en arabe *daba*) et des onces, faussement appelés tigres (*Némr*). Le Liban, le pays des Druzes et de Nâblous, le mont Carmel et les environs d'Alexandrette, sont leurs principaux séjours. En récompense, on est exempt des lions et des ours; le gibier d'eau est très-abondant; celui de terre n'est que par cantons. Le lièvre et la grosse perdrix rouge sont les plus communs; le lapin, s'il y en a, est infiniment rare; le francolin ne l'est point à Tripoli, et près de Yâfa. Enfin, il ne faut pas oublier d'observer que l'espèce du colibri existe dans le territoire de Saïd. M. J.-B. Adanson, ci-devant interprète en cette ville, qui cultive l'histoire naturelle avec autant de goût que de succès, en a trouvé un dont il a fait présent à son frère l'académicien. C'est, avec le pélican, le seul oiseau bien remarquable de la Syrie.

quelques phénomènes remarquables. Sur les montagnes, et dans toute la plaine élevée qui règne à leur orient, l'air est léger, pur et sec; sur la côte, au contraire, et surtout depuis Alexandrette jusqu'à Yâfa, il est humide et pesant : ainsi la Syrie est partagée dans toute sa longueur en deux régions différentes, dont la chaîne des montagnes est le terme de séparation, et même la cause; car en s'opposant par sa hauteur au libre passage des vents d'ouest, elle occasione dans la vallée l'entassement des vapeurs qu'ils apportent de la mer; et comme l'air n'est léger qu'autant qu'il est pur, ce n'est qu'après s'être déchargé de tout poids étranger, qu'il peut s'élever jusqu'au sommet de ce rempart, et le franchir. Les effets relatifs à la santé sont que l'air du désert et des montagnes, salubre pour les poitrines bien constituées, est dangereux pour les délicates, et l'on est obligé d'envoyer d'Alep à *Lataqié* ou à Saïde les Européens menacés de la pulmonie. Cet avantage de l'air de la côte est compensé par de plus graves inconvénients, et l'on peut dire qu'en général il est malsain, qu'il fomente les fièvres intermittentes et putrides, et les fluxions des yeux dont j'ai parlé à l'occasion du Delta. Les rosées du soir et le sommeil sur les terrasses y sont suivis d'accidents qui ont d'autant moins lieu dans les montagnes et dans les terres, qu'on s'éloigne davantage de la mer; ce qui confirme ce que j'ai déja dit à cet égard.

§ X.

Qualités des eaux.

Les eaux ont une autre différence : dans les montagnes, celles des sources sont légères et de très-bonne qualité ; mais dans la plaine, soit à l'*est*, soit à l'*ouest*, si l'on n'a pas une communication naturelle ou factice avec les sources, l'on n'a que de l'eau saumâtre. Elle le devient d'autant plus, qu'on s'avance davantage dans le désert, où il n'y en a pas d'autre. Cet inconvénient rend les pluies si précieuses aux habitants de la frontière, qu'ils se sont de tout temps appliqués à les recueillir dans des puits et des souterrains hermétiquement fermés : aussi, dans tous les lieux ruinés, les citernes sont-elles toujours le premier objet qui se présente.

L'état du ciel en Syrie, principalement sur la côte et dans le désert, est en général plus constant et plus régulier que dans nos climats : rarement le soleil s'y voile deux jours de suite ; pendant tout l'été, l'on voit peu de nuages et encore moins de pluies : elles ne commencent à paraître que vers la fin d'octobre, et alors elles ne sont ni longues ni abondantes; les laboureurs les désirent pour ensemencer ce qu'ils appellent *la récolte d'hiver*, c'est-à-dire, le froment et l'orge (1); elles

---

(1) Les semailles de *la récolte d'hiver*, qu'on appelle *che-*

deviennent plus fréquentes et plus fortes en décembre et janvier, où elles prennent souvent la forme de neige dans le pays élevé; il en paraît encore quelques-unes en mars et en avril; l'on en profite pour les *semences d'été*, qui sont le sésame, le doura, le tabac, le coton, les fèves et les pastèques. Le reste de l'année est uniforme, et l'on se plaint plus de sécheresse que d'humidité.

§ XI.

Des vents.

Ainsi qu'en Égypte, la marche des vents a quelque chose de périodique et d'approprié à chaque saison. Vers l'équinoxe de septembre, le nord-ouest commence à souffler plus souvent et plus fort; il rend l'air sec, clair, piquant; et il est remarquable que sur la côte il donne mal à la tête

---

táouié, n'ont lieu dans toute la Syrie qu'à l'arrivée des pluies d'automne, c'est-à-dire vers la Toussaint. L'époque de cette récolte varie ensuite selon les lieux. En *Palestine*, et dans le *Haurân*, on coupe le froment et l'orge dès la fin d'avril et dans le courant de mai. Mais à mesure que l'on va dans le nord, ou que l'on s'élève dans les montagnes, la moisson se retarde jusqu'en juin et juillet.

Les semailles de *la récolte d'été* ou *saïfié* se font aux pluies de printemps, c'est-à-dire en mars et avril, et leur moisson a lieu dans les mois de septembre et d'octobre.

Les vendanges, dans les montagnes, se font sur la fin de septembre; les vers à soie y éclosent en avril et mai, et font leurs cocons en juillet.

comme en Égypte le nord-est, et cela plus dans la partie du nord que dans celle du midi, nullement dans les montagnes. On doit encore remarquer qu'il dure le plus souvent trois jours de suite, comme le sud et le sud-est à l'autre équinoxe; il dure jusqu'en novembre, c'est-à-dire environ cinquante jours, *alternant* surtout avec le vent d'est. Ces vents sont remplacés par le nord-ouest, l'ouest et le sud-ouest, qui règnent de novembre en février. Ces deux derniers sont, pour me servir de l'expression des Arabes, *les pères des pluies*; en mars paraissent les pernicieux vents des parties du sud, avec les mêmes circonstances qu'en Égypte; mais ils s'affaiblissent en s'avançant dans le nord, et ils sont bien plus supportables dans les montagnes que dans le pays plat. Leur durée à chaque reprise est ordinairement de vingt-quatre heures ou de trois jours. Les vents d'est qui les relèvent, continuent jusqu'en juin, que s'établit un vent de nord qui permet d'aller et de revenir à la voile sur toute la côte; il arrive même en cette saison, que chaque jour le vent fait le tour de l'horizon, et passe avec le soleil de l'est au sud, et du sud à l'ouest, pour revenir par le nord recommencer le même cercle. Alors aussi règne pendant la nuit sur la côte un vent local, appelé *vent de terre*; il ne s'élève qu'après le coucher du soleil, il dure jusqu'à son lever, et ne s'étend qu'à deux ou trois lieues en mer.

Les raisons de tous ces phénomènes sont sans doute des problèmes intéressants pour la physique, et ils mériteraient qu'on s'occupât de leur solution. Nul pays n'est plus propre aux observations de ce genre que la Syrie. On dirait que la nature y a préparé tous les moyens d'étudier ses opérations. Nous autres, dans nos climats brumeux, enfoncés dans de vastes continents, nous pouvons rarement suivre les grands changements qui arrivent dans l'air; l'horizon étroit qui borne notre vue, borne aussi notre pensée; nous ne découvrons qu'une petite scène; et les effets qui s'y passent ne se montrent qu'altérés par mille circonstances. Là, au contraire, une scène immense est ouverte aux regards; les grands agens de la nature y sont rapprochés dans un espace qui rend faciles à saisir leurs jeux réciproques. C'est à l'ouest, la vaste plaine liquide de la Méditerranée; c'est à l'est, la plaine du désert, aussi vaste et absolument sèche : au milieu de ces deux plateaux s'élèvent des montagnes dont les pics sont autant d'observatoires d'où la vue porte à trente lieues. Quatre observateurs embrasseraient toute la longueur de la Syrie; et là, des sommets du Casius, du Liban et du Thabor, ils pourraient saisir tout ce qui se passe dans un horizon infini : ils pourraient observer comment, d'abord claire, la région de la mer se voile de vapeurs; comment ces vapeurs se coupent, se partagent, et, par un mécanisme constant, grimpent et s'élèvent sur les montagnes ; comment, d'autre part, la région du désert, toujours transparente, n'engendre jamais de nuages, et ne porte que ceux qu'elle reçoit de la mer : ils répondraient à la question de Michaélis (1), *si le désert produit des rosées*, que le désert n'ayant d'eau qu'en hiver après les pluies, il ne peut donner de vapeurs qu'à cette époque. En voyant d'un coup d'œil la vallée de Balbek brûlée de chaleur, pendant que la tête du Liban blanchit de glace et de neige, ils sentiraient la vérité des axiomes désormais établis : *que la chaleur est plus grande, à mesure qu'on se rapproche du plan de la terre, et moindre, à mesure que l'on s'en éloigne*; en sorte qu'elle semble n'être qu'un effet de l'action des rayons du soleil sur la terre. Enfin ils pourraient tenter avec succès la solution de la plupart des problèmes qui tiennent à la météorologie du globe.

CHAPITRE II.

Considérations sur les phénomènes des vents, des nuages, des pluies, des brouillards et du tonnerre.

En attendant que quelqu'un entreprenne ce travail avec les détails qu'il mérite, je vais exposer

---

(1) Voyez *les questions* de Michaélis, proposées aux voyageurs du roi de Danemarck.

en peu de mots quelques idées générales que la vue des objets m'a fait naître. J'ai parlé des rapports que les vents ont avec les saisons ; et j'ai indiqué que le soleil, par l'analogie de sa marche annuelle avec leurs accidents, s'annonçait pour en être l'agent principal : son action sur l'air qui enveloppe la terre, paraît être la cause première de tous les mouvements qui se passent sur notre tête. Pour en concevoir clairement le mécanisme, il faut reprendre la chaîne des idées à son origine, et se rappeler les propriétés de l'élément mis en action.

1° L'air, comme l'on sait, est un fluide dont toutes les parties, naturellement égales et mobiles, tendent sans cesse à se mettre de niveau, comme l'eau ; en sorte que si l'on suppose une chambre de six pieds en tous sens, l'air qu'on y introduira la remplira partout également.

2° Une seconde propriété de l'air est de se dilater ou de se resserrer, c'est-à-dire, d'occuper un espace plus grand ou plus petit, avec une même quantité donnée. Ainsi, dans l'exemple de la chambre supposée, si l'on vide les deux tiers de l'air qu'elle contient, le tiers restant s'étendra à leur place, et remplira encore toute la capacité ; si, au lieu de vider l'air, on y en ajoute le double, le triple, etc., la chambre le contiendra également ; ce qui n'arrive point à l'eau.

Cette propriété de se dilater est surtout mise

en action par la présence du feu; et alors l'air échauffé rassemble dans un espace égal moins de parties que l'air froid; il devient plus léger que lui, et il en est poussé en haut. Par exemple, si dans la chambre supposée l'on introduit un réchaud plein de feu, sur-le-champ l'air qui en sera touché s'élèvera au plancher; et l'air qui était voisin prendra la place. Si cet air est encore échauffé, il suivra le premier, et il s'établira un courant de bas en haut, (1) par l'affluence de l'air latéral; en sorte que l'air plus chaud se répandra dans la partie supérieure, et le moins chaud dans l'inférieure, tous deux continuant de chercher à se mettre en équilibre par la première loi de la fluidité. (2)

Si maintenant on applique ce jeu à ce qui se passe en grand sur le globe, on trouvera qu'il explique la plupart des phénomènes des vents.

L'air qui enveloppe la terre, peut se considérer comme un océan très-fluide dont nous occupons le fond, et dont la surface est à une hauteur inconnue. Par la première loi, c'est-à-dire par sa fluidité, cet océan tend sans cesse à se mettre en équilibre et à rester stagnant; mais le soleil faisant agir la loi de la dilatation, y excite

---

(1) C'est le mécanisme des cheminées et des bains d'étuves.
(2) Il y a d'ailleurs un effort de l'air dilaté contre les barrières qui l'emprisonnent; mais cet effet est indifférent à notre objet.

un trouble qui en tient toutes les parties dans une fluctuation perpétuelle. Ses rayons, appliqués à la surface de la terre, produisent précisément l'effet du réchaud supposé dans la chambre; ils y établissent une chaleur par laquelle l'air voisin se dilate et monte vers la région supérieure. Si cette chaleur était la même partout, le jeu général serait uniforme; mais elle se varie par une infinité de circonstances qui deviennent les raisons des agitations que nous remarquons.

D'abord, il est de fait que la terre s'échauffe d'autant plus qu'elle se rapproche davantage de la perpendiculaire du soleil : la chaleur est nulle au pôle; elle est extrême sous la ligne. C'est par cette raison que nos climats sont plus froids l'hiver, plus chauds l'été; et c'est encore par-là que dans un même lieu et sous une même latitude, la température peut être très-différente, selon que le terrain, incliné au nord ou au midi, présente sa surface plus ou moins obliquement aux rayons du soleil (1).

En second lieu, il est encore de fait que la surface des eaux produit moins de chaleur que celle de la terre : ainsi, sur la mer, sur les lacs et sur les rivières, l'air sera moins échauffé à même la-

---

(1) Voilà pourquoi, comme l'a très-bien observé Montesquieu, la Tartarie, sous le parallèle de l'Angleterre et de la France, est infiniment plus froide que ces contrées.

titude que sur le continent; partout même l'humidité est un principe de fraîcheur, et c'est par cette raison qu'un pays couvert de forêts et rempli de marécages, est plus froid que lorsque les marais sont desséchés et les forêts abattues (1).

3° Enfin, une troisième considération également importante, est que la chaleur diminue à mesure que l'on s'élève au-dessus du plan général de la terre. Le fait en est démontré par l'observation des hautes montagnes, dont les pics, sous la ligne même, portent une neige éternelle, et attestent l'existence d'un froid permanent dans la région supérieure.

Si maintenant on se rend compte des effets combinés de ces diverses circonstances, on trouvera qu'ils remplissent les indications de la plupart des phénomènes que nous avons à expliquer.

Premièrement, l'air des régions polaires étant plus froid et plus pesant que celui de la zone équinoxiale, il en doit résulter, par la loi des équilibres, une pression qui tend sans cesse à faire courir l'air des deux pôles vers l'équateur. Et en ceci, le raisonnement est soutenu par les faits, puisque l'observation de tous les voyageurs constate que les vents les plus ordinaires dans les deux hémisphères, l'austral et le boréal, viennent du

---

(1) Ceci explique pourquoi la Gaule était plus froide jadis que de nos jours.

quart d'horizon dont le pôle occupe le milieu, c'est-à-dire, d'entre le nord-ouest et le nord-est. Ce qui se passe sur la Méditerranée en particulier est tout-à-fait analogue.

J'ai remarqué, en parlant de l'Égypte, que sur cette mer les rumbs de nord sont les plus habituels, en sorte que sur douze mois de l'année ils en règnent neuf. On explique ce phénomène d'une manière très-plausible, en disant : le rivage de la Barbarie, frappé des rayons du soleil, échauffe l'air qui le couvre ; cet air dilaté s'élève, ou prend la route de l'intérieur des terres ; alors l'air de la mer trouvant de ce côté une moindre résistance, s'y porte incontinent ; mais comme il s'échauffe lui-même, il suit le premier, et de proche en proche la Méditerranée se vide ; par ce mécanisme, l'air qui couvre l'Europe n'ayant plus d'appui de ce côté, s'y épanche, et bientôt le courant général s'établit. Il sera d'autant plus fort que l'air du nord sera plus froid ; et de là cette impétuosité des vents plus grande l'hiver que l'été : il sera d'autant plus faible, qu'il y aura plus d'égalité entre l'air des diverses contrées ; et de là cette marche des vents plus modérée dans la belle saison, et qui, même en juillet et août, finit par une espèce de calme général, parce qu'alors le soleil, plus voisin de nous, échauffe presque également tout l'hémisphère jusqu'au pôle. Ce cours uniforme et constant que le nord-ouest prend en juin, vient de ce que le soleil, rapproché jusqu'au parallèle d'*Asouan* et presque des *Canaries*, établit derrière l'*Atlas* une aspiration voisine et régulière. Ce retour périodique des vents d'est, à la suite de chaque équinoxe, a sans doute aussi une raison géographique ; mais pour la trouver, il faudrait avoir un tableau général de ce qui se passe en d'autres lieux du continent ; et j'avoue que par-là elle m'échappe. J'ignore également la raison de cette durée de *trois jours*, que les vents de *sud* et de *nord* affectent d'observer à chaque fois qu'ils paraissent dans le temps des équinoxes.

Il arrive quelquefois dans la marche générale d'un même vent, des différences qui viennent de la conformation des terrains ; c'est-à-dire, que si un vent rencontre une vallée, il en prend la direction à la manière des courants de mer. De là sans doute vient que sur le golfe Adriatique l'on ne connaît presque que le nord-ouest et le sud-est, parce que telle est la direction de ce bras de mer : par une raison semblable, tous les vents deviennent sur la mer Rouge *nord* ou *sud;* et si dans la Provence le nord-ouest ou *mistral* est si fréquent, ce ne doit être que parce que les courants d'air qui tombent des *Cévennes* et des *Alpes*, sont forcés de suivre la direction de la vallée du Rhône.

Mais que devient la masse d'air pompée par la

côte d'Afrique et la zone torride? C'est ce dont on peut rendre raison de deux manières :

1° L'air arrivé sous ces latitudes y forme un grand courant connu sous le nom de *vent alizé d'est*, lequel règne, comme l'on sait, des Canaries à l'Amérique (1) : parvenu là, il paraît qu'il y est rompu par les montagnes du continent, et que détourné de sa première direction, il revient dans un sens contraire former ce vent d'ouest qui règne sous le parallèle du Canada; en sorte que par ce retour, les pertes des régions polaires se trouvent réparées.

2° L'air qui afflue de la Méditerranée sur l'Afrique, s'y dilatant par la chaleur, s'élève dans la région supérieure; mais comme il se refroidit à une certaine hauteur, il arrive que son premier volume se réduit infiniment par la conden-

---

(1) Franklin a pensé que la cause du vent *alizé d'est* tenait à la rotation de la terre; mais si cela est, pourquoi le vent d'est n'est-il pas perpétuel? Comment d'ailleurs expliquer dans cette hypothèse les deux moussons de l'Inde, tellement disposées que leurs alternatives sont marquées précisément par le passage du soleil dans la ligne équinoxiale; c'est-à-dire que les vents d'ouest et de sud règnent pendant les 6 mois que le soleil est dans la zone boréale, et les vents d'est et de nord pendant les 6 mois qu'il est dans la zone australe. Ce rapport ne prouve-t-il pas que tous les accidents des vents dépendent uniquement de l'action du soleil sur l'atmosphère du globe? La lune, qui a un effet si marqué sur l'océan, peut en avoir aussi sur les vents; mais l'influence des autres planètes paraît une chimère qui ne convient qu'à l'astrologie des anciens.

sation. On pourrait dire qu'ayant alors repris son poids, il devrait retomber; mais outre qu'en se rapprochant de la terre, il se réchauffe et rentre en dilatation, il éprouve encore de la part de l'air inférieur un effort puissant et continu qui le soutient; ces deux couches de l'air supérieur refroidi et de l'air inférieur dilaté, sont dans un effort perpétuel l'une à l'égard de l'autre. Si l'équilibre se rompt, l'air supérieur obéissant à son poids, peut fondre dans la région inférieure jusqu'à terre : c'est à des accidents de ce genre que l'on doit ces torrents subits d'air glacé, connus sous le nom d'*ouragans* ou de *grains* qui semblent tomber du ciel, et qui apportent dans les saisons et les régions les plus chaudes, le froid des zones polaires. Si l'air environnant résiste, leur effet est borné à un court espace; mais s'ils rencontrent des courants déjà établis, ils en accroissent leurs forces, et ils deviennent des tempêtes de plusieurs heures. Ces tempêtes sont sèches quand l'air est pur; mais s'il est chargé de nuages, elles s'accompagnent d'un déluge d'eau et de grêle que l'air froid condense en tombant. Il peut même arriver qu'il s'établisse à l'endroit de la rupture une chute d'eau continue, à laquelle viendront se résoudre les nuages environnants; et il en résultera ces colonnes d'eau, connues sous le nom de *trombes* et de *typhons* (1); ces trombes ne sont pas rares sur

---

(1) Franklin en donne la même explication.

la côte de Syrie, vers le cap *Ouedjh* et vers le *Carmel;* et l'on observe qu'elles ont lieu surtout au temps des équinoxes, et par un ciel orageux et couvert de nuages.

Les montagnes d'une certaine hauteur fournissent des exemples habituels de cette chute de l'air refroidi dans la région supérieure. Lorsqu'aux approches de l'hiver, leurs sommets se couvrent de nuages, il en émane des torrents impétueux que les marins appellent *vents de neige*. Ils disent alors que les *montagnes se défendent*, parce que ces vents en repoussent, de quelque côté que l'on veuille en approcher. Le golfe de Lyon et celui d'Alexandrette sont célèbres sur la Méditerranée par des circonstances de cette espèce.

On explique par les mêmes principes, les phénomènes de ces vents de côtes, vulgairement appelés *vents de terre*. L'observation des marins constate sur la Méditerranée, que pendant le jour ils viennent de la mer; pendant la nuit, de la terre; qu'ils sont plus forts près des côtes élevées, et plus faibles près des côtes basses. La raison en est que l'air, tantôt dilaté par la chaleur du jour, tantôt condensé par le froid de la nuit, monte et descend tour à tour de la terre sur la mer, et de la mer sur la terre. Ce que j'ai observé en Syrie rend cet effet palpable. La face du Liban qui regarde la mer, étant frappée du soleil pendant le cours de la journée, et surtout depuis midi, il s'y excite une chaleur qui dilate la couche d'air qui couvre la pente. Cet air devenant plus léger, cesse d'être en équilibre avec celui de la mer; il en est pressé, chassé en haut : mais le nouvel air qui le remplace s'échauffant à son tour, marche bientôt à sa suite ; et de proche en proche il se forme un courant semblable à ce que l'on observe le long des tuyaux de poêle ou de cheminée (1). Lorsque le soleil se couche, cette action cesse; la montagne se refroidit, l'air se condense; en se condensant, il devient plus lourd, il retombe, et dès lors forme un torrent qui coule le long de la pente à la mer : ce courant cesse le matin, parce que le soleil revenu sur l'horizon, recommence le jeu de la veille. Il ne s'avance en mer qu'à deux ou trois lieues, parce que l'impulsion de sa chute est détruite par la résistance de la masse d'air où il entre. C'est en raison de la hauteur et de la rapidité de cette chute, que le cours du vent de terre se prolonge; il est plus étendu au pied du *Liban* et de la chaîne du nord, parce que dans cette partie les montagnes sont plus élevées, plus rapides, plus voisines de la mer. Il a des rafales violentes et subites à l'embouchure de la *Qâsmié* (2) ; parce

---

(1) Il est souvent sensible à la vue; mais on le rend encore plus évident en approchant des tuyaux une soie effilée ou la flamme d'une petite bougie.

(2) Ces rafales sont si brusques, qu'elles font quelquefois *chavirer* les bateaux. Peu s'en est fallu que je n'en aie fait l'expérience.

que la profonde vallée de *Bèqáà* rassemblant l'air dans son canal étroit, le lance comme par un tuyau. Il est moindre sur la côte de Palestine, parce que les montagnes y sont plus basses, et qu'entre elles et la mer il y a une plaine de quatre à cinq lieues. Il est nul à Gaze et sur le rivage d'Égypte, parce que ce terrain plat n'a point une pente assez marquée. Enfin, partout il est plus fort l'été, plus faible l'hiver, parce qu'en cette dernière saison, la chaleur et la dilatation sont bien moindres.

Cet état respectif de l'air de la mer et de l'air des continents, est la cause d'un phénomène observé dès long-temps : la propriété qu'ont les terres en général, et surtout les montagnes, d'attirer les nuages. Quiconque a vu diverses plages, a pu se convaincre que les nuages toujours créés sur la mer, s'élèvent ensuite par une marche constante vers les continents, et se dirigent de préférence vers les plus hautes montagnes qui s'y trouvent. Quelques physiciens ont voulu voir en ceci une *vertu d'attraction* ; mais outre que cette *cause occulte* n'a rien de plus clair que l'*ancienne horreur du vide*, il est ici des agens matériels qui rendent une raison mécanique de ce phénomène; je veux dire les lois de l'équilibre des fluides, par lesquelles les masses de l'air lourd poussent en haut les masses de l'air léger. En effet, les continents étant toujours, à égalité de latitude et de niveau, plus échauffés que les mers, il en doit résulter un courant habituel qui porte l'air, et par conséquent les nuages, de la mer sur la terre. Ils s'y dirigeront d'autant plus que les montagnes seront plus échauffées, plus *aspirantes* : s'ils trouvent un pays plat et uni, ils glisseront dessus sans s'y arrêter, parce que ce terrain étant également échauffé, rien ne les y condense ; c'est par cette raison qu'il ne pleut jamais, ou que très-rarement, pendant l'été, en Égypte et dans les déserts d'Arabie et d'Afrique. L'air de ces contrées échauffé et dilaté, repousse les nuages, parce qu'ils sont une *vapeur*, et que toute vapeur est constamment élevée par l'air chaud. Ils sont contraints de surnager dans la région moyenne, où le courant régnant les porte vers les parties élevées du continent, qui font en quelque sorte office de cheminée, ainsi que je l'ai déja dit. Là, plus éloignés du plan de la terre, qui est le grand foyer de la chaleur, ils sont refroidis, condensés, et, par un mécanisme semblable à celui des chapiteaux dans la dilatation, leurs particules se résolvent en pluies ou en neiges ; en hiver, les effets changent avec les circonstances : alors que le soleil est éloigné des pays dont nous parlons, la terre n'étant plus si échauffée, l'air y prend un état rapproché de celui des hautes montagnes; il devient plus froid et plus dense ; les vapeurs ne sont plus enlevées aussi haut ; les nuages se forment plus bas ; souvent même ils tombent jusqu'à terre, où nous les voyons sous le nom et la forme de *brouillards.* A cette époque, accumulés par les vents d'ouest, et par l'absence des courants qui les emportent pendant l'été, ils sont contraints de se résoudre sur la plaine; et de là l'explication de ce problème : (1) *Pourquoi l'évaporation étant plus forte en été qu'en hiver, il y a cependant plus de nuages, de brouillards et de pluies en hiver qu'en été?* De là encore la raison de cet autre fait commun à l'Égypte et à la Palestine : (2) *Que s'il y a une pluie continue et douce, elle se fera plutôt de nuit que de jour.* Dans ces pays, on observe en général que les nuages et les brouillards s'approchent de terre pendant la nuit, et s'en éloignent pendant le jour, parce que la présence du soleil excite encore une chaleur suffisante pour les repousser : j'en ai eu des preuves fréquentes au Kaire, dans les mois de juillet et d'août 1783. Souvent au lever du soleil nous avions du brouillard, le thermomètre étant à 17 degrés; 2 heures après, le thermomètre étant à 20, et montant jusqu'à 24 degrés, le ciel était couvert et parsemé de nuages qui couraient au sud. Revenant de Suez à la même époque, c'est-à-dire du 24 au 25 juil-

---

(1) Voyez article de l'Égypte.

(2) J'en ai fait l'observation en Palestine dans les mois de novembre, décembre et janvier 1784 et 85. La plaine de Palestine, surtout vers Gaze, est à peu près dans les mêmes circonstances de climat que l'Égypte.

let, nous n'avions point eu de brouillard pendant les deux nuits que nous avions couché dans le désert ; mais étant arrivé à l'aube du jour en vue de la vallée d'Égypte, je la vis couverte d'un lac de vapeurs qui me parurent stagnantes : à mesure que le jour parut, elles prirent du mouvement et de l'élévation ; et il n'était pas 8 heures du matin, que la terre était découverte, et l'air n'avait plus que des nuages épars qui remontaient la vallée. L'année suivante, étant chez les Druzes, j'observai des phénomènes presque semblables. D'abord, sur la fin de juin il régna une suite de nuages que l'on attribua au débordement du Nil sur l'Égypte (1), et qui effectivement venaient de cette partie, et passaient au *nord-est* (2). Après cette première irruption, il survint sur la fin de juillet et en août une seconde saison de nuages. Tous les jours, vers 11 heures ou midi, le ciel se couvrait, souvent le soleil ne paraissait pas de la soirée ; le pic du *Sannin* se chargeait de nuages ; et plusieurs grimpant sur les pentes, couraient parmi les vignes et les sapins : souvent étant à la chasse ils m'ont enveloppé d'un brouillard blanc,

---

(1) Il n'est pas inutile d'observer que le Nil établit alors un courant sur toute la côte de Syrie, qui porte de Gaze en Cypre.

(2) Il me paraît que c'est la même colonne dont parle le baron de Tott. J'ai pareillement constaté l'état vaporeux de l'horizon d'Égypte, dont il fait mention.

humide, tiède et opaque, au point de ne pas voir à 4 pas. Vers les 10 ou 11 heures de nuit, le ciel se démasquait, les étoiles étincelaient, la nuit se passait sereine, le soleil se levait brillant, et vers le midi l'effet de la veille recommençait. Cette répétition m'inquiéta d'autant plus, que je concevais moins ce que devenait toute cette somme de nuages. Une partie, à la vérité, passait la chaîne du *Sannin*, et je pouvais supposer qu'elle allait sur l'Anti-Liban ou dans le désert; mais celle qui était en route sur la pente, au moment où le soleil se couchait, que devenait-elle, surtout ne laissant ni rosée ni pluie capable de la consommer? Pour en découvrir la raison, j'imaginai de monter plusieurs jours de suite, à l'aube du matin, sur un sommet voisin, et là, plongeant sur la vallée et sur la mer par une ligne oblique d'environ cinq lieues, j'examinai ce qui se passait. D'abord je n'apercevais qu'un lac de vapeurs qui voilaient les eaux, et cet horizon maritime me paraissait obscur, pendant que celui des montagnes était très-clair : à mesure que le soleil l'éclairait, je distinguais des nuages par le reflet de ses rayons; ils me paraissaient d'abord très-bas, mais à mesure que la chaleur croissait, ils se séparaient, montaient, et prenaient toujours la route de la montagne, pour y passer le reste du jour, ainsi que je l'ai dit. Alors je supposai que ces nuages que je voyais ainsi monter, étaient en grande partie ceux de la veille qui, n'ayant pas achevé leur ascension, avaient été saisis par l'air froid, et rejetés à la mer par le vent de terre. Je pensai qu'ils y étaient retenus toute la nuit, jusqu'à ce que le vent de mer se levant, les reportât sur la montagne, et les fît passer en partie par-dessus le sommet, pour aller se résoudre de l'autre côté en rosée, ou abreuver l'air altéré du désert.

J'ai dit que ces nuages ne nous apportaient point de rosée; et j'ai souvent remarqué que lorsque le temps était ainsi couvert, il y en avait moins que lorsque le soleil était clair. En tout temps la rosée est moins abondante sur ces montagnes qu'à la côte et dans l'Égypte : et cela s'explique très-bien, en disant que l'air ne peut élever à cette hauteur l'excès d'humidité dont il se charge; car la rosée est, comme l'on sait, cet excès d'humide que l'air échauffé dissout pendant le jour, et qui, se condensant par la fraîcheur du soir, retombe avec d'autant plus d'abondance, que le lieu est plus voisin de la mer (1) : de là les rosées excessives dans le Delta, moindres dans la Thé-

---

(1) Ceci résout un problème qu'on m'a proposé à *Yâfa* : savoir, pourquoi l'on sue plus à *Yâfa* sur les bords de la mer qu'à *Ramlé* qui est à trois lieues dans les terres. La raison en est que l'air de Yâfa étant saturé d'humidité, ne pompe qu'avec lenteur l'émanation du corps, pendant qu'à Ramlé l'air plus avide la pompe plus vite. C'est aussi par cette raison que dans nos climats l'haleine est visible en hiver, et non en été.

baïde et dans l'intérieur du désert, selon ce que l'on m'en a dit; et si l'humidité ne tombe point lorsque le ciel est voilé, c'est parce qu'elle a pris la forme de nuages, ou que ces nuages l'interceptent.

Dans d'autres cas, le ciel étant serein, l'on voit des nuages se dissiper et se dissoudre comme de la fumée; d'autres fois se former à vue d'œil, et d'un point premier, devenir des masses immenses. Cela arrive surtout sur la pointe du Liban, et les marins ont éprouvé que l'apparition d'un nuage sur ce pic était un présage infaillible du vent d'ouest. Souvent au coucher du soleil, j'ai vu de ces fumées s'attacher aux flancs des rochers de *Nahr-el-Kelb*, et s'accroître si rapidement, qu'en une heure la vallée n'était qu'un lac. Les habitants disent que ce sont des vapeurs de la vallée; mais cette vallée étant toute de pierre et presque sans eau, il est impossible que ce soient des émanations; il est plus naturel de dire que ce sont les vapeurs de l'atmosphère, qui, condensées à l'approche de la nuit, tombent en une pluie imperceptible, dont l'entassement forme le lac fumeux que l'on voit. Les brouillards s'expliquent par les mêmes principes; il n'y en a point dans les pays chauds loin de la mer, ni pendant les sécheresses de l'été, parce qu'en ces cas l'air n'a point d'humide excédent. Mais ils se montrent dans l'automne après des pluies, et même en été après les ondées d'orages, parce qu'alors la terre a reçu une matière d'évaporation, et pris un degré de fraîcheur convenable à la condensation. Dans nos climats ils commencent toujours à la surface des prairies, de préférence aux champs labourés. Souvent au coucher du soleil on voit se former sur l'herbe une nappe de fumée, qui bientôt croît en hauteur et en étendue. La raison en est que les lieux humides et frais réunissent, plus que les lieux poudreux, les qualités nécessaires à condenser les vapeurs qui tombent. Il y a d'ailleurs une foule de considérations à faire sur la formation et la nature de ces vapeurs, qui, quoique les mêmes, prennent à terre le nom de *brouillards*, et dans l'air, celui de *nuages*. En combinant leurs divers accidents, on s'aperçoit qu'ils suivent ces lois de *combinaison*, de *dissolution*, de *précipitation*, et de *saturation*, dont la physique moderne, sous le nom de *chimie*, s'occupe à développer la théorie. Pour en traiter ici, il faudrait entrer dans des détails qui m'écarteraient trop de mon sujet : je me bornerai à une dernière observation relative au tonnerre.

Le tonnerre a lieu dans le Delta comme dans la Syrie; mais il y a cette différence entre ces deux pays, que dans le Delta et la plaine de Palestine, il est infiniment rare l'été, et plus fréquent l'hiver; dans les montagnes, au contraire, il est plus commun l'été, et infiniment rare l'hiver. Dans les deux contrées, sa vraie saison est celle des pluies, c'est-à-dire le temps des équinoxes, et surtout de celui d'automne; il est encore remarquable qu'il ne vient jamais des parties du continent, mais de celles de la mer : c'est toujours de la Méditerranée que les orages arrivent sur le Delta (1) et la Syrie. Leurs instants de préférence dans la journée sont le soir et le matin; (2) ils sont accompagnés d'ondées violentes et quelquefois de grêle qui couvrent une heure de temps la campagne de petits lacs. Ces circonstances, et surtout cette association perpétuelle des nuages au tonnerre, donnent lieu au raisonnement suivant : si le tonnerre se forme constamment avec les nuages, s'il a un besoin absolu de leur intermède pour se manifester, il est donc le produit de quelques-uns de leurs éléments. Or, comment se forment les nua-

---

(1) J'ignore ce qui se passe à cet égard dans la haute Égypte : quant au Delta, il paraît que quelquefois il reçoit des nuages et du tonnerre de la mer Rouge. Le jour que je quittai le Kaire (26 septembre 1783), à la nuit tombante, il parut un orage dans le sud-est qui bientôt donna plusieurs coups de tonnerre, et finit par une grêle violente de la grosseur des pois ronds de la plus forte espèce. Elle dura 10 à 12 minutes, et nous eûmes le temps, mes compagnons de voyage et moi, d'en ramasser dans le bateau assez pour en remplir deux grands verres, et dire que nous avons bu à la glace en Égypte. Il est d'ailleurs bon d'observer que c'était l'époque où la mousson de sud commence sur la mer Rouge.

(2) Niebuhr a également observé à Moka et à Bombai que les orages venaient toujours de la mer.

ges? Par l'évaporation des eaux. Comment se fait l'évaporation? Par la présence de l'élément du feu. L'eau par elle-même n'est point volatile; il lui faut un agent pour l'élever : cet agent est le feu, et de là ce fait déja observé, que *l'évaporation est toujours en raison de la chaleur appliquée à l'eau.* Chaque molécule d'eau est rendue volatile par une molécule de feu, et sans doute aussi par une molécule d'air qui s'y combine. On peut regarder cette combinaison comme un sel neutre, et la comparant au nitre, l'on peut dire que l'eau y représente l'alkali, et le feu l'acide nitreux. Les nuages ainsi composés, flottent dans l'air, jusqu'à ce que des circonstances propres viennent les dissoudre; s'il se présente un agent qui ait la faculté de rompre subitement la combinaison des molécules, il arrive une détonation, accompagnée, comme dans le nitre, de bruit et de lumière; par cet effet, la matière du feu et de l'air se trouvant tout à coup dissipée, l'eau qui y était combinée, rendue à sa pesanteur naturelle, tombe précipitamment de la hauteur où elle s'était élevée : de là, ces ondées violentes qui suivent les grands coups de tonnerre, et qui arrivent de préférence à la fin des orages, parce qu'alors la matière du feu n'étant combinée qu'avec l'air seul, elle fuse à la manière du nitre; et c'est sans doute ce qui produit ces éclairs qu'on appelle *feux d'horizon.* Mais cette matière du feu est-elle distincte de la matière électrique? Suit-elle, dans ses combinaisons et ses détonations, des affinités et des lois particulières? C'est ce que je n'entreprendrai pas d'examiner. Ces recherches ne peuvent convenir à une relation de voyage : je dois me borner aux faits, et c'est déja beaucoup d'y avoir joint quelques explications qui en découlaient naturellement. (1)

---

(1) Il semble aussi que les étoiles volantes sont une combinaison particulière de la matière du feu. Les Maronites de *Mar-Elias* m'ont assuré qu'une de ces étoiles tombée il y a 3 ans sur deux mulets du couvent, les tua en faisant un bruit semblable à un coup de pistolet, sans laisser plus de traces que le tonnerre.

ÉTAT POLITIQUE
DE
LA SYRIE.

CHAPITRE PREMIER.

Des habitants de la Syrie.

Ainsi que l'Égypte, la Syrie a dès long-temps subi des révolutions qui ont mélangé les races de ses habitants. Depuis 2500 ans, l'on peut compter dix invasions qui ont introduit et fait succéder des peuples étrangers. D'abord ce furent les *Assyriens* de *Ninive* qui, ayant passé l'Euphrate vers l'an 750 avant notre ère, s'emparèrent en soixante années de presque tous le pays qui est au nord de la Judée. Les *Chaldéens* de *Babylone* ayant détruit cette puissance dont ils dépendaient, succédèrent comme par droit d'héritage à ses possessions, et achevèrent de conquérir la Syrie, la seule île de Tyr exceptée. Aux Chaldéens succédèrent les *Perses* de *Cyrus*, et aux Perses les Macédoniens d'*Alexandre*. Alors il sembla que la Syrie allait cesser d'être vassale de puissances étrangères, et que, selon le droit naturel de chaque pays, elle aurait un gouvernement propre; mais les peuples, qui ne trouvèrent dans les Séleucides que des despotes durs et oppresseurs, réduits à la nécessité de porter un joug, choisirent le moins pesant, et la Syrie devint, par les armes de Pompée, province de l'empire de Rome.

Cinq siècles après, lorsque les enfants de *Théodose* se partagèrent leur immense patrimoine, elle changea de métropole sans changer de maître, et elle fut annexée à l'empire de Constantinople. Telle était sa condition, lorsque l'an 622 les tribus de l'Arabie, rassemblées sous l'étendard de *Mahomet*, vinrent la posséder ou plutôt la dévaster. Depuis ce temps, déchirée par les guerres civiles des Fâtmites et des Ommiades, soustraite aux kalifes par leurs lieutenants rebelles, ravie à ceux-ci par les milices turkmanes, disputée par les Européens croisés, reprise par les Mamlouks d'Égypte, ravagée par *Tamerlan* et ses Tartares, elle est enfin restée aux mains des Turks ottomans, qui, depuis 268 années, en sont les maîtres.

Du trouble de tant de vicissitudes est resté un dépôt de population, varié comme les parties dont il s'est formé; en sorte qu'il ne faut pas regarder les habitants de la Syrie comme une même nation, mais comme un alliage de nations diverses.

On peut en faire trois classes principales :

1° La postérité du peuple conquis par les Arabes, c'est-à-dire, les Grecs du Bas-Empire.

2° La postérité des Arabes conquérants.

3° Le peuple dominant aujourd'hui, les Turks ottomans.

De ces trois classes, les deux premières exigent des subdivisions à raison des distinctions qui y sont survenues. Ainsi il faut diviser les Grecs :

1° En Grecs propres, dits vulgairement *schismatiques*, ou *séparés* de la communion de Rome.

2° En Grecs latins, réunis à cette communion.

3° En Maronites ou Grecs de la secte du moine Maron, ci-devant indépendants des deux communions, aujourd'hui réunis à la dernière.

Il faut diviser les Arabes, 1° en descendants propres des conquérants, lesquels ont beaucoup mêlé leur sang, et qui sont la portion la plus considérable.

2° En Motouâlis, distincts de ceux-ci par des opinions religieuses.

3° En Druzes, également distincts par une raison semblable.

4° Enfin en *Ansárié*, qui sont aussi derivés des Arabes.

A ces peuples, qui sont les habitants agricoles et sédentaires de la Syrie, il faut encore ajouter trois autres peuples *errants* et pasteurs : savoir, 1° les *Turkmans*; 2° les Kourdes ; et 3° les Arabes bedouins.

Telles sont les races qui sont répandues sur le terrain compris entre la mer et le désert, depuis Gaze jusqu'à Alexandrette.

Dans cette énumération, il est remarquable que les peuples anciens n'ont pas de représentants sensibles; leurs caractères se sont tous confondus dans celui des Grecs, qui, en effet, par un séjour continué depuis Alexandre, ont bien eu le temps de s'identifier l'ancienne population : la terre seule, et quelques traits de mœurs et d'usages, conservent des vestiges des siècles reculés.

La Syrie n'a pas, comme l'Égypte, refusé d'adopter les races étrangères. Toutes s'y naturalisent également bien; le sang y suit à peu près les mêmes lois que dans le midi de l'Europe, en observant les différences qui résultent de la nature du climat. Ainsi, les habitants des plaines du midi sont plus basanés que ceux du nord, et ceux-là beaucoup plus que les habitants des montagnes. Dans le Liban et le pays des Druzes, le teint ne diffère pas de celui de nos provinces du milieu de la France. On vante les femmes de Damas et de Tripoli pour leur blancheur, et même pour la régularité des traits : sur ce dernier article il faut en croire la renommée, puisque le voile qu'elles portent sans cesse ne permet à personne de faire des observations générales. Dans plusieurs cantons, les paysannes sont moins scrupuleuses, sans être moins chastes. En Palestine, par exemple, on voit presque à découvert les femmes mariées ; mais la misère et la fatigue n'ont point laissé d'agréments à leur figure ; les yeux seuls sont presque toujours beaux partout ; la longue draperie qui fait l'habillement général, permet dans les mouvements du corps d'en démêler la forme ; elle manque quelquefois d'élégance, mais du moins ses proportions ne sont pas altérées. Je ne me rappelle pas avoir vu en Syrie et même en Égypte, deux sujets bossus ou contrefaits ; il est vrai que l'on y connaît peu ces tailles étranglées que parmi nous on recherche : elles ne sont pas estimées en Orient ; et les jeunes filles, d'accord avec leurs mères, emploient de bonne heure jusqu'à des recettes superstitieuses pour acquérir de l'embonpoint : heureusement la nature, en résistant à nos fantaisies, a mis des bornes à nos travers, et l'on ne s'aperçoit pas qu'en Syrie, où l'on ne se serre pas la taille, les corps deviennent plus gros qu'en France, où on l'étrangle.

Les Syriens sont en général de stature moyenne. Ils sont, comme dans tous les pays chauds, moins replets que les habitants du Nord. Cependant on trouve dans les villes quelques individus dont le ventre prouve, par son ampleur, que l'influence du régime peut, jusqu'à un certain point, balancer celle du climat.

Du reste, la Syrie n'a de maladie qui lui soit particulière, que le bouton d'Alep, dont je parlerai en traitant de cette ville. Les autres maladies sont les dyssenteries, les fièvres inflammatoires, les intermittentes, qui viennent à la suite des mauvais fruits dont le peuple se gorge. La petite-vérole y est quelquefois très-meurtrière. L'incommodité générale et habituelle est le mal d'estomac; et l'on en conçoit aisément les raisons, quand on considère que tout le monde y abuse de fruits non mûrs, de légumes crus, de miel, de fromage, d'olives, d'huile forte, de lait aigre et de pain mal fermenté. Ce sont là les aliments ordinaires de tout le monde; et les sucs acides qui en résultent, donnent des âcretés, des nausées, et même des vomissements de bile assez fréquents. Aussi la première indication en toute maladie est-elle presque toujours l'émétique, qui cependant n'y est connu que des médecins français. La saignée, comme je l'ai déja dit, n'est jamais bien nécessaire ni fort utile. Dans les cas moins urgents, la crème de tartre et les tamarins ont le succès le plus marqué.

L'idiome général de la Syrie est la langue arabe. Niebuhr rapporte, sur un oui-dire, que le syriaque est encore usité dans quelques villages des montagnes; mais quoique j'aie interrogé à ce sujet des religieux qui connaissent le pays dans le plus grand détail, je n'ai rien appris de semblable: seulement on m'a dit que les bourgs de *Maloula* et de *Sidnâïa*, près de Damas, avaient un idiome si corrompu, que l'on avait beaucoup de peine à l'entendre. Mais cette difficulté ne prouve rien, puisque dans la Syrie, comme dans tous les pays arabes, les dialectes varient et changent à chaque endroit. On peut donc regarder le syriaque comme une langue morte pour ces cantons. Les Maronites, qui l'ont conservé dans leur liturgie et dans leur messe, ne l'entendent pas pour la plupart en le récitant. Le grec est dans le même cas. Parmi les moines et les prêtres schismatiques ou catholiques, il en est très-peu qui le comprennent; il faut qu'ils en aient fait une étude particulère dans les îles de l'Archipel : on sait d'ailleurs que le grec moderne est tellement corrompu, qu'il ne suffit pas plus pour entendre Démosthènes, que l'italien pour lire Cicéron. La langue turke n'est usitée en Syrie que par les gens de guerre et du gouvernement, et par les hordes turkmanes (1). Quelques naturels l'apprennent pour le besoin de leurs affaires, comme les Turks apprennent l'Arabe; mais la prononciation et l'accent de ces deux langues ont si peu d'analogie, qu'elles demeurent toujours étrangères l'une à l'autre. Les bouches turkes, habituées à une prosodie nasale et pompeuse, parviennent rarement à imiter les sons

---

(1) Alexandrette et *Beilan* qui en est voisin, parlent turk; mais on peut les regarder comme *frontières* de la Caramanie, où le turk est la langue vulgaire.

âcres et les aspirations fortes de l'arabe. Cette langue fait un usage si répété de voyelles et de consonnes gutturales, que lorsqu'on l'entend pour la première fois, on dirait des gens qui se gargarisent. Ce caractère la rend pénible à tous les Européens ; mais telle est la puissance de l'habitude, que lorsque nous nous plaignons aux Arabes de son aspérité, ils nous taxent de manquer d'oreille, et rejettent l'inculpation sur nos propres idiomes. L'italien est celui qu'ils préfèrent, et ils comparent avec quelque raison le français au turk, et l'anglais au persan. Entre eux ils ont presque les mêmes différences. L'arabe de Syrie est beaucoup plus rude que celui de l'Égypte; la prononciation des gens de loi au Kaire passe pour un modèle de facilité et d'élégance. Mais, selon l'observation de Niebuhr, celle des habitants de l'Yemen et de la côte du sud est infiniment plus douce, et donne à l'arabe un coulant dont on ne l'eût pas cru susceptible. On a voulu quelquefois établir des analogies entre les climats et les prononciations des langues ; l'on a dit, par exemple, que les habitants du nord parlaient plus des lèvres et des dents que les habitants du midi. Cela peut être vrai pour quelques parties de notre continent ; mais pour en faire une application générale, il faudrait des observations plus détaillées et plus étendues. L'on doit être réservé dans ces jugements généraux sur les langues et sur leurs caractères, parce que l'on raisonne toujours d'après la sienne, et par conséquent d'après un préjugé d'habitude qui nuit beaucoup à la justesse du raisonnement.

Parmi le peuple de la Syrie dont j'ai parlé, les uns sont répandus indifféremment dans toutes les parties, les autres sont bornés à des emplacements particuliers qu'il est à propos de déterminer.

Les Grecs propres, les Turks et les Arabes paysans sont dans le premier cas; avec cette différence, que les Turks ne se trouvent que dans les villes, où ils exercent les emplois de guerre et de magistrature, et les arts. Les Arabes et les Grecs peuplent les villages, et forment la classe des laboureurs à la campagne, et le bas peuple dans les villes. Le pays qui a le plus de villages grecs, est le pachalic de Damas.

Les Grecs de la communion de Rome, bien moins nombreux que les schismatiques, sont tous retirés dans les villes, où ils exercent les arts et le négoce. La protection des *Francs* leur a valu, dans ce dernier genre, une supériorité marquée partout où il y a des comptoirs d'Europe.

Les *Maronites* forment un corps de nation qui occupe presque exclusivement tous les pays compris entre *Nahr-el-kelb* (*rivière du chien*) et *Nahr-el-bared* (*rivière froide*), depuis le sommet des montagnes à l'orient, jusqu'à la Méditerranée à l'occident.

Les *Druzes* leur sont limitrophes, et s'étendent depuis *Nahr-el-kelb* jusque près de *Sour* (Tyr), entre la vallée de *Beqââ* et la mer.

Le pays des *Motouâlis* comprenait ci-devant la vallée de *Beqââ* jusqu'à *Sour*. Mais ce peuple, depuis quelque temps, a essuyé une révolution qui l'a presque anéanti.

A l'égard des *Ansârié*, ils sont répandus dans les montagnes, depuis *Nahr-âqqar* jusqu'à Antâkié : on les distingue en diverses peuplades, telles que les *Kelbié*, les *Qadmousié*, les *Chamsié*, etc.

Les *Turkmans*, les *Kourdes* et les *Bedouins* n'ont pas de demeures fixes, mais ils errent sans cesse avec leurs tentes et leurs troupeaux dans des districts limités dont ils se regardent comme les propriétaires : les hordes *turkmanes* campent de préférence dans la plaine d'Antioche; les *Kourdes*, dans les montagnes, entre Alexandrette et l'Euphrate; et les *Arabes* sur toute la frontière de la Syrie adjacente à leurs déserts, et même dans les plaines de l'intérieur, telles que celles de Palestine, de Beqââ et de Galilée.

CHAPITRE II.

Des peuples pasteurs ou errants de la Syrie.

§ I.

Des Turkmans.

Les *Turkmans* sont du nombre de ces peuplades tartares qui, lors des grandes révolutions de l'empire des kalifes, émigrèrent de l'orient de la mer *Caspienne*, et se répandirent dans les plaines de l'*Arménie* et de l'*Asie mineure*. Leur langue est la même que celle des Turks. Leur genre de vie est assez semblable à celui des Arabes-Bedouins; comme eux, ils sont pasteurs, et par conséquent obligés de parcourir de grands espaces pour faire subsister leurs nombreux troupeaux. Mais il y a cette différence, que les pays fréquentés par les Turkmans étant riches en pâturages, ils peuvent en nourrir davantage, et se disperser moins que les tribus du désert. Chacun de leurs *ordous* ou camps reconnaît un chef, dont le pouvoir n'est point déterminé par des statuts, mais seulement dirigé par l'usage et par les circonstances ; il est rarement abusif, parce que la société est resserrée, et que la nature des choses maintient assez d'égalité entre les membres. Tout homme en état de porter les armes, s'empresse de les porter, parce que c'est de sa force individuelle que dépendent sa considération et sa sûreté. Tous les biens consistent en bestiaux, tels que les chameaux, les buffles, les chèvres et surtout les moutons. Les Turkmans se nourrissent de laitage, de beurre et de viande qui abondent chez eux. Ils en vendent le superflu dans les villes et dans les campagnes, et ils suffisent presque seuls à fournir les boucheries. Ils prennent en retour des armes, des habits, de l'argent et des grains. Leurs femmes filent des laines, et font des tapis dont l'usage existe dans ces contrées de temps immémorial, et par-là indique l'existence d'un état toujours le même. Quant aux hommes, toute leur occupation est de fumer la pipe et de veiller à la conduite des troupeaux : sans cesse à cheval, la lance sur l'épaule, le sabre courbe au côté, le pistolet à la ceinture, ils sont cavaliers vigoureux et soldats infatigables. Souvent ils ont des discussions avec les Turks, qui les redoutent ; mais comme ils sont divisés entre eux de camp à camp, ils ne prennent pas la supériorité que leur assureraient leurs forces réunies. On peut compter environ 30,000 Turkmans errants dans le pachalic d'Alep et celui de Damas, qui sont les seuls qu'ils fréquentent dans la Syrie. Une grande partie de ces tribus passe en été dans l'Arménie et la Caramanie, où elle trouve des herbes plus abondantes, et revient l'hiver dans ses quartiers accoutumés. Les Turkmans sont censés musulmans, et ils en portent assez communément le signe principal, la circoncision. Mais les soins de religion les occupent peu, et ils n'ont ni les cérémonies ni le fanatisme des peuples sédentaires. Quant à leurs mœurs, il faudrait avoir vécu parmi eux pour en parler sciemment. Seulement ils ont la réputation de n'être point voleurs comme les Arabes, quoiqu'ils ne soient ni moins généreux qu'eux ni moins hospitaliers ; et quand on considère qu'ils sont aisés sans être riches, exercés par la guerre, et endurcis par les fatigues et l'adversité, on juge que ces circonstances doivent éloigner d'eux la corruption des habitants des villes et l'avilissement de ceux des campagnes.

§ II.

Des Kourdes.

Les Kourdes sont un autre corps de nation dont les tribus divisées se sont également répandues dans la basse Asie, et ont pris surtout depuis cent ans, une assez grande extension. Leur pays originel est la chaîne des montagnes d'où partent les divers rameaux du Tigre, laquelle enveloppant le cours supérieur du grand Zab, passe au midi

jusqu'aux frontières de l'Irak-Adjami ou *Persan* (1).
Dans la géographie moderne, ce pays est désigné
sous le nom de *Kourd-estan*. Il est très-fertile en
grains, en lin, en sésame, en riz, en excellents
pâturages, en noix de galle et même en soie. L'on
y recueille un gland doux, long de 2 ou 3 pouces,
dont on fait une espèce de pain. Les plus anciennes
traditions et histoires de l'Orient en ont fait mention, et y ont placé le théâtre de plusieurs événements mythologiques. Le Chaldéen Bérose, et
l'Arménien Marjaba, cités par Moïse de Chorène,
rapportent que ce fut dans les mots *Gord-ouées* (2)
qu'aborda Xisuthrus, échappé du déluge; et les
circonstances de position qu'ils ajoutent, prouvent
l'identité, d'ailleurs sensible, de *Gord* et *Kourd*.
Ce sont ces mêmes Kourdes que Xénophon cite
sous le nom de *Kard*-uques, qui s'opposèrent à
la retraite des 10,000. Cet historien observe que,
quoique enclavés de toutes parts dans l'empire
des Perses, ils avaient toujours bravé la puissance
du *grand roi*, et les armes de ses *satrapes*. Ils ont
peu changé dans leur état moderne; et quoiqu'en
apparence tributaires des Ottomans, ils portent
peu de respect aux ordres du grand-seigneur et
de ses pachas. Niebuhr, qui passa en 1769 dans

---

(1) *Adjam* est le nom des Perses en arabe. Les Grecs l'ont
connu et exprimé par *achemen-ides*.

(2) Strabon, liv. II, dit que le Niphate et sa chaîne sont
dits *Gordonæi*.

ces cantons, rapporte qu'ils observent dans leurs montagnes une espèce de gouvernement féodal qui me paraît semblable à ce que nous verrons chez les Druzes. Chaque village a son chef; toute la nation est partagée en trois factions principales et indépendantes. Les brouilleries naturelles à cet état d'anarchie ont séparé de la nation un grand nombre de tribus et de familles, qui ont pris la vie errante des Turkmans et des Arabes. Elles se sont répandues dans le Diarbekr, dans les plaines d'Arzroum, d'Érivan, de Sivas, d'Alep et de Damas : on estime que toutes leurs peuplades réunies passent 140,000 *tentes*, c'est-à-dire, 140,000 hommes armés. Comme les Turkmans, ces Kourdes sont pasteurs et vagabonds; mais ils en diffèrent par quelques points de mœurs. Les Turkmans dotent leurs filles pour les marier : les Kourdes ne les livrent qu'à prix d'argent. Les Turkmans ne font aucun cas de cette ancienneté d'extraction qu'on appelle *noblesse* : les Kourdes la prisent par-dessus tout. Les Turkmans ne volent point : les Kourdes passent presque partout pour des brigands. On les redoute à ce titre dans le pays d'Alep et d'Antioche, où ils occupent, sous le nom de *Bagdachlié*, les montagnes à l'est de *Beilam*, jusque vers *Klés*. Dans ce pachalic et dans celui de Damas, leur nombre passe 20,000 tentes et cabanes, car ils ont aussi des habitations sédentaires; ils sont censés *musulmans*, mais ils ne s'occupent ni de dogmes ni de rites. Plusieurs parmi eux, distingués par le nom de *Yazdié*, honorent le *Chaitân* ou *Satan*, c'est-à-dire, le génie *ennemi* (de Dieu) : cette idée, conservée surtout dans le Diarbekr et sur les frontières de la Perse, est une trace de l'ancien système des deux *principes* du *bien* et du *mal*, qui, sous des formes tour à tour persanes, juives, chrétiennes et musulmanes, n'a cessé de régner dans ces contrées. L'on a coutume de regarder *Zoroastre* comme son premier auteur; mais long-temps avant ce prophète, l'Égypte connaissait *Ormuzd* et *Ahrimane* sous les noms d'*Osiris* et de *Typhon*. On a tort également de croire que ce système ne fut répandu qu'au temps de Darius, fils d'Hystaspe, puisque Zoroastre, qui en fut l'apôtre, vécut en Médie dans un temps parallèle au règne de Salomon.

La langue, qui est le principal indice de fraternité des peuples, a chez les Kourdes quelques diversités de dialecte, mais le fond en est persan, mêlé de quelques mots arabes et chaldéens. Leurs lettres alphabétiques sont purement persanes; la propagande en a fait imprimer à Rome un vocabulaire composé par Maurice Garzoni, qui fournit des renseignements satisfaisants sur cet objet. Il est à désirer que les gouvernements encouragent cette branche de recherches. Depuis quelque temps le docteur Pallas a publié un grand nombre de vocabulaires comparés : malheureusement ils sont en caractères russes, et il est difficile de croire que la nation russe amène toute l'Europe à admettre ses caractères, de préférence aux romains.

§ III.

Des Arabes-Bedouins.

Un troisième peuple errant dans la Syrie sont ces *Arabes-Bedouins* que nous avons déja trouvés en Égypte. Je n'en ai parlé que légèrement à l'occasion de cette province, parce que ne les ayant vus qu'en passant et sans savoir leur langue, leur nom ne me rappelait que peu d'idées; mais les ayant mieux connus en Syrie, ayant même fait un voyage à un de leurs camps près de *Gaze*, et vécu plusieurs jours avec eux, ils me fournissent maintenant des faits et des observations que je vais développer avec quelque détail.

En général, lorsqu'on parle des *Arabes*, on doit distinguer s'ils sont *cultivateurs*, ou s'ils sont *pasteurs;* car cette différence dans le genre de vie en établit une si grande dans les mœurs et le génie, qu'ils se deviennent presque étrangers les uns aux autres. Dans le premier cas, vivant sédentaires, attachés à un même sol, et soumis à des gouvernements réguliers, ils ont un état social qui les rapproche beaucoup de nous. Tels sont les habitants de l'*Yemen;* et tels encore les descendants des anciens conquérants, qui forment, en tout ou en partie, la population de la Syrie, de l'Égypte et des états barbaresques. Dans le second cas, ne tenant à la terre que par un intérêt passager, transportant sans cesse leurs tentes d'un lieu à l'autre, n'étant contraints par aucunes lois, ils ont une manière d'être qui n'est ni celle des peuples policés, ni celle des sauvages, et qui par cela même mérite d'être étudiée. Tels sont les *Bedouins* ou *habitants* des vastes *déserts* qui s'étendent depuis les confins de la *Perse* jusqu'aux rivages de *Maroc*. Quoique divisés par sociétés ou tribus indépendantes, souvent même ennemies, on peut cependant les considérer tous comme un même corps de nation. La ressemblance de leurs langues est un indice évident de cette fraternité. La seule différence qui existe entre eux, est que les tribus d'Afrique sont d'une formation plus récente, étant postérieures à la conquête de ces contrées par les *kalifes* ou *successeurs* de Mahomet ; pendant que les tribus du désert propre de l'*Arabie* remontent, par une succession non interrompue, aux temps les plus reculés. C'est de celles-ci spécialement que je vais traiter, comme appartenant de plus près à mon sujet : c'est à elles que l'usage de l'Orient approprie le nom d'*Arabes*, comme en étant la race la plus ancienne et la plus pure. On y joint en synonyme celui de *Bedâoui*, qui, ainsi que je l'ai observé, signifie *homme du désert*; et ce synonyme me paraît d'autant plus exact, que dans les anciennes langues de ces contrées, le terme *Arab* désigne proprement une *solitude*, un *désert*.

Ce n'est pas sans raison que les habitants du désert se vantent d'être la race la plus pure et la la mieux conservée des peuples arabes : jamais en effet ils n'ont été conquis ; ils ne se sont pas même mélangés en conquérant ; car les conquêtes dont on fait honneur à leur nom en général, n'appartiennent réellement qu'aux tribus de l'*Hedjâz* et de l'*Yemen* : celles de l'intérieur des terres n'émigrèrent point lors de la révolution de Mahomet ; ou si elles y prirent part, ce ne fut que par quelques individus que des motifs d'ambition en détachèrent : aussi le prophète, dans son *Qôran*, traite-t-il les Arabes du désert de *rebelles*, d'*infidèles* ; et le temps les a peu changés. On peut dire qu'ils ont conservé à tous égards leur indépendance et leur simplicité premières. Ce que les plus anciennes histoires rapportent de leurs usages, de leurs mœurs, de leurs langues et même de leurs préjugés, se trouve encore presque en tout le même ; et si l'on y joint que cette unité de caractère conservée dans l'éloignement des temps, subsiste aussi dans l'éloignement des lieux, c'est-à-dire que les tribus les plus distantes se ressemblent infiniment, on conviendra qu'il est curieux d'examiner les circonstances qui accompagnent un état moral si particulier.

Dans notre Europe, et surtout dans notre France, où nous ne voyons point de peuples errants, nous avons peine à concevoir ce qui peut déterminer des hommes à un genre de vie qui nous rebute. Nous concevons même difficilement ce que c'est qu'un *désert*, et comment un terrain a des habitants s'il est stérile, ou n'est pas mieux peuplé s'il est cultivable. J'ai éprouvé ces difficultés comme tout le monde, et, par cette raison, je crois devoir insister sur les détails qui m'ont rendu ces faits palpables.

La vie errante et pastorale que mènent plusieurs peuples de l'Asie, tient à deux causes principales. La première est la nature du sol, lequel se refusant à la culture, force de recourir aux animaux qui se contentent des herbes sauvages de la terre. Si ces herbes sont clair-semées, un seul animal épuisera beaucoup de terrain, et il faudra parcourir de grands espaces. Tel est le cas des Arabes dans le désert propre de l'Arabie et dans celui de l'Afrique.

La seconde cause pourrait s'attribuer aux habitudes, puisque le terrain est cultivable et même fécond en plusieurs lieux, tels que la frontière de Syrie, le *Diarbekr*, l'*Anadoli*, et la plupart des cantons fréquentés par les Kourdes et les Turkmans. Mais en analysant ces habitudes, il m'a paru qu'elles n'étaient elles-mêmes qu'un effet de l'état politique de ces pays; en sorte qu'il faut en rapporter la cause première au gouvernement lui-même. Des faits journaliers viennent à l'appui de cette opinion; car toutes les fois que les hordes et les tribus errantes trouvent dans un canton la paix et la sécurité jointes à la *suffisance*, elles s'y habituent, et passent insensiblement à l'état cultivateur et sédentaire. Dans d'autres cas, au contraire, lorsque la tyrannie du gouvernement pousse à bout les habitants d'un village, les paysans désertent leurs maisons, se retirent avec leurs familles dans les montagnes, ou errent dans les plaines, avec l'attention de changer souvent de domicile pour n'être pas surpris. Souvent même il arrive que des individus, devenus voleurs pour se soustraire aux lois ou à la tyrannie, se réunissent et forment de petits camps qui se maintiennent à main armée, et deviennent, en se multipliant, de nouvelles hordes ou de nouvelles tribus. On peut donc dire que dans les terrains cultivables, la vie errante n'a pour cause que la dépravation du gouvernement, et il paraît que la vie sédentaire et cultivatrice est celle à laquelle les hommes sont le plus naturellement portés.

A l'égard des Arabes, ils semblent condamnés d'une manière spéciale à la vie vagabonde par la nature de leurs *déserts*. Pour se peindre ces déserts, que l'on se figure, sous un ciel presque toujours ardent et sans nuages, des plaines immenses et à perte de vue, sans maisons, sans arbres, sans ruisseaux, sans montagnes; quelquefois les yeux s'égarent sur un horizon ras et uni comme la mer. En d'autres endroits le terrain se courbe en ondulations, ou se hérisse de rocs et de rocailles. Presque toujours également nue, la terre n'offre que des plantes ligneuses clair-semées, et des buissons épars, dont la solitude n'est que rarement troublée par des gazelles, des lièvres, des sauterelles et des rats. Tel est presque tout le pays qui s'étend depuis Alep jusqu'à la mer d'Arabie, et depuis l'Égypte jusqu'au golfe Persique, dans un espace de six cents lieues de longueur sur trois cents de large.

Dans cette étendue cependant il ne faut pas croire que le sol ait partout la même qualité; elle varie par veines et par cantons. Par exemple, sur la frontière de Syrie, la terre est en général grasse, cultivable, même féconde : elle est encore telle sur les bords de l'Euphrate; mais en s'avançant dans l'intérieur et vers le midi, elle devient crayeuse et blanchâtre, comme sur la ligne de Damas; puis rocailleuse, comme dans le *Tih* et l'*Hédjáz*; puis enfin un pur sable, comme à l'orient de l'*Yemen*. Cette différence dans les qualités du sol produit quelques nuances dans l'état des *Bedouins*. Par exemple, dans les cantons stériles, c'est-à-dire mal garnis de plantes, les tribus sont faibles et très-distantes : tels sont le désert de Suez, celui de la mer Rouge, et la partie intérieure du grand désert, qu'on applle le *Nadjd*. (1) Quand le sol est mieux garni, comme entre Damas et l'Euphrate, les tribus sont moins rares, moins écartées; enfin, dans les cantons cultivables, tels que le pachalic d'Alep, le Haurân et le pays de Gaze, les camps sont nombreux et rapprochés. Dans les premiers cas, les Bedouins sont purement pasteurs, et ne vivent que du produit des troupeaux, de quelques dattes et de chair fraîche ou séchée au soleil, que l'on réduit en farine. Dans le dernier, ils ensemencent quelques terrains, et joignent le froment, l'orge et même le riz, à la chair et au laitage.

Quand on se rend compte des causes de la stérilité et de l'inculture du désert, on trouve qu'elles viennent surtout du défaut de fontaines, de rivières, et en général du manque d'eau. Ce manque d'eau lui-même vient de la disposition du terrain, c'est-à-dire, qu'étant plane et privé de montagnes, les nuages glissent sur sa surface échauffée, comme sur l'Égypte : ils ne s'y arrêtent qu'en hiver, lorsque le froid de l'atmosphère les empêche de s'élever, et les résout en pluie. La nudité de ce terrain est aussi une cause de sécheresse, en ce que l'air le couvre, s'échauffe plus aisément, et

---

(1) Prononcez *Najd*.

force les nuages de s'élever. Il est probable que l'on produirait un changement dans le climat, si l'on plantait tout le désert en arbres, par exemple, en sapins.

L'effet des pluies qui tombent en hiver, est d'occasioner dans le lieu où le sol est bon, comme sur la frontière de Syrie, une culture assez semblable à celle de l'intérieur même de cette province; mais comme ces pluies n'établissent ni sources, ni ruisseaux durables, les habitants éprouvent l'inconvénient d'être sans eau pendant l'été. Pour y obvier, il a fallu employer l'art, et construire des puits, des réservoirs et des citernes, où l'on en amasse une provision annuelle. De tels ouvrages exigent des avances de fonds et de travail, et sont encore exposés à bien des risques. La guerre peut détruire en un jour le travail de plusieurs mois, et la ressource de l'année. Un cas de sécheresse, qui n'est que trop fréquent, peut faire avorter une récolte, et réduire à la disette même de l'eau. Il est vrai qu'en creusant la terre, on en trouve presque partout depuis 6 jusqu'à 20 pieds de profondeur; mais cette eau est saumâtre, comme dans tout le désert d'Arabie et d'Afrique (1), souvent même elle tarit : alors la

---

(1) Cette qualité saline est si inhérente au sol, qu'elle passe jusque dans les plantes. Toutes celles du désert abondent en soude et en sel de Glauber. Il est remarquable que la dose de ces sels diminue en se rapprochant des montagnes, où elle

soif et la famine surviennent; et si le gouvernement ne prête pas des secours, les villages se désertent. On sent qu'un tel pays ne peut avoir qu'une agriculture précaire, et que sous un régime comme celui des Turks, il est plus sûr de vivre pasteur errant, que laboureur sédentaire.

Dans les cantons où le sol est rocailleux et sablonneux, comme dans le *Tih*, l'*Hedjâh* et le *Nadj*, ces pluies font germer les graines des plantes sauvages, raniment les buissons, les renoncules, les absinthes, les *qalis*, etc., et forment dans les bas-fonds des lagunes où croissent des roseaux et des herbes : alors la plaine prend un aspect assez riant de verdure ; c'est la saison de l'abondance pour les troupeaux et pour leurs maîtres; mais au retour des chaleurs, tout se dessèche, et la terre, poudreuse et grisâtre, n'offre plus que des tiges sèches et dures comme le bois, que ne peuvent brouter ni les chevaux, ni les bœufs, ni même les chèvres. Dans cet état, le désert deviendrait inhabitable, et il faudrait le quitter, si la nature n'y eût attaché un animal d'un tempérament aussi dur et aussi frugal que le sol est ingrat et stérile, si elle n'y eût placé le chameau. Aucun animal ne présente une analogie si marquée et si exclusive à son climat : on dirait qu'une *intention préméditée* s'est plu à régler les qualités de l'un

---

finit par être presque nulle ; et, tout considéré, cette qualité saline doit être la vraie cause de la stérilité du désert.

sur celles de l'autre. Voulant que le chameau habitât un pays où il ne trouverait que peu de nourriture, la nature a économisé la matière dans toute sa construction. Elle ne lui a donné la plénitude des formes ni du bœuf, ni du cheval, ni de l'éléphant; mais le bornant au plus étroit nécessaire, elle lui a placé une petite tête sans oreilles, au bout d'un long cou sans chair. Elle a ôté à ses jambes et à ses cuisses tout muscle inutile à les mouvoir; enfin elle n'a accordé à son corps desséché que les vaisseaux et les tendons nécessaires pour en lier la charpente. Elle l'a muni d'une forte mâchoire pour broyer les plus durs aliments; mais de peur qu'il n'en consommât trop, elle a rétréci son estomac, et l'a obligé à *ruminer*. Elle a garni son pied d'une masse de chair qui, glissant sur la boue, et n'étant pas propre à grimper, ne lui rend praticable qu'un sol sec, uni et sablonneux comme celui de l'Arabie; enfin elle l'a destiné visiblement à l'esclavage, en lui refusant toutes défenses contre ses ennemis. Privé des cornes du taureau, du sabot du cheval, de la dent de l'éléphant et de la légèreté du cerf, que peut le chameau contre les attaques du lion, du tigre, ou même du loup? Aussi, pour en conserver l'espèce, la nature le cacha-t-elle au sein des vastes déserts, où la disette des végétaux n'attirait nul gibier, et d'où la disette du gibier repoussait les animaux voraces. Il a fallu que le sabre des tyrans chassât l'homme de la terre habitable, pour que le chameau perdît sa liberté. Passé à l'état domestique, il est devenu le moyen d'habitation de la terre la plus ingrate. Lui seul subvient à tous les besoins de ses maîtres. Son lait nourrit la famille arabe, sous les diverses formes de caillé, de fromage et de beurre ; souvent même on mange sa chair. On fait des chaussures et des harnais de sa peau, des vêtements et des tentes de son poil. On transporte par son moyen de lourds fardeaux ; enfin, lorsque la terre refuse le fourrage au cheval si précieux au Bedouin, le chameau subvient par son lait à la disette, sans qu'il en coûte, pour tant d'avantages, autre chose que quelques tiges de ronces ou d'absinthes, et des noyaux de dattes pilés. Telle est l'importance du chameau pour le désert, que si on l'en retirait, on en soustrairait toute la population, dont il est l'unique pivot (1).

---

(1) Je connais 4 espèces distinctes de chameaux : la 1re, le chameau tel que je viens de le décrire, et qui est proprement le chameau arabe, porteur de fardeaux, n'ayant qu'une bosse et très-peu de poil sur le corps.

La 2e est le chameau *coureur*, appelé *hedjin* au Kaire, plus svelte dans toutes ses formes, n'ayant qu'une bosse ; c'est le véritable *dromadaire* des Grecs. Nous en avons maintenant deux à Paris, que l'on a vus aux fêtes du Champ-de-Mars. Ces deux espèces sont répandues depuis Maroc jusqu'en Perse.

La 3e espèce est le chameau *turkman*, répandu d'Alep à Constantinople et au nord de la Perse. Il n'a qu'une bosse ; il est moins haut que le chameau arabe ; il a les jambes plus courtes, plus grosses, le corps plus trapu et infiniment mieux

Voilà les circonstances dans lesquelles la nature a placé les Bedouins, pour en faire une race d'hommes singulière au moral et au physique. Cette singularité est si tranchante, que leurs voisins, les Syriens mêmes, les regardent comme des hommes extraordinaires. Cette opinion a lieu surtout pour les tribus du fond du désert, telles qu'*Anazé*, *Kaibar*, *Taï* et autres, qui ne s'approchent jamais des villes. Lorsque, du temps de Dâher, il en vint des cavaliers jusqu'à *Acre*, ils y firent la même sensation que feraient parmi nous des sauvages de l'Amérique. On considérait avec surprise ces hommes plus petits, plus maigres et plus noirs qu'aucuns Bedouins connus : leurs jambes sèches n'avaient que des tendons sans mollets; leur ventre était collé à leur dos; leurs cheveux étaient crépés presque autant que ceux des nègres. De leur côté, tous les étonnait; ils ne concevaient ni comment les maisons et les minarets pouvaient se tenir debout, ni comment on osait habiter dessous, et toujours au même endroit; mais surtout ils s'extasiaient à la vue de la mer,

---

couvert de poil. Celui du cou pend jusqu'à terre et est généralement brun.

La 4ᵉ est le chameau *tartare* ou *bactrien*, répandu dans toute la Chine et la Tartarie. Celui-là a deux bosses. L'on ne voit que de ceux-là à Pékin, tandis qu'ils sont si rares dans la basse Asie, que je citerais une foule de voyageurs, même Arabes, qui, comme moi, n'y en ont jamais vu aucun. — Buffon a totalement confondu ces espèces.

et ils ne pouvaient comprendre ce *désert d'eau.* On leur parla de mosquées, de prières, d'ablutions ; et ils demandèrent ce que cela signifiait, ce que c'était que Moïse, Jésus-Christ et Mahomet, et pourquoi les habitants, n'étant pas de tribus séparées, suivaient des chefs opposés.

On sent que les Arabes des frontières ne sont pas si novices ; il en est même plusieurs petites tribus, qui vivant au sein du pays, comme dans la vallée de *Beqââ*, dans celle du Jourdain, et dans la Palestine, se rapprochent de la condition des paysans ; mais ceux-là sont méprisés des autres, qui les regardent comme des *Arabes bâtards*, et des *rayas* ou *esclaves des Turks*.

En général, les Bedouins sont petits, maigres et hâlés, plus cependant au sein du désert, moins sur la frontière du pays cultivé, mais là même, toujours plus que les laboureurs du voisinage : un même camp offre aussi cette différence, et j'ai remarqué que les *chaiks*, c'est-à-dire les *riches* et leurs serviteurs, étaient toujours plus grands et plus charnus que le peuple. J'en ai vu qui passaient 5 pieds 5 et 6 pouces, pendant que la taille générale n'est que de 5 pieds 2 pouces. On n'en doit attribuer la raison qu'à la nourriture, qui est plus abondante pour la première classe que pour la dernière (1). On peut même dire que

---

(1) Cette cause est également sensible dans la comparaison

le commun des Bedouins vit dans une misère et une famine habituelles. Il paraîtra peu croyable parmi nous, mais il n'en est pas moins vrai que la somme ordinaire des aliments de la plupart d'entre eux ne passe pas 6 onces par jour : c'est surtout chez les tribus du Nadj et de l'Hedjâz, que l'abstinence est portée à son comble. Six ou sept dattes trempées dans du beurre fondu, quelque peu de lait doux ou caillé, suffisent à la journée d'un homme. Il se croit heureux, s'il y joint quelques pincées de farine grossière ou une boulette de riz. La chair est réservée aux plus grands jours de fête; et ce n'est que pour un mariage ou une mort que l'on tue un chevreau; ce n'est qu'aux chaiks riches et généreux qu'il appartient d'égorger de jeunes chameaux, de manger du riz cuit avec de la viande. Dans sa disette, le vulgaire, toujours affamé, ne dédaigne pas les plus vils aliments : de là l'usage où sont les Bedouins de manger des sauterelles, des rats, des lézards et des serpents grillés sur des broussailles; de là leurs rapines dans les champs cultivés, et leurs vols sur les chemins; de là aussi leur constitution délicate, et leur corps petit et maigre, plutôt agile que vigoureux. Il y a ceci de remarquable pour un médecin, dans leur tempérament, que leurs déperditions en tout genre,

---

des chameaux arabes aux chameaux turkmans, car ces derniers, vivant dans des pays riches en fourrages, sont devenus une espèce plus forte en membres, et plus charnue que les premiers.

même en sueurs, sont très-faibles ; leur sang est si dépouillé de sérosité, qu'il n'y a que la grande chaleur qui puisse le maintenir dans sa fluidité. Cela n'empêche pas qu'ils ne soient d'ailleurs assez sains, et que les maladies ne soient plus rares parmi eux que parmi les habitants du pays cultivé.

D'après ces faits, on ne jugera point que la frugalité des Arabes soit une vertu purement de choix, ni même de climat. Sans doute l'extrême chaleur dans laquelle ils vivent, facilite leur abstinence, en ôtant à l'estomac l'activité que le froid lui donne. Sans doute aussi l'habitude de la diète, en empêchant l'estomac de se dilater, devient un moyen de la supporter ; mais le motif principal et premier de cette habitude, est, comme pour tous les autres hommes, la nécessité des circonstances où ils se trouvent, soit de la part du sol, comme je l'ai expliqué, soit de la part de leur état social qu'il faut développer.

J'ai déja dit que les Arabes-Bedouins étaient divisés par tribus, qui constituent autant de peuples particuliers. Chacune de ces tribus s'approprie un terrain qui forme son domaine ; elles ne diffèrent à cet égard des nations agricoles, qu'en ce que ce terrain exige une étendue plus vaste, pour fournir à la subsistance des troupeaux pendant toute l'année. Chacune de ces tribus compose un ou plusieurs camps qui sont répartis sur le pays, et qui en parcourent successivement les parties à mesure que les troupeaux les épuisent : de là il arrive que sur un grand espace il n'y a jamais d'habités que quelques points qui varient d'un jour à l'autre ; mais comme l'espace entier est nécessaire à la subsistance annuelle de la tribu, quiconque y empiète, est censé violer la propriété ; ce qui ne diffère point encore du droit public des nations. Si donc une tribu ou ses sujets entrent sur un terrain étranger, ils sont traités en voleurs, en ennemis, et il y a guerre. Or, comme les tribus ont entre elles des affinités par alliance de sang ou par conventions, il s'ensuit des ligues qui rendent les guerres plus ou moins générales. La manière d'y procéder est très-simple. Le délit connu, l'on monte à cheval, l'on cherche l'ennemi, l'on se rencontre, on parlemente ; souvent on se pacifie, sinon l'on s'attaque par pelotons ou par cavaliers ; on s'aborde ventre à terre, la lance baissée ; quelquefois on la darde, malgré sa longueur, sur l'ennemi qui fuit : rarement la victoire se dispute ; le premier choc la décide ; les vaincus fuient à bride abattue sur la plaine rase du désert. Ordinairement la nuit les dérobe au vainqueur. La tribu qui a du dessous lève le camp, s'éloigne à marche forcée, et cherche un asile chez les alliés. L'ennemi satisfait pousse les troupeaux plus loin, et les fuyards reviennent à leur domaine. Mais, du meurtre de ces combats, il reste des motifs de haine qui perpétuent les dissensions. L'intérêt de la sûreté commune à dès long-temps établi chez les Arabes une loi générale, qui veut que le sang de tout homme tué soit vengé par celui de son meurtrier ; c'est ce qu'on appelle le *tár* ou *talion :* le droit en est dévolu au plus proche parent du mort. Son honneur devant tous les Arabes y est tellement compromis, que s'il néglige de prendre son *talion*, il est à jamais deshonoré. En conséquence, il épie l'occasion de se venger ; si son ennemi périt par des causes étrangères, il ne se tient point satisfait, et sa vengeance passe sur le plus proche parent. Ces haines se transmettent comme un héritage du père aux enfants, et ne cessent que par l'extinction de l'une des races, à moins que les familles ne s'accordent en sacrifiant le coupable, ou en *rachetant le sang* pour un prix convenu en argent ou en troupeaux. Hors cette satisfaction, il n'y a ni paix, ni trêve, ni alliance entre elles, ni même quelquefois entre les tribus réciproques : *Il y a du sang entre nous*, se dit-on en toute affaire ; et ce mot est une barrière insurmontable. Les accidents s'étant multipliés par le laps de temps, il est arrivé que la plupart des tribus ont des querelles, et qu'elles vivent dans un état habituel de guerre ; ce qui, joint à leur genre de vie, fait des Bedouins un peuple militaire, sans qu'ils soient néanmoins avancés dans la pratique de cet art. La disposition de leurs camps est un *rond* assez irrégulier, formé par une seule ligne de tentes plus ou moins espacées. Ces tentes, tissues de poil de chèvre ou de chameau, sont noires ou brunes, à la différence de celles des Turkmans, qui sont blanchâtres. Elles sont tendues sur 3 ou 5 piquets de 5 à 6 pieds de hauteur seulement, ce qui leur donne un air très-écrasé ; dans le lointain, un tel camp ne paraît que comme des taches noires ; mais l'œil perçant des Bedouins ne s'y trompe pas. Chaque tente, habitée par une famille, est partagée par un rideau en deux portions, dont l'une n'appartient qu'aux femmes. L'espace vide du grand *rond* sert à parquer chaque soir les troupeaux. Jamais il n'y a de retranchement ; les seules gardes avancées et les patrouilles sont des chiens ; les chevaux restent sellés, et prêts à monter à la première alarme ; mais comme il n'y a ni ordre ni distribution, ces camps, déja faciles à surprendre, ne seraient d'aucune défense en cas d'attaque : aussi arrive-t-il chaque jour des accidents, des enlèvements de bestiaux ; et cette guerre de maraude est une de celles qui occupent davantage les Arabes.

Les tribus qui vivent dans le voisinage des Turks, ont une position encore plus orageuse : en effet, ces étrangers s'arrogeant, à titre de conquête, la propriété de tout le pays, ils traitent les Arabes comme des vassaux rebelles, ou des ennemis inquiets et dangereux. Sur ce principe, ils ne cessent de leur faire une guerre sourde ou déclarée. Les pachas se font une étude de profiter de toutes les occasions de les troubler. Tantôt ils leur contestent un terrain qu'ils leur ont loué; tantôt ils exigent un tribut dont on n'est pas convenu. Si l'ambition ou l'intérêt divise une famille de chaiks, ils secourent tour à tour l'un et l'autre parti, et finissent par les ruiner tous les deux. Souvent ils font empoisonner ou assassiner les chefs dont ils redoutent le courage ou l'esprit, fussent-ils même leurs alliés. De leur côté, les Arabes regardant les Turks comme des usurpateurs et des traîtres, ne cherchent que les occasions de leur nuire. Malheureusement le fardeau tombe plus sur les innocents que sur les coupables : ce sont presque toujours les paysans qui paient les délits des gens de guerre. A la moindre alarme, on coupe leurs moissons, on enlève leurs troupeaux, on intercepte les communications et le commerce : les paysans crient aux voleurs, et ils ont raison; mais les Bedouins réclament le droit de la guerre, et peut-être n'ont-ils pas tort. Quoi qu'il en soit, ces déprédations établissent entre les Bedouins et les habitants du pays cultivé, une mésintelligence qui les rend mutuellement ennemis.

Telle est la situation des Arabes à l'extérieur. Elle est sujette à de grandes vicissitudes, selon la bonne ou mauvaise conduite des chefs. Quelquefois une tribu faible s'élève et s'agrandit, pendant qu'une autre, d'abord puissante, décline ou même s'anéantit ; non que tous ses membres perissent, mais parce qu'ils s'incorporent à une autre ; et ceci tient à la constitution intérieure des tribus. Chaque tribu est composée d'une ou de plusieurs familles principales, dont les membres portent le titre de *chaiks* ou *seigneurs*. Ces familles représentent assez bien les *patriciens* de Rome, et les *nobles* de l'Europe. L'un de ces chaiks commande en chef à tous les autres ; c'est le général de cette petite armée. Quelquefois il prend le titre d'*émir*, qui signifie *commandant* et prince. Plus il a de parens, d'enfans et d'alliés, plus il est fort et puissant. Il y joint des serviteurs qu'il s'attache d'une manière spéciale, en fournissant à tous leurs besoins. Mais en outre, il se range autour de ce chef de petites familles qui, n'étant point assez fortes pour vivre indépendantes, ont besoin de protection et d'alliance. Cette réunion s'appelle *qâbilé* ou *tribu*. On la distingue d'une autre par le nom de son chef, ou par celui de la famille commandante. Quand on parle de ses individus en général, on les appelle *enfants* d'un tel, quoiqu'ils ne soient pas réellement tous de son sang, et que lui-même soit un homme mort depuis long-temps. Ainsi l'on dit : *beni Temín*, *oulád Taï* ; les enfants de *Temín* et de *Taï*. Cette façon de s'exprimer est même passée par métaphore aux noms de pays ; la phrase ordinaire pour en désigner les habitants, est de dire *les enfants de tel lieu*. Ainsi les Arabes disent *oulâd Masr*, les Égyptiens; *oulâd Châm*, les Syriens; ils diraient *oulâd Fransa*, les Français; *oulâd Mosqou*, les Russes; ce qui n'est pas sans importance pour l'histoire ancienne.

Le gouvernement de cette société est tout à la fois républicain, aristocratique et même despotique, sans être décidément aucun de ces états. Il est républicain, parce que le peuple y a une influence première dans toutes les affaires, et que rien ne se fait sans un consentement de majorité. Il est aristocratique, parce que les familles des *chaiks* ont quelques-unes des prérogatives que la force donne partout. Enfin il est despotique, parce que le *chaik* principal a un pouvoir indéfini et presque absolu. Quand c'est un homme de caractère, il peut porter son autorité jusqu'à l'abus; mais dans cet abus même il est des bornes que l'état des choses rend assez étroites. En effet, si un chef commettait une grande injustice; si, par exemple, il tuait un Arabe, il lui serait presque impossible d'en éviter la peine : le ressentiment de l'offense n'aurait nul respect pour son titre; il subirait le *talion*; et s'il ne payait pas le sang, il serait infailliblement assassiné; ce qui serait facile, vu la vie simple et privée des chaiks dans le camp. S'il fatigue ses sujets par sa dureté, ils l'abandonnent, et passent dans une autre tribu. Ses propres parents profitent de ses fautes, pour le déposer et s'établir à sa place. Il n'a point contre eux la ressource des troupes étrangères; ses sujets communiquent entre eux trop aisément, pour qu'il puisse les diviser d'intérêt et se faire une faction subsistante. D'ailleurs, comment la soudoyer, puisqu'il ne retire de la tribu aucune espèce d'impôt; que la plupart de ses sujets sont bornés au plus juste nécessaire, et qu'il est réduit lui-même à des propriétés assez médiocres et déja chargées de grosses dépenses?

En effet, c'est le chaik principal qui, dans toute tribu, est chargé de défrayer les allants et les venants; c'est lui qui reçoit les visites des alliés et de quiconque a des affaires. Sur le prolongement de sa tente, est un grand pavillon qui sert d'hospice à tous les étrangers et aux passants. C'est là que se tiennent les assemblées fréquentes des chaiks et des notables, pour décider des campements, des décampements, de la paix, de la guerre, des démêlés avec les gouverneurs turks et les villages, des procès et querelles des particuliers, etc. A cette foule qui se succède, il faut donner le café, le pain cuit sous la cendre, le riz et quelquefois le chevreau ou le chameau rôti; en un mot, il faut tenir table ouverte; et il est d'autant plus important d'être généreux, que cette générosité porte sur des objets de nécessité première. Le crédit et la puissance dépendent de là: l'Arabe affamé place avant toute vertu la libéralité qui le nourrit; et ce préjugé n'est pas sans fondement ; car l'expérience a prouvé que les *chaiks* avares n'étaient jamais des hommes à grandes vues : de là ce proverbe, aussi juste que précis : *Main serrée, cœur étroit*. Pour subvenir à ces dépenses, le *chaik* n'a que ses troupeaux, quelquefois des champs ensemencés, le casuel des pillages avec les péages des chemins ; et tout cela est borné. Celui chez qui je me rendis sur la fin de 1784, dans le pays de Gaz, passait pour le plus puissant des cantons : cependant il ne m'a pas paru que sa dépense fût supérieure à celle d'un gros fermier : son mobilier, consistant en quelques pelisses, en tapis, en armes, en chevaux et en chameaux, ne peut s'évaluer à plus de 50,000 livres; et il faut observer que dans ce compte, quatre juments de race sont portées à 6,000 livres, et chaque tête de chameau à 10 louis. On ne doit donc pas, lorsqu'il s'agit des Bedouins, attacher nos idées ordinaires aux mots de *prince* et de *seigneur* : on se rapprocherait beaucoup plus de la vérité en les comparant aux bons fermiers des pays de montagnes, dont ils ont la simplicité dans les vêtements comme dans la vie domestique et dans les mœurs. Tel chaik qui commande à 500 chevaux, ne dédaigne pas de seller et de brider le sien, de lui donner l'orge et la paille hachée. Dans sa tente, c'est sa femme qui fait le café, qui bat la pâte, qui fait cuire la viande. Ses filles et ses parentes lavent le linge, et vont, la cruche sur la tête et le voile sur le visage, puiser l'eau à la fontaine : c'est précisément l'état dépeint par Homère, et par la Genèse dans l'histoire d'Abraham. Mais il faut avouer qu'on a de la peine à s'en faire une juste idée, quand on ne l'a pas vu de ses propres yeux.

La simplicité, ou, si l'on veut, la pauvreté du commun des Bedouins, est proportionnée à celle de leurs chefs. Tous les biens d'une famille consistent en un mobilier, dont voici à peu près l'inventaire : quelques chameaux mâles et femelles, des chèvres, des poules, une jument et son harnais, une tente, une lance de treize pieds de long, un sabre courbe, un fusil rouillé à pierre ou à rouet, une pipe, un moulin portatif, une marmite, un seau de cuir, une poêlette à griller le café, une natte, quelques vêtements, un manteau de laine noire ; enfin, pour tous bijoux, quelques anneaux de verre ou d'argent que la femme porte aux jambes et au bras. Si rien de tout cela ne manque, le ménage est riche. Ce qui manque au pauvre, et ce qu'il désire le plus, est la jument : en effet, cet animal est le grand moyen de fortune ; c'est avec la jument que le Bedouin va en course contre les tribus ennemies, ou en maraude dans les campagnes et sur les chemins. La jument est préférée au cheval, parce qu'elle ne hennit point; parce qu'elle est plus docile, et qu'elle a du lait qui, dans l'occasion, apaise la soif et même la faim de son maître.

Ainsi restreints au plus étroit nécessaire, les Arabes ont aussi peu d'industrie que de besoins; tous leurs arts se réduisent à ourdir des tentes grossières, à faire des nattes et du beurre. Tout leur commerce consiste à échanger des chameaux, des chevreaux, des chevaux mâles et des laitages, contre des armes, des vêtements, quelque peu de riz ou de blé, et contre de l'argent qu'ils enfouissent. Leurs sciences sont absolument nulles; ils n'ont aucune idée ni de l'astronomie, ni de la géométrie, ni de la médecine. Ils n'ont aucun livre, et rien n'est si rare, même parmi les chaiks, que de savoir lire. Toute leur littérature consiste à réciter des contes et des histoires, dans le genre des *Mille et une nuits.* Ils ont une passion particulière pour ces narrations; elles remplissent une grande partie de leurs loisirs, qui sont très-longs. Le soir ils s'asseyent à terre à la porte des tentes, ou sous leur couvert, s'il fait froid, et là, rangés en cercle autour d'un petit feu de fiente, la pipe à la bouche, et les jambes croisées, ils commencent d'abord par rêver en silence, puis, à l'improviste, quelqu'un débute par un *il y avait au temps passé*, et il continue jusqu'à la fin les aventures d'un jeune chaik et d'une jeune Bedouine: il raconte comment le jeune homme aperçut d'abord sa maîtresse à la dérobée, et comme il en devint éperdument amoureux ; il dépeint trait par trait la jeune beauté, vante ses yeux noirs, grands et doux comme ceux d'une gazelle ; son regard mélancolique et passionné ; ses sourcils courbés comme deux arcs d'ébène; sa taille droite et souple comme une lance : il n'omet ni sa démarche légère comme celle d'une *jeune pouline*, ni ses paupières noircies de *kohl*, ni ses lèvres peintes de bleu, ni ses ongles teints de *henné* couleur d'or, ni sa gorge semblable à une couple de grenades, ni ses paroles douces comme le miel. Il conte le martyre du jeune amant, *qui se consume tellement de désirs et d'amour, que son corps ne donne plus d'ombre.* Enfin, après avoir détaillé ses tentatives pour voir sa maîtresse, les obstacles des parents, les enlèvements des ennemis, la captivité survenue aux deux amants, etc., il termine, à la satisfaction de l'auditoire, par les ramener unis et heureux à la tente paternelle ; et chacun de payer à son éloquence le *ma cha allah* (1) qu'il a mérité. Les Bedouins ont aussi des chansons d'amour, qui ont plus de naturel et de sentiment que celles des Turks et des habitants des villes ; sans doute parce que ceux-là ayant des mœurs chastes, connaissent l'amour ; pendant que ceux-ci, livrés à la débauche, ne connaissent que la jouissance.

En considérant que la condition des Bedouins,

---

(1) Exclamation d'éloge, comme si l'on disait, *admirablement bien.*

surtout dans l'intérieur du désert, ressemble à beaucoup d'égards à celle des sauvages de l'Amérique, je me suis quelquefois demandé pourquoi ils n'avaient point la même férocité; pourquoi, éprouvant de grandes disettes, l'usage de la chair humaine était inouï parmi eux ; pourquoi, en un mot, leurs mœurs sont plus douces et plus sociables. Voici les raisons que me donne l'analyse des faits.

Il semblerait d'abord que l'Amérique étant riche en pâturages, en lacs et en forêts, ses habitants dussent avoir plus de facilité pour la vie pastorale que pour toute autre. Mais si l'on observe que ces forêts, en offrant un refuge aisé aux animaux, les soustrayent au pouvoir de l'homme, on jugera que le sauvage a été conduit par la nature du sol, à être chasseur, et non pasteur. Dans cet état, toutes ses habitudes ont concouru à lui donner un caractère violent. Les grandes fatigues de la chasse ont endurci son corps ; les faims extrêmes, suivies tout-à-coup de l'abondance du gibier, l'ont rendu vorace. L'habitude de verser du sang et de déchirer sa proie, l'a familiarisé avec le meurtre et avec le spectacle de la douleur. Si la faim l'a persécuté, il a désiré la chair ; et trouvant à sa portée celle de son semblable, il a dû en manger; il a pu se résoudre à le tuer pour s'en repaître. La première épreuve faite, il s'en est fait une habitude; il est devenu anthropophage, sanguinaire, atroce; et son ame a pris l'insensibilité de tous ses organes.

La position de l'Arabe est bien différente. Jeté sur de vastes plaines rases, sans eau, sans forêts, il n'a pu, faute de gibier et de poisson, être chasseur ou pêcheur. Le chameau a déterminé sa vie au genre pastoral, et tout son caractère s'en est composé. Trouvant sous sa main une nourriture légère, mais suffisante et constante, il a pris l'habitude de la frugalité; content de son lait et de ses dattes, il n'a point désiré la chair, il n'a point versé le sang : ses mains ne se sont point accoutumées au meurtre, ni ses oreilles aux cris de la douleur : il a conservé un cœur humain et sensible.

Lorsque ce sauvage pasteur connut l'usage du cheval, son état changea un peu de forme. La facilité de parcourir rapidement de grands espaces le rendit vagabond : il était avide par disette, il devint voleur par cupidité; et tel est resté son caractère. Pillard plutôt que guerrier, l'Arabe n'a point un courage sanguinaire; il n'attaque que pour dépouiller; et si on lui résiste, il ne juge pas qu'un peu de butin vaille la peine de se faire tuer. Il faut verser son sang pour l'irriter; mais alors on le trouve aussi opiniâtre à se venger, qu'il a été prudent à se compromettre.

On a souvent reproché aux Arabes cet esprit de rapine; mais, sans vouloir l'excuser, on ne fait point assez d'attention qu'il n'a lieu que pour l'étranger réputé ennemi, et par conséquent il est fondé sur le droit public de la plupart des peuples. Quant à l'intérieur de leur société, il y règne une bonne foi, un désintéressement, une générosité qui feraient honneur aux hommes les plus civilisés. Quoi de plus noble que ce droit d'asile établi chez toutes les tribus! Un étranger, un ennemi même, a-t-il touché la tente du Bedouin, sa personne devient, pour ainsi dire, inviolable. Ce serait une lâcheté, une honte éternelle, de satisfaire même une juste vengeance aux dépens de l'hospitalité. Le Bedouin a-t-il consenti à *manger le pain et le sel* avec son hôte, rien au monde ne peut le lui faire trahir. La puissance du sultan ne serait pas capable de retirer un réfugié (1) d'une tribu, à moins de l'exterminer tout entière. Ce Bedouin, si avide hors de son camp, n'y a pas plus tôt remis le pied, qu'il devient libéral et généreux. Quelque peu qu'il ait, il est toujours prêt à le partager. Il a même la délicatesse de ne pas attendre qu'on le lui demande : s'il prend son repas, il affecte de s'asseoir à la porte de sa tente, afin d'inviter les passants; sa générosité est si vraie, qu'il ne la regarde pas comme un mérite, mais comme

---

(1) Les Arabes font une distinction de leurs hôtes, en hôte *mostadjir*, ou *implorant protection;* et en hôte *matnoub*, ou *qui plante sa tente au rang des autres*, c'est-à-dire qui se naturalise.

un devoir : aussi prend-il sur le bien des autres le droit qu'il leur donne sur le sien. A voir la manière dont en usent les Arabes entre eux, on croirait qu'ils vivent en communauté de biens. Cependant ils connaissent la propriété ; mais elle n'a point chez eux cette dureté que l'extension des faux besoins du luxe lui a donnée chez les peuples agricoles. On pourra dire qu'ils doivent cette modération à l'impossibilité de multiplier beaucoup leurs jouissances ; mais si les vertus de la foule des hommes ne sont dues qu'à la nécessité des circonstances, peut-être les Arabes n'en sont-ils pas moins dignes d'estime : ils sont du moins heureux que cette nécessité établisse chez eux un état de choses qui a paru aux plus sages législateurs la perfection de la police, je veux dire une sorte d'égalité ou de rapprochement dans le partage des biens et l'ordre des conditions. Privé d'une multitude de jouissances que la nature a prodiguées à d'autres pays, ils ont moins de moyens de se corrompre et de s'avilir. Il est moins facile à leurs chaiks de se former une faction qui asservisse et appauvrisse la masse de la nation. Chaque individu pouvant se suffire à lui-même, en garde mieux son caractère, son indépendance ; et la pauvreté particulière devient la cause et le garant de la liberté publique.

Cette liberté s'étend jusque sur les choses de religion : il y a cette différence remarquable entre

les Arabes des villes et ceux du désert, que pendant que les premiers portent le double joug du despotisme politique et du despotisme religieux, ceux-là vivent dans une franchise absolue de l'un et de l'autre : il est vrai que sur les frontières des Turks, les Bedouins gardent par politique des apparences musulmanes; mais elles sont si peu rigoureuses, et leur dévotion est si relâchée, qu'ils passent généralement pour des infidèles, sans loi et sans prophètes. Ils disent même assez volontiers que la religion de Mahomet n'a point été faite pour eux : « Car, ajoutent-ils, comment
« faire des ablutions, puisque nous n'avons point
« d'eau? Comment faire des aumônes, puisque
« nous ne sommes pas riches? Pourquoi jeûner le
« ramadan, puisque nous jeûnons toute l'année?
« Et pourquoi aller à la Mekke, si Dieu est par-
« tout ? » Du reste, chacun agit et pense comme il veut, et il règne chez eux la plus parfaite tolérance. Elle se peint très-bien dans un propos que me tenait un jour un de leurs chaiks, nommé *Ahmed*, fils de *Bâhir*, chef de la tribu des *Ouahidié*. « Pourquoi, *me disait ce chaik*, veux-tu re-
« tourner chez les Francs ? Puisque tu n'as pas
« d'aversion pour nos mœurs, puisque tu sais
« porter la lance et courir un cheval comme un
« Bedouin, reste parmi nous. Nous te donnerons
« des pelisses, une tente, une honnête et jeune

« Bedouine, et une bonne jument de race. Tu vi-
« vras dans notre maison.... Mais ne sais-tu pas,
« *lui répondis-je*, que né parmi les Francs, j'ai été
« élevé dans leur religion? Comment les Arabes
« verront-ils un *infidèle*, ou que penseront-ils
« d'un *apostat?*.... Et toi-même, *répliqua-t-il*, ne
« vois-tu pas que les Arabes vivent sans soucis du
« prophète et du *livre* (le Qôran)? Chacun parmi
« nous suit la route de sa conscience. Les actions
« sont devant les hommes; mais la religion est de-
« vant Dieu. » Un autre chaik, conversant un jour
avec moi, m'adressa par mégarde la formule tri-
viale : *Écoute, et prie sur le prophète;* au lieu de
la réponse ordinaire, *J'ai prié;* je répondis en
souriant : *J'écoute.* Il s'aperçut de sa méprise, et
sourit à son tour. Un Turk de Jérusalem qui était
présent, prit la chose plus sérieusement. « O chaik,
« *lui dit-il*, comment peux-tu adresser les paroles
« des vrais croyants à un infidèle? *La langue est*
« *légère*, répondit le chaik, *encore que le cœur*
« *soit blanc* (pur); *mais toi qui connais les cou-*
« *tumes des Arabes, comment peux-tu offenser*
« *un étranger avec qui nous avons mangé le pain*
« *et le sel?* Puis se tournant vers moi : *Tous ces*
« *peuples du Frankestan dont tu m'as parlé, qui*
« *sont hors de la loi du prophète, sont-ils plus*
« *nombreux que les musulmans?* On pense, lui
« répondis-je, qu'ils sont 5 ou 6 *fois plus nom-*

breux, même en comptant les Arabes.... Dieu est juste, reprit-il, *il pesera dans ses balances* (1).

Il faut l'avouer, il est peu de nations policées qui aient une morale aussi généralement estimable que les Arabes bedouins ; et il est remarquable

---

(1) Niebuhr rapporte dans sa *Description de l'Arabie*, tome II, page 208, édition de Paris, que depuis 30 ans il s'est élevé dans le *Najd* une nouvelle religion, dont les principes sont analogues aux dispositions d'esprit dont je parle. « Ces
« principes sont, dit ce voyageur, que Dieu seul doit être
« invoqué et adoré comme auteur de tout ; qu'on ne doit faire
« mention d'aucun prophète en priant, parce que cela touche
« à l'idolâtrie ; que Moïse Jésus-Christ, Mahomet, etc., sont
« à la vérité de grands hommes, dont les actions sont édi-
« fiantes ; mais que nul livre n'a été inspiré par l'ange Gabriel,
« ou par tout autre esprit céleste. Enfin, que les vœux faits
« dans un péril menaçant ne sont d'aucun mérite ni d'aucune
« obligation.

« Je ne sais, ajoute Niebuhr, jusqu'où l'on peut compter
« sur le rapport du Bedouin qui m'a raconté ces choses. Peut-
« être était-ce sa façon même de penser ; car les Bedouins se
« disent bien mahométans, mais ils ne s'embarrassent ordi-
« nairement ni de Mohammed ni du Qôran. »

Cette insurrection a eu pour auteurs deux Arabes, qui, après avoir voyagé, pour affaires de commerce, dans la Perse et le Malabar, ont formé des raisonnements sur la diversité des religions qu'ils ont vues, et en ont déduit cette tolérance générale. L'un d'eux, nommé *Abel-el-Ouaheb*, s'était formé dans le *Najd* un état indépendant dès 1760 : le second, appelé *Mekrâmi*, chaik de *Nadjerân*, avait adopté les mêmes opinions, et par sa valeur il s'était élevé à une assez grande puissance dans ces contrées. Ces deux exemples me rendent encore plus probable une conjecture que j'avais déjà formée, que rien n'est plus facile que d'opérer une grande révolution politique et religieuse dans l'Asie.

que les mêmes vertus se retrouvent presque également chez les hordes turkmanes, et chez les Kourdes; en sorte qu'elles semblent attachées à la vie pastorale. Il est d'ailleurs singulier que ce soit chez ce genre d'hommes que la religion a le moins de formes extérieures, au point que l'on n'a jamais vu chez les Bedouins, les Turkmans, ou les Kourdes, ni prêtres, ni temples, ni culte régulier. Mais il est temps de continuer la description des autres peuples de la Syrie, et de porter nos considérations sur un état social tout différent de celui que nous quittons, sur l'état des peuples agricoles et sédentaires.

CHAPITRE III.

Des peuples agricoles de la Syrie.

§ I.

Des Ansârié.

Le premier peuple agricole qu'il faut distinguer dans la Syrie du reste de ses habitants, est celui que l'on appelle dans le pays du nom pluriel d'*Ansârié*, rendu sur les cartes de Delisle par celui d'*Ensyriens*, et sur celles de d'Anville par celui de *Nassaris*. Le terrain qu'occupent ces *Ansárié*, est la chaîne de montagnes qui s'étend depuis *Antâkié*, jusqu'au ruisseau dit *Nahr-el-Kébir*, ou la *Grande rivière*. Leur origine est un fait historique peu connu, et cependant assez instructif. Je vais le rapporter tel que le cite un écrivain qui a puisé aux sources primitives (1).

» L'an des Grecs 1202 (c'est-à-dire, 891 de
« J-C.), il y avait dans les environs de Koufa, au
« village de *Nasar*, un vieillard que ses jeûnes,
« ses prières assidues et sa pauvreté faisaient pas-
« ser pour un saint: plusieurs gens du peuple s'é-
« tant déclarés ses partisans, il choisit parmi eux
« 12 sujets pour répandre sa doctrine. Mais le
« commandant du lieu, alarmé de ses mouve-
« ments, fit saisir le vieillard, et le fit mettre en
« prison. Dans ce revers, son état toucha une
« fille esclave du geôlier, et elle se proposa de le
« délivrer. Il s'en présenta bientôt une occasion
« qu'elle ne manqua pas de saisir. Un jour que le
« geôlier s'était couché ivre, et dormait d'un pro-
« fond sommeil, elle prit tout doucement les clefs
« qu'il tenait sous son oreiller, et après avoir ou-
« vert la porte au vieillard, elle vint les remettre en
« place, sans que son maître s'en aperçut: le len-
« demain, lorsque le geôlier vint pour visiter son
« prisonnier, il fut d'autant plus étonné de trou-

---

(1) Assemani, *Bibliothèque orientale*.

« ver le lieu vide, qu'il ne vit aucune trace de vio-
« lence. Il crut alors que le vieillard avait été dé-
« livré par un ange, et il s'empressa de répandre
« ce bruit pour éviter la répréhension qu'il méri-
« tait. De son côté, le vieillard raconta la même
« chose à ses disciples, et il se livra plus que ja-
« mais à la prédication de ses idées. Il écrivit
« même un livre dans lequel on lit entre autres
« choses : *Moi un tel, du village de Nasar, j'ai vu*
« *Christ, qui est la parole de Dieu, qui est Ahmad,*
« *fils de Mohammad, fils de Hanafa, de la race*
« *d'Ali, qui est aussi Gabriel; et il m'a dit : Tu es*
« *celui qui lit (avec intelligence); tu es l'homme*
« *qui dit vrai; tu es le chameau qui préserve*
« *les fidèles de la colère; tu es la bête de charge*
« *qui porte leur fardeau; tu es l'esprit (saint),*
« *et Jean, fils de Zacharie. Va, et prêche aux*
« *hommes qu'ils fassent 4 génuflexions en priant;*
« *à savoir, deux avant le lever du soleil, et deux*
« *avant son coucher, en tournant le visage vers*
« *Jérusalem; et qu'ils disent trois fois : Dieu tout-*
« *puissant, Dieu très-haut, Dieu très-grand; qu'ils*
« *n'observent plus que la* 2e *et* 3e *fête; qu'ils*
« *ne jeûnent que deux jours par an; qu'ils ne se*
« *lavent point le prépuce, et qu'ils ne boivent point*
« *de bière, mais du vin tant qu'il en voudront;*
« *enfin, qu'ils s'abstiennent de la chair des bêtes*
« *carnassières*. Ce vieillard étant passé en Syrie,
« répandit ces opinions chez les gens de la cam-

« pagne et du peuple, qui le crurent en foule ; et
« après quelques années, il s'évada, sans qu'on
« ait su ce qu'il devint ».

Telle fut l'origine de ce *Ansáriens*, qui se trouvèrent, pour la plupart, être des habitants de ces montagnes dont nous avons parlé. Un peu plus d'un siècle après cette époque, les Croisés portant la guerre dans ces cantons, et marchant de *Marrah* par l'Oronte vers le Liban, rencontrèrent de ces *Nasiréens*, dont ils tuèrent un grand nombre. Guillaume de Tyr (1), qui rapporte ce fait, les confond avec les *assassins*, et peut-être ont-ils eu des traits communs. Quant à ce qu'il ajoute que le terme *assassins* avait cours chez les Francs comme chez les Arabes, sans pouvoir en expliquer l'origine, il est facile d'en résoudre le problème. Dans l'usage vulgaire de la langue arabe, *Hassâsin* (2) signifie *des voleurs de nuit*, des gens qui tuent *en guet-apens*; on emploie ce terme encore aujourd'hui dans ce sens au Kaire et dans la Syrie : par cette raison il convint aux *Bâténiens*, qui tuaient par surprise ; les Croisés qui le trouvèrent en Syrie au moment que cette secte faisait le plus de bruit, durent en adopter l'usage. Ce qu'ils ont raconté du *vieux de la Montagne*, est

---

(1) Liv. XX, chap. 30.
(2) La racine *Hass*, par une H majeure, signifie tuer, *assassiner*, écouter pour *surprendre;* mais le composé *hassás* manque dans Golius.

une mauvaise traduction de la phrase *Chaik-el-Djebal*, qu'il faut expliquer *seigneur des montagnes;* et par-là, les Arabes ont désigné le chef des *Bâténiens,* dont le siége principal était à l'orient du *Kourdestan,* dans les *montagnes* de l'ancienne Médie.

Les *Ansârié* sont, comme je l'ai dit, divisés en plusieurs peuplades ou sectes; on y distingue les *Chamsiés,* ou adorateurs du *soleil;* les *Kelbié,* ou adorateurs du *chien;* et les *Quadmousié,* qu'on assure rendre un culte particulier à l'organe qui, dans les femmes, correspond à *Priape* (1). Niebuhr, à qui l'on a fait les mêmes récits qu'à moi, n'a pu les croire, *parce que,* dit-il, *il n'est pas probable que des hommes se dégradent à ce point;* mais cette manière de raisonner est démentie, et par l'histoire de tous les peuples, qui prouve que l'esprit humain est capable des écarts les plus extravagants, et même par l'état actuel de la plupart des pays, et surtout de ceux de l'Orient, où l'on trouve un degré d'ignorance et de crédulité propre à recevoir ce qu'il y a de plus absurde. Les cultes bizarres dont nous parlons, sont d'autant plus croyables chez les *Ansârié,* qu'ils paraissent s'y être conservés par une transmission continue des siècles anciens où ils régnèrent. Les historiens (2)

---

(1) On assure qu'ils ont des assemblées nocturnes, où après quelques lectures ils éteignent la lumière, et se mêlent comme les anciens Gnostiques.

(2) *Oriens Christ.*, tom. II, pag. 680.

remarquent que malgré le voisinage d'Antioche, le christianisme ne pénétra qu'avec la plus grande peine dans ces cantons; il y comptait peu de prosélytes, même après le règne de Julien : de là, jusqu'à l'invasion des Arabes, il eut peu le temps de s'établir; car il n'en est pas toujours des révolutions d'opinions dans les campagnes comme dans les villes. Dans celles ci, la communication facile et continue répand plus promptement les idees, et décide en peu de temps de leur sort par une chute ou un triomphe marqué. Les progrès que cette religion put faire chez ces montagnards grossiers, ne servirent qu'à aplanir les routes au mahométisme, plus analogue à leurs goûts; et il résulta des dogmes anciens et modernes, un mélange informe auquel le vieillard de *Nasar* dut son succès. Cent cinquante ans après lui, *Mohammad-el-Dourzi* ayant à son tour fait une secte, les *Ansâriens* n'en admirent point le principal article, qui était la divinité du *kalife Hakem* : par cette raison, ils sont demeurés distincts des Druzes, quoiqu'ils aient d'ailleurs divers traits de ressemblance avec eux. Plusieurs des *Ansârié* croient à la métempsycose; d'autres rejettent l'immortalité de l'ame; et en général, dans l'anarchie civile et religieuse, dans l'ignorance et la grossièreté qui règnent chez eux, ces paysans se font telles idées qu'ils jugent à propos, et suivent la secte qui leur plaît, ou n'en suivent point du tout.

Leurs pays est divisé en 3 districts principaux, tenus à *ferme* par des *chefs* appelés *Moqaddamim*. Ils reportent leur tribut au pacha de Tripoli, dont ils reçoivent leur titre chaque année. Leurs montagnes sont communément moins escarpées que celles du Liban; elles sont en conséquence plus propres à la culture, mais aussi elles sont plus ouvertes aux Turks; et c'est par cette raison sans doute qu'avec une plus grande fécondité en grain, en tabac à fumer, en vigne et en olives, elles sont cependant moins peuplées que celles de leurs voisins les Maronites et les Druzes, dont il faut nous occuper.

§ II.

Des Maronites.

Entre les *Ansárié* au nord, et les *Druzes* au midi, habite un petit peuple connu dès long-temps sous le nom de *Maouárné*, ou *Maronites*. Leur origine première, et la nuance qui les distingue des *Latins*, dont ils suivent la communion, ont été longuement discutées par des écrivains ecclésiastiques; ce qu'il y a de plus clair et de plus intéressant dans ces questions, peut se réduire à ce qui suit.

Sur la fin du sixième siècle de l'église, lorsque l'esprit érémitique était encore dans la ferveur de la nouveauté, vivait sur les bords de l'*Oronte* un nommé *Mároun*, qui, par ses jeûnes, sa vie solitaire et ses austérités, s'attira la considération du peuple d'alentour. Il paraît que dans les querelles qui déja régnaient entre Rome et Constantinople, il employa son crédit en faveur des Occidentaux. Sa mort, loin de refroidir ses partisans, donna une nouvelle force à leur zèle : le bruit se répandit qu'il se faisait des miracles près de son corps : et sur ce bruit, il s'assembla de *Kinésrin*, d'*Aouásem* et autres lieux, des gens qui lui dressèrent, dans *Hama*, une chapelle et un tombeau ; bientôt même il s'y forma un couvent qui prit une grande célébrité dans toute cette partie de la Syrie. Cependant les querelles des deux métropoles s'échauffèrent, et tout l'empire partagea les dissensions des prêtres et des princes. Les affaires en étaient à ce point, lorsque sur la fin du 7e siècle, un moine du couvent de Hama, nommé *Jean le Maronite*, parvint, par son talent pour la prédication, à se faire considérer comme un des plus fermes appuis de la cause des *Latins* ou partisans du pape. Leurs adversaires, les partisans de l'empereur, nommés par cette raison *melkites*, c'est-à-dire *royalistes*, faisaient alors de grands progrès dans le Liban. Pour s'y opposer avec succès, les Latins résolurent d'y envoyer *Jean le Maronite* ; en conséquence, ils le présentèrent à l'agent du pape, à Antioche, lequel, après l'avoir sacré évêque de *Djebail*, l'envoya prêcher dans ces contrées. Jean ne tarda pas à rallier ses partisans et à en augmenter le nombre ; mais traversé par les intrigues et même par les attaques ouvertes des melkites, il jugea nécessaire d'opposer la force à la force; il rassembla tous les Latins, et il s'établit avec eux dans le Liban, où ils formèrent une société indépendante pour l'état civil comme pour l'état religieux. C'est ce qu'indique un historien du Bas-Empire (1), en ces termes : « L'an 8 de Constantin « Pogonat (676 de Jésus-Christ), les *Mardaïtes* « s'étant attroupés, s'emparèrent du Liban, qui « devint le refuge des vagabonds, des esclaves et « de toute sorte de gens. Ils s'y renforcèrent au « point qu'ils arrêtèrent les progrès des Arabes, « et qu'ils contraignirent le kalife Moâouia à de- « mander aux Grecs une trêve de 30 ans, sous « l'obligation d'un tribut de 50 chevaux de race, « de 100 esclaves, et de 10,000 pièces d'or. »

Le nom de *mardaïtes* qu'emploie ici l'auteur, est un terme *syriaque* qui signifie *rebelle*, et par son opposition à *melkite* ou royaliste, il prouve à la fois que le syriaque était encore usité à cette époque, et que le schisme qui déchirait l'empire était autant civil que religieux. D'ailleurs, il paraît que l'origine de ces deux factions et l'existence d'une insurrection dans ces contrées, sont antérieures à l'époque alléguée ; car dès les premiers

---

(1) Cedrenus.

temps du mahométisme (622 de Jésus-Christ) où fait mention de deux petits princes particuliers, dont l'un, nommé *Youseph*, commandait à *Djebail*; et l'autre, nommé *Kesrou*, gouvernait l'intérieur du pays, qui prit de lui le nom de *Kesraouân*. On en cite encore après eux un autre qui fit une expédition contre Jérusalem, et qui mourut très-âgé à *Beskonta* (1), où il faisait sa résidence. Ainsi, dès avant Constantin Pogonat, ces montagnes étaient devenues l'asile des *mécontents* ou des *rebelles*, qui fuyaient l'intolérance des empereurs et de leurs agents. Ce fut sans doute par cette raison, et par une analogie d'opinions, que Jean et ses disciples s'y réfugièrent ; et ce fut par l'ascendant qu'ils y prirent, ou qu'ils y avaient déja, que toute la nation se donna le nom de *maronites*, qui n'était point injurieux comme celui de *mardaïtes*. Quoi qu'il en soit, Jean ayant établi chez ces montagnards un ordre régulier et militaire, leur ayant donné des armes et des chefs, ils employèrent leur liberté à combattre les ennemis communs de l'empire et de leur petit état; bientôt ils se rendirent maîtres de presque toutes les montagnes jusqu'à Jérusalem. Le schisme qui arriva chez les musulmans à cette époque, facilita leurs succès : *Moâouia* révolté à Damas contre Ali, kalife à Koufa, se vit obligé, pour n'avoir pas deux

---

(1) Village du Kesraouân.

guerres ensemble, de faire (en 678) un traité onéreux avec les Grecs. Sept ans après, Abd-el-Malek le renouvela avec Justinien II, en exigeant toutefois que l'empereur le délivrât des Maronites. Justinien eut l'imprudence d'y consentir, et il y ajouta la lâcheté de faire assassiner leur chef par un envoyé que cet homme trop généreux avait reçu dans sa maison sous des auspices de paix. Après ce meurtre, cet agent employa la séduction et l'intrigue si heureusement, qu'il emmena 12,000 hommes du pays; ce qui laissa une libre carrière aux progrès des musulmans. Peu après, une autre persécution menaça les Maronites d'une ruine entière; car le même Justinien envoya contre eux des troupes, sous la conduite de Marcien et de Maurice, qui détruisirent le monastère de Hama, et y égorgèrent 500 moines. De là ils vinrent porter la guerre jusque dans le Kesraouân; mais heureusement que sur ces entrefaites Justinien fût déposé, à la veille de faire exécuter un massacre général dans Constantinople; et les Maronites, autorisés par son successeur, ayant attaqué Maurice, taillèrent son armée en pièces dans un combat où il périt lui-même. Depuis cette époque, on les perd de vue jusqu'à l'invasion des Croisés, avec qui ils eurent tantôt des alliances et tantôt des démêlés : dans cet intervalle, qui fut de plus de trois siècles, une partie de leurs possessions leur échappa, et ils furent restreints, vers le Liban, aux bornes actuelles; sans doute même ils payèrent des tributs lorsqu'il se trouva des gouverneurs arabes ou turkmans assez forts pour les exiger. Ils étaient dans ce cas vis-à-vis du kalife d'Égypte *Hakem-B'amr-Ellah*, lorsque vers l'an 1014 il céda leur côte à un prince turkman d'Alep. Deux cents ans après, *Selah-eldin* ayant chassé les Européens de ces cantons, il fallut plier sous sa puissance, et acheter la paix par des contributions. Ce fut alors, c'est-à-dire vers l'an 1215, que les Maronites effectuèrent avec Rome une réunion dont ils n'avaient jamais été éloignés, et qui subsiste encore. Guillaume de Tyr, qui rapporte le fait, observe qu'ils avaient 40,000 hommes en état de porter les armes. Leur état, assez paisible sous les Mamlouks, fut troublé par Sélim II; mais ce prince, occupé par de plus grands soins, ne se donna pas la peine de les assujettir. Cette négligence les enhardit; et de concert avec les Druzes et leur émir, le célèbre Fakr-el-dîn, ils empiétèrent de jour en jour sur les Ottomans; mais ces mouvements eurent une issue malheureuse; car Amurat III ayant envoyé contre eux Ibrahim, pacha du Kaire, ce général les réduisit en 1588 à l'obéissance, et les soumit à un tribut annuel qu'ils paient encore.

Depuis ce temps, les pachas, jaloux d'étendre leur autorité et leurs rapines, ont souvent tenté d'introduire dans les montagnes des Maronites leurs garnisons et leurs agas; mais toujours repoussés, ils ont été forcés de s'en tenir à la première capitulation. La sujétion des Maronites se borne donc à payer un tribut au pacha de Tripoli dont leur pas relève; chaque année il en donne la ferme à un ou plusieurs *chaiks* (1), c'est-à-dire, à des *notables* qui en font la répartition par districts et par villages. Cet impôt est assis presque entier sur les mûriers et les vignes, qui sont les principaux et presque les seuls objets de culture. Il varie en plus et en moins, selon la résistance que l'on peut opposer au pacha. Il y a aussi des douanes établies aux bords maritimes, tels que *Djebail* et *Bâtroun*; mais cet objet n'est pas considérable.

La forme du gouvernement n'est point fondée sur des conventions expresses, mais seulement sur les usages et les coutumes. Cet inconvénient eût eu sans doute des long-temps de fâcheux effets, s'ils n'eussent été prévenus par plusieurs circonstances heureuses. La première est la religion, qui mettant une barrière insurmontable entre les Maronites et les musulmans, a empêché les ambitieux de se liguer avec les étrangers pour asservir leur nation. La deuxième est la nature du pays, qui offrant partout de grandes défenses, a donné à

---

(1) Dans les montagnes, le mot *chaik* signifie proprement un notable, un seigneur campagnard.

chaque village, et presque à chaque famille, le moyen de résister par ses propres forces, et par conséquent d'arrêter l'extension d'un seul pouvoir; enfin l'on doit compter pour une troisième raison, la faiblesse même de cette société, qui depuis son origine, environnée d'ennemis puissants, n'a pu leur résister qu'en maintenant l'union entre ses membres; et cette union n'a lieu, comme l'on sait, qu'autant qu'ils s'abstiennent de l'oppression les uns des autres, et qu'ils jouissent réciproquement de la sûreté de leurs personnes et de leurs propriétés. C'est ainsi que le gouvernement s'est maintenu de lui-même dans un équilibre naturel, et que les mœurs tenant lieu de lois, les Maronites ont été préservés jusqu'à ce jour de l'oppression du despotisme et des désordres de l'anarchie.

On peut considérer la nation comme partagée en deux classes, le *peuple* et les *chaiks*. Par ce mot, on entend les plus *notables* des habitants, à qui l'ancienneté de leurs familles et l'aisance de leur fortune donnent un état plus distingué que celui de la foule. Tous vivent répandus dans les montagnes par villages, par hameaux, même par maisons isolées; ce qui n'a pas lieu dans la plaine. La nation entière est agricole; chacun fait valoir de ses mains le petit domaine qu'il possède ou qu'il tient à ferme. Les chaiks même vivent ainsi, et ils ne se distinguent du peuple que par une mauvaise pelisse, un cheval, et quelques légers avantages dans la nourriture et le logement : tous vivent frugalement, sans beaucoup de jouissances, mais aussi sans beaucoup de privations, attendu qu'ils connaissent peu d'objets de luxe. En général, la nation est pauvre, mais personne n'y manque du nécessaire; et si l'on y voit des mendiants, ils viennent plutôt des villes de la côte que du pays même. La propriété y est aussi sacrée qu'en Europe, et l'on n'y voit point ces spoliations ni ces avanies si fréquentes chez les Turks. On voyage de nuit et de jour avec une sécurité inconnue dans le reste de l'empire. L'étranger y trouve l'hospitalité comme chez les Arabes; cependant l'on observe que les Maronites sont moins généreux, et qu'ils ont un peu le défaut de la lésine. Conformément aux principes du christianisme, ils n'ont qu'une femme, qu'ils épousent souvent sans l'avoir vue, toujours sans l'avoir fréquentée. Contre les préceptes de cette même religion, ils ont admis ou conservé l'usage arabe du *talion*, et le plus proche parent de tout homme assassiné doit le venger. Par une habitude fondée sur la défiance et l'état politique du pays, tous les hommes, chaiks ou paysans, marchent sans cesse armés du fusil et du poignard; c'est peut-être un inconvénient; mais il en résulte cet avantage, qu'ils ne sont pas novices à l'usage des armes dans les circonstances nécessaires, telles que la défense de leur pays contre les Turcs. Comme le pays n'entretient point de troupes régulières, chacun est obligé de marcher lorsqu'il y a guerre; et si cette milice était bien conduite, elle vaudrait mieux que bien des troupes d'Europe. Les recensements que l'on a eu occasion de faire dans les dernières années, portent à trente-cinq mille le nombre des hommes en état de manier le fusil. Dans les rapports ordinaires, ce nombre supposerait une population totale d'environ 105,000 ames. Si l'on y ajoute un nombre de prêtres, de moines et de religieuses, répartis dans plus de 200 couvents; plus, le peuple des villes maritimes, telles que *Djebail, Bâtroun*, etc, l'on pourra porter le tout à 115,000 ames.

Cette quantité, comparée à la surface du pays, qui est d'environ 150 lieues carrées, donne 760 habitants par lieue carrée, ce qui ne laisse pas d'être considérable, attendu qu'une grande partie du Liban est composée de rochers incultivables, et que le terrain, même aux lieux cultivés, est rude et peu fertile.

Pour la religion, les Maronites dépendent de Rome. En reconnaissant la suprématie du pape, leur clergé a continué, comme par le passé, d'élire un chef qui a le titre de *batraq* ou *patriarche* d'Antioche. Leurs prêtres se marient comme aux premiers temps de l'église; mais leur femme doit être vierge et non veuve, et ils ne peuvent passer à de secondes noces. Ils célèbrent la messe en syriaque, dont la plupart ne comprennent pas un mot. L'évangile seul se lit à haute voix en arabe, afin que le peuple l'entende. La communion se pratique sous les deux espèces. L'hostie est un petit pain rond, non levé, épais du doigt, et un peu plus large qu'un écu de six livres. Le dessus porte un cachet qui est la portion du célébrant. Le reste se coupe en petits morceaux, que le prêtre met dans le calice avec le vin, et qu'il administre à chaque personne, au moyen d'une cuiller qui sert à tout le monde. Ces prêtres n'ont point, comme parmi nous, de bénéfices ou de rentes assignées ; mais ils vivent en partie du produit de leurs messes, des dons de leurs auditeurs, et du travail de leurs mains. Les uns exercent des métiers ; d'autres cultivent un petit domaine ; tous s'occupent pour le soutien de leur famille et l'édification de leur troupeau. Ils sont un peu dédommagés de leur détresse par la considération dont ils jouissent ; ils en éprouvent à chaque instant des effets flatteurs pour la vanité : quiconque les aborde, pauvre ou riche, grand ou petit, s'empresse de leur baiser la main : ils n'oublient pas de la présenter ; et ils ne voient pas avec plaisir les Européens s'abstenir de cette marque de respect, qui répugne à nos mœurs, mais qui ne coûte rien aux naturels accoutumés dès l'enfance à la prodiguer. Du reste, les cérémonies de la religion ne sont pas pratiquées en Europe avec plus de publicité et de liberté que dans le *Kesraouân*. Chaque village a sa chapelle, son desservant, et chaque chapelle a sa cloche; chose inouïe dans le reste de la Turkie. Les Maronites en tirent vanité; et pour s'assurer la durée de ces franchises, ils ne permettent à aucun musulman d'habiter parmi eux. Ils s'arrogent aussi le privilége de porter le turban vert, qui, hors de leurs limites, coûterait la vie à un chrétien.

L'Italie ne compte pas plus d'évêques que ce petit canton de la Syrie; ils y ont conservé la modestie de leur état primitif: on en rencontre souvent dans les routes, montés sur une mule, suivis d'un seul sacristain. La plupart vivent dans les couvents, où ils sont vêtus et nourris comme les simples moines. Leur revenu le plus ordinaire ne passe pas 1,500 livres; et dans ce pays, où tout est à bon marché, cette somme suffit pour leur procurer même l'aisance. Ainsi que les prêtres, ils sont tirés de la classe des moines; leur titre, pour être élus, est communément une prééminence de savoir: elle n'est pas difficile à acquérir, puisque le vulgaire des religieux et des prêtres ne connaît que le catéchisme et la Bible. Cependant il est remarquable que ces deux classes subalternes sont plus édifiantes par leurs mœurs et par leur conduite; qu'au contraire les évêques et le patriarche, toujours livrés aux cabales et aux disputes de prééminence et de religion, ne cessent de répandre le scandale et le trouble dans le pays, sous prétexte d'exercer, selon l'ancien usage, la correction ecclésiastique : ils s'excommunient mutuellement eux et leurs adhérents; ils suspendent les prêtres, interdisent les moines, infligent des pénitences publiques aux laïques; en un mot, ils ont conservé l'esprit brouillon et tracassier qui a été le fléau du Bas-Empire. La cour de Rome, souvent importunée de leurs débats, tâche de les pacifier, pour maintenir en ces contrées le seul asile qu'y conserve sa puissance. Il y a quelque temps qu'elle fut obligée d'intervenir dans une affaire singulière, dont le tableau peut donner une idée de l'esprit des Maronites.

Vers l'an 1755, il y avait dans le voisinage de la mission des jésuites, une fille maronite, nommée *Hendié*, dont la vie extraordinaire commença de fixer l'attention du peuple. Elle jeûnait, elle portait le cilice, elle avait le don des larmes; en un mot, elle avait tout l'extérieur des anciens ermites, et bientôt elle en eut la réputation. Tout le monde la regardait comme un modèle de piété, et plusieurs la réputèrent pour sainte : de là aux miracles le passage est court ; et bientôt en effet le bruit courut qu'elle faisait des miracles. Pour bien concevoir l'impression de ce bruit, il ne faut pas oublier que l'état des esprits dans le Liban est presque le même qu'aux premiers siècles. Il n'y eut donc ni incrédules ni plaisans, pas même de *douteurs*. *Hendié* profita de cet enthousiasme pour l'exécution de ses projets ; et se modelant en apparence sur ses prédécesseurs dans la même carrière, elle désira d'être fondatrice d'un ordre nouveau. Le cœur humain a beau faire ; sous quelque forme qu'il déguise ses passions, elles sont toujours les mêmes : pour le conquérant comme pour le cénobite, c'est toujours également l'ambition du pouvoir ; et l'orgueil de la prééminence se montre même dans l'excès de l'humilité. Pour bâtir le couvent, il fallait des fonds ; la fondatrice sollicita la piété de ses partisans, et les aumônes abondèrent ; elles furent telles, que l'on put élever en peu d'années deux vastes maisons en pierre de taille, dont la construction a dû coûter quarante mille écus. Le lieu, nommé le *Kourket*, est un dos de colline au nord-ouest d'*Antoura*, dominant à l'ouest, sur la mer qui en est très-voisine, et découvrant au sud jusqu'à la rade de *Baïrout*, éloignée de quatre lieues. Le *Kourket* ne tarda pas de se peupler de moines et de religieuses. Le patriarche actuel fut le directeur-général ; d'autres emplois, grands et petits, furent conférés à divers prêtres ou candidats, que l'on établit dans l'une des maisons. Tout réussissait à souhait : il est vrai qu'il mourait beaucoup de religieuses ; mais on en rejetait la faute sur l'air, et il était difficile d'en imaginer la vraie cause. Il y avait près de vingt ans que *Hendié* régnait dans ce petit empire, quand un accident, impossible à prévoir, vint tout renverser. Dans des jours d'été, un commissionnaire venant de Damas à Baîrout, fut surpris par la nuit près de ce couvent : les portes étaient fermées, l'heure indue ; il ne voulut rien troubler ; et content d'avoir pour lit un monceau de paille, il se coucha dans la cour extérieure en attendant le jour. Il y dormait depuis quelques heures, lorsqu'un bruit clandestin de portes et de verrous vint l'éveiller. De cette porte, sortirent trois femmes qui tenaient en main des pioches et des pelles ; deux hommes les suivaient, portant un long paquet blanc, qui paraissait fort lourd. La troupe s'achemina vers un terrain voisin plein de pierres et de décombres. Là, les hommes déposèrent leur fardeau, creusèrent un trou où ils le mirent, recouvrirent le trou de terre qu'ils foulèrent, et après cette opération, rentrèrent avec les femmes qui les suivirent. Des hommes avec des religieuses, une sortie faite de nuit avec mystère, un paquet déposé dans un trou caché, tout cela donna à penser au voyageur. La surprise l'avait d'abord retenu en silence ; bientôt les réflexions firent naître l'inquiétude et la peur, et il se déroba dès l'aube du jour pour se rendre à Baîrout. Il connaissait dans la ville un marchand qui depuis quelques mois avait placé ses deux filles au *Kourket*, avec une dot de 10,000 livres. Il alla le trouver hésitant encore, et cependant brûlant d'impatience de raconter son aventure. L'on s'assit jambes croisées, l'on alluma la longue pipe, et l'on prit le café. Le marchand fait des questions sur le voyage ; l'homme répond qu'il a passé la nuit près du *Kourket.* On demande des détails; il en donne : enfin il s'épanche, et conte ce qu'il a vu à l'oreille de son hôte. Les premiers mots étonnent celui-ci ; le paquet en terre l'inquiète ; bientôt la réflexion vient l'alarmer. Il sait qu'une de ses filles est malade; il observe qu'il meurt beaucoup de religieuses. Ces pensées le tourmentent; il n'ose admettre des soupçons trop graves, et il ne peut les rejeter; il monte à cheval avec un ami ; ils vont ensemble au couvent; ils demandent à voir les deux novices : elles sont malades. Le marchand insiste, et veut qu'on les apporte ; on le refuse avec humeur : il s'opiniâtre ; on s'obstine : alors ses soupçons se tournent en certitude. Il part le désespoir dans le cœur, et va trouver à *Dair-el-Qamar, Saad,* kiâya (1) du prince *Yousef,* commandant de la montagne. Il lui expose le fait et tous ses accessoires. Le kiâya en est frappé; il lui donne des cavaliers et un ordre d'ouvrir de gré ou de force: le qâdi se joint au marchand, et l'affaire devient juridique ; d'abord l'on fouille la terre, et l'on trouve que le paquet déposé est un corps mort, que l'infortuné père reconnaît pour sa fille cadette : on pénètre dans le couvent et l'on trouve l'autre en prison et près d'expirer. Elle révéla des abominations qui firent frémir, et dont elle allait, comme

---

(1) Nom des ministres des petits princes.

sa sœur, devenir la victime. On saisit la sainte, qui soutint son rôle avec constance ; l'on actionna les prêtres et le patriarche. Ses ennemis se réunirent pour le perdre et profiter de sa dépouille : il fut suspendu, déposé. L'affaire a été porté en 1776 à Rome ; la *Propagande* a informé, et l'on a decouvert des infamies de libertinage, et des horreurs de cruauté. Il a été constaté que *Hendié* faisait périr ses religieuses, tantôt pour profiter de leurs dépouilles, tantôt parce qu'elle les trouvait rebelles à ses volontés ; que cette femme non-seulement communiait, mais même consacrait et disait la messe ; qu'elle avait sous son lit des trous par lesquels on introduisait des parfums, au moment qu'elle prétendait avoir des extases et des visites du Saint-Esprit ; qu'elle avait une faction qui la prônait et publiait qu'elle était la mère de Dieu, revenue en terre, et mille autres extravagances. Malgré cela, elle a conservé un parti assez puissant pour s'opposer à la rigueur du traitement qu'elle méritait : on l'a renfermée dans divers couvents, d'où elle s'est souvent évadée. En 1783, elle était à la visitation d'Antoura, et le frère de l'émir des Druzes voulait la délivrer. Grand nombre de personnes croient encore à sa sainteté ; et sans l'accident du voyageur, ses ennemis actuels y croiraient de même. Que penser des réputations, s'il en est qui tiennent à si peu de chose ?

Dans le petit espace qui compose le pays des

Maronites, on compte plus de 200 couvents d'hommes ou de femmes. Leur règle est celle de saint Antoine; ils la pratiquent avec une exactitude qui rappelle les temps passés. Le vêtement des moines est une étoffe de laine brune et grossière, assez semblable à la robe des capucins. Leur nourriture est celle des paysans, avec cette exception, qu'ils ne mangent jamais de viande. Ils ont des jeûnes fréquents, et de longues prières de jour et de nuit; le reste de leur temps est employé à cultiver la terre, à briser les rochers pour former les murs des terrasses qui soutiennent les plants des vignes et des mûriers. Chaque couvent a un frère cordonnier, un frère tailleur, un frère tisserand, un frère boulanger; en un mot, un artiste de chaque métier nécessaire : on trouve presque toujours un couvent de femmes à côté d'un couvent d'hommes; et cependant il est rare d'entendre parler de scandales. Ces femmes elles-mêmes mènent une vie très-laborieuse; et cette activité est sans doute ce qui les garantit de l'ennui et des désordres qui accompagnent l'oisiveté : aussi, loin de nuire à la population, on peut dire que ces couvents y ont contribué, en multipliant par la culture les denrées dans une proportion supérieure à leur consommation. La plus remarquable des maisons des moines maronites, est *Qoz-haïé*, à 6 heures à l'est de Tripoli. C'est là qu'on exorcise, comme aux premiers temps de l'église, les possédés du diable. Il s'en trouve encore dans ces cantons : il y a peu d'années que nos négociants de Tripoli en virent un qui exerça la patience et le savoir des religieux. Cet homme, sain à l'extérieur, avait des convulsions subites qui le faisaient entrer dans une fureur, tantôt sourde, et tantôt éclatante. Il déchirait, il mordait, il écumait ; sa phrase ordinaire était : *Le soleil est ma mère, laissez-moi l'adorer.* On l'inonda d'ablutions, on le tourmenta de jeûnes et de prières, et l'on parvint, dit-on, à chasser le diable ; mais d'après ce qu'en rapportent des témoins éclairés, il paraît que ces possédés ne sont pas autre chose que des hommes frappés de folie, de manie et d'épilepsie ; et il est très-remarquable que le même mot arabe désigne à la fois l'*épilepsie* et l'*obsession* (1).

La cour de Rome, en s'affiliant des Maronites, leur a donné un hospice dans Rome, où ils peuvent envoyer plusieurs jeunes gens que l'on y élève gratuitement. Il semblerait que ce moyen eût dû introduire parmi eux les arts et les idées de l'Europe ; mais les sujets de cette école, bornés à une éducation purement monastique, ne rapportent dans leur pays que l'italien, qui leur devient inutile, et un savoir théologique qui ne les conduit à rien ; aussi ne tardent-ils pas à rentrer dans la classe générale. Trois ou quatre mission-

---

(1) *Kabal* et *Kabat.* Le *K* est ici le jota espagnol.

naires que les capucins de France entretiennent à Gâzir, à Tripoli et à Baîrout, n'ont pas opéré plus de changements dans les esprits. Leur travail consiste à prêcher dans leur église, à enseigner aux enfants le catéchisme, l'Imitation et les Psaumes, et à leur apprendre à lire et à écrire. Ci-devant les jésuites en avaient deux à leur maison d'Antoura; les lazaristes ont pris leur place et continué leur mission. L'avantage le plus solide qui ait résulté de ces travaux apostoliques, est que l'art d'écrire s'est rendu plus commun chez les Maronites, et qu'à ce titre, ils sont devenus dans ces cantons ce que sont les Coptes en Égypte, c'est-à-dire qu'ils se sont emparés de toutes les places d'écrivains, d'intendants et de kiâyas chez les Turks, et surtout chez les Druzes, leur alliés et leurs voisins.

§ III.

Des Druzes.

Les *Druzes* ou *Derouz*, dont le nom fit quelque bruit en Europe sur la fin du 16e siècle, sont un petit peuple qui, pour le genre de vie, la forme du gouvernement, la langue et les usages, ressemble infiniment aux Maronites. La religion forme leur principale différence. Long-temps celle des Druzes fut un problème; mais enfin l'on a percé le mystère, et désormais l'on peut en rendre un compte assez précis, ainsi que de leur origine, à laquelle elle est liée. Pour en bien saisir l'histoire, il convient de reprendre les faits jusque dans leurs premières sources.

Vingt-trois ans après la mort de Mahomet, la querelle d'*Ali* son gendre, et de *Moâouia*, gouverneur de Syrie, avait causé dans l'empire arabe un premier schisme qui subsiste encore; mais à le bien prendre, la scission ne portait que sur la puissance; et les musulmans, partagés d'avis sur les représentants du prophète, demeuraient d'accord sur les dogmes (1). Ce ne fut que dans le

---

(1) La cause radicale de toute cette grande querelle fut l'aversion qu'*Aïcha*, femme de Mahomet, avait conçue contre *Ali*, à l'occasion, dit-on, d'une infidélité qu'il avait révélée au prophète : elle ne put lui pardonner cette indiscrétion ; et après lui avoir donné trois fois l'exclusion au kalifat par ses intrigues, voyant qu'il l'emportait à la quatrième, elle résolut de le perdre à force ouverte. Dans ce dessein, elle souleva contre lui divers chefs des Arabes, et entre autres *Amrou*, gouverneur d'Égypte, et *Moâouia*, gouverneur de Syrie. Ce dernier se fit proclamer *kalife* ou *successeur* dans la ville de Damas. *Ali*, pour le déposséder, lui déclara la guerre; mais la nonchalance de sa conduite perdit ses affaires. Après quelques hostilités, où les avantages furent balancés, il périt, à Koufa, par la main d'un *assassin* ou *bâtenien*. Ses partisans élurent à sa place son fils *Hosain*; mais ce jeune homme, peu propre à des circonstances aussi épineuses que celles où il se trouvait, fut tué dans une rencontre par les partisans de Moâouia. Cette mort acheva de rendre les deux factions irréconciliables. Leur haine devint une raison de ne plus s'accorder sur les commentaires du *Qôran*. Les docteurs des deux partis prirent plaisir à se contrarier, et dès-lors se forma le

siècle suivant que la lecture des livres grecs suscita parmi les Arabes un esprit de discussion et de controverse, jusqu'alors étranger à leur ignorance. Les effets en furent tels que l'on devait les attendre ; c'est-à-dire, que raisonnant sur des matières qui n'étaient susceptibles d'aucune démonstration, et se guidant par les principes abstraits d'une logique inintelligible, ils se partagèrent en une foule d'opinions et de sectes. Dans le même temps, la puissance civile tomba dans l'anarchie; et la religion, qui en tire les moyens de garder son unité, suivit son sort : alors il arriva aux musulmans ce qu'avaient déja éprouvé les chrétiens. Les peuples qui avaient adopté le système de Mahomet, y joignirent leurs préjugés, et les anciennes idées répandues dans l'Asie, se remontrèrent sous de nouvelles formes : on vit renaître chez les musulmans, et la métempsycose, et les transmigrations, et les *deux principes* du bien et du mal, et la résurrection au bout de 6,000 ans, telle que l'avait enseignée Zoroastre : dans le désordre politique et religieux de l'état, chaque inspiré se fit apôtre, chef de secte. On en compta plus de 60, remarquables par le nombre de leurs partisans ; toutes différant sur quelques points de dogme,

---

partage des musulmans en deux sectes, qui se traitent mutuellement d'hérétiques. Les Turks suivent celle qui regarde *Omar* et *Moáouia*, comme successeurs légitimes du prophète. Les Persans au contraire suivent le parti d'Ali.

toutes s'inculpant d'hérésie et d'erreurs. Les choses en étaient à ce point, lorsque dans le commencement du 11ᵉ siècle, l'Égypte devint le théâtre de l'un des plus bizarres spectacles que l'histoire offre en ce genre. Écoutons les écrivains originaux (1). « L'an de l'hedjire 386 (996 de Jésus-
« Christ), dit *El-Makin*, parvint au trône d'Égypte,
« à l'âge de 11 ans, le 3ᵉ calife de la race des Fât-
« mites, nommé *Hakem-b'amr-ellah*. Ce prince fut
« l'un des plus extravagants dont la mémoire
« des hommes ait gardé le souvenir. D'abord il fit
« maudire dans les mosquées les premiers kalifes,
« compagnons de Mahomet ; puis il révoqua l'a-
« nathème : il força les juifs et les chrétiens d'ab-
« jurer leur culte ; puis il leur permit de le repren-
« dre. Il défendit de faire des chaussures aux
« femmes, afin qu'elles ne pussent sortir de leurs
« maisons. Pour se désennuyer, il fit brûler la moi-
« tié du Kaire, pendant que ses soldats pillaient
« l'autre. Non content de ces fureurs, il interdit le
« pèlerinage de la Mekke, le jeûne, les 5 prières ;
« enfin, il porta la folie au point de vouloir se
« faire passer pour Dieu. Il fit dresser un registre
« de ceux qui le reconnurent pour tel, et il s'en
« trouva jusqu'au nombre de 16,000 : cette idée
« fut appuyée par un faux prophète qui était alors
« venu de la Perse en Égypte. Cet imposteur,

---

(1) El-Makin, lib. I, *Hist. Arab.*

« nommé *Mohammad-ben-Ismaël,* enseignait qu'il
« était inutile de pratiquer le jeûne, la prière, la
« circoncision, le pèlerinage, et d'observer les
« fêtes ; que les prohibitions du porc et du vin
« étaient absurdes ; que le mariage des frères, des
« sœurs, des pères et des enfants était licite. Pour
« être bien venu de *Hakem,* il soutint que ce
« kalife était Dieu lui-même incarné ; et au lieu
« de son nom *Hakem-b'amr-ellah*, qui signifie
« *gouvernant par l'ordre de Dieu*, il l'appela *Ha-*
« *kem-b'amr-eh*, qui signifie *gouvernant par son*
« *propre ordre.* Par malheur pour le prophète,
« son nouveau Dieu n'eut pas le pouvoir de le ga-
« rantir de la fureur de ses ennemis : ils le tuèrent
« dans un émeute aux pieds même du kalife, qui
« peu après fut aussi massacré sur le mont *Mo-*
« *qattam*, où il entretenait, disait-il, commerce
« avec les anges. »

La mort de ces deux chefs n'arrêta point les progrès de leurs opinions : un disciple de Mohammad-ben-Ismaël, nommé *Hamz-ben-Ahmad*, les répandit avec un zèle infatigable dans l'Égypte, dans la Palestine et sur la côte de Syrie, jusqu'à Sidon et Béryte. Il paraît que ses prosélytes éprouvèrent le même sort que les Maronites, c'est-à-dire que, persécutés par la communion régnante, ils se réfugièrent dans les montagnes du Liban, où ils pouvaient mieux se défendre ; du moins est-il certain que peu après cette époque, on les y trouve établis et formant une société indépendante comme leurs voisins. Il semblerait que la différence de leurs cultes eût dû les rendre ennemis; mais l'intérêt pressant de leur sûreté commune les força de se tolérer mutuellement; et depuis lors, ils se montrèrent presque toujours réunis, tantôt contre les Croisés ou contre les sultans d'Alep, tantôt contre les Mamlouks et les Ottomans. La conquête de la Syrie par ces derniers, ne changea point d'abord leur état. Sélim I, qui au retour de l'Égypte ne méditait pas moins que la conquête de l'Europe, ne daigna pas s'arrêter devant les rochers du Liban. Soliman II, son successeur, sans cesse occupé de guerres importantes, tantôt contre les chevaliers de Rhodes, les Persans ou l'Yemen, tantôt contre les Hongrois, les Allemands et Charles-Quint, Soliman II n'eut pas davantage le temps de songer aux Druzes. Ces distractions les enhardirent; et non contents de leur indépendance, ils descendirent souvent de leurs montagnes pour piller les sujets des Turks. Les pachas voulurent en vain réprimer leurs incursions : leurs troupes furent toujours battues ou repoussées. Ce ne fut qu'en 1588, qu'Amurat III, fatigué des plaintes qu'on lui portait, résolut, à quelque prix que ce fût, de réduire ces rebelles, et eut le bonheur d'y réussir. Son général Ybrahim Pacha, parti du Kaire, attaqua les Druzes et les Maronites avec tant d'adresse ou de vigueur, qu'il parvint à les forcer dans leurs montagnes. La discorde survint parmi les chefs, et il en profita pour tirer une contribution de plus d'un million de piastres, et pour imposer un tribut qui a continué jusqu'à ce jour.

Il paraît que cette expédition fut l'époque d'un changement dans la constitution même des Druzes. Jusqu'alors ils avaient vécu dans une sorte d'anarchie, sous le commandement de divers *chaiks* ou *seigneurs*. La nation était surtout partagée en deux factions, que l'on retrouve chez tous les peuples arabes, et que l'on appelle parti *Qaïsi*, et parti *Yamâni*. (1) Pour simplifier la régie, Ybrahim voulut qu'il n'y eût qu'un seul chef qui fût responsable du tribut, et chargé de la police. Par la nature même de son emploi, cet agent ne tarda pas d'obtenir une grande prépondérance, et sous le nom de gouverneur, il devint presque le roi de la république; mais comme ce gouverneur fut tiré de la nation, il en résulta un effet que les Turks n'avaient pas prévu et qui manqua de leur être funeste. Cet effet fut que le gouverneur rassemblant dans ses mains tous les pouvoirs de la nation, put donner à ses forces une direction unanime qui en rendit l'action bien plus puissante. Elle fut naturellement tournée contre les

---

(1) Ces factions se distinguent par la couleur qu'elles affectent à leurs drapeaux; celui des *Qaïsis* est rouge, et celui des *Yamânis* blanc.

Turks, parce que les Druzes, en devenant leurs sujets, ne cessèrent pas d'être leurs ennemis. Seulement ils furent obligés de prendre dans leurs attaques les détours qui sauvassent des apparences, et ils firent une guerre sourde, plus dangereuse peut-être qu'une guerre déclarée.

Ce fut alors, c'est-à-dire dans les premières années du XVIIe siècle, que la puissance des Druzes acquit son plus grand développement : elle le dut aux talents et à l'ambition du célèbre émir *Fakr-el-din*, vulgairement appelé *Fakar-din*. A peine ce prince se vit-il chef et gouverneur de la nation, qu'il appliqua tous ses soins à diminuer l'ascendant des Ottomans, à s'agrandir même à leurs dépens; et il y mit un art dont peu de commandants en Turquie ont offert l'exemple. D'abord il gagna la confiance de la Porte par toutes les démonstrations du dévouement et de la fidélité. Les Arabes infestaient la plaine de *Balbek*, et les pays de *Sour* et d'*Acre*; il leur fit la guerre, en délivra les habitants, et prépara ainsi les esprits à désirer son gouvernement. La ville de *Baïrout* était à sa bienséance en ce qu'elle lui ouvrait une communication avec les étrangers, et entre autres avec les Vénitiens, ennemis naturels des Turks. *Fakr-el-din* se prévalut des malversations de l'aga, et l'expulsa : il fit plus; il sut se faire un mérite de cette hostilité auprès du divan, en payant un tribut plus considérable. Il en usa de la même manière à l'égard de *Saïde*, de *Balbek* et de *Sour*; enfin, dès 1613, il se vit maître du pays jusqu'à *Adjaloun* et *Safad*. Les pachas de Damas et de Tripoli ne voyaient pas d'un œil tranquille ces empiètements. Tantôt ils s'y opposaient à force ouverte, sans pouvoir arrêter *Fakr-el-dín*; tantôt ils essayaient de le perdre à la Porte par des instigations secrètes ; mais l'émir qui y entretenait aussi des espions et des protecteurs, en éludait toujours l'effet. Cependant le divan finit par s'alarmer des progrès des Druzes, et fit les préparatifs d'une expédition capable de les écraser. Soit politique, soit frayeur, *Fakr-el-dín* ne jugea pas à propos d'attendre cet orage. Il entretenait en Italie des relations, sur lesquelles il fondait de grandes espérances : il résolut d'aller lui-même solliciter les secours qu'on lui promettait, persuadé que sa présence échaufferait le zèle de ses amis, pendant que son absence refroidirait la colère de ses ennemis : en conséquence, il s'embarqua à Baîrout, et après avoir remis les affaires dans les mains de son fils Ali, il se rendit à la cour des Médicis à Florence. L'arrivée d'un prince d'Orient en Italie ne manqua pas d'éveiller l'attention publique : l'on demanda quelle était sa nation, et l'on rechercha l'origine des *Druzes*. Les faits historiques et les caractères de religion se trouvèrent si équivoques, que l'on ne sut si l'on en devait faire des musulmans ou des chrétiens. L'on se rappela les croisades, et l'on supposa qu'un peuple réfugié dans les montagnes et ennemi des naturels, devait être une race de Croisés. Ce préjugé était trop favorable à *Fakr-el-din*, pour qu'il le décréditât ; il eut l'adresse au contraire de réclamer de prétendues alliances avec la maison de *Lorraine* : il fut secondé par les missionnaires et les marchands, qui se promettaient un nouveau théâtre de conversions et de commerce. Dans la vogue d'une opinion, chacun renchérit sur les preuves. Des savants à *origines*, frappés de la ressemblance des noms, voulurent que *Druzes* et *Dreux* ne fussent qu'une même chose, et ils bâtirent sur ce fondement le système d'une prétendue colonie de croisés français, qui, sous la conduite d'un comte de Dreux, se serait établie dans le Liban. La remarque que l'on a faite ensuite, que Benjamin de Tudèle cite le nom de Druzes avant le temps des croisades, a porté coup à cette hypothèse. Mais un fait qui eût dû la ruiner dès son origine, est l'idiome dont se servent les Druzes. S'ils fussent descendus des Francs, ils eussent conservé au moins quelques traces de nos langues ; car une société retirée dans un canton séparé où elle vit isolée, ne perd point son langage. Cependant celui des Druzes est un arabe très-pur et qui n'a pas un mot d'origine européenne. La véritable étymologie du nom de ce peuple était depuis long-temps dans nos mains sans qu'on pût s'en douter. Il vient du fondateur même de la secte, de Mohammad-ben-Ismaël qui s'appelait en surnom *el-Dorzi*, et non pas *el-Darari*, comme le portent nos imprimés. La confusion de ces deux mots, si divers dans notre écriture, tient à la figure des deux lettres arabes *r* et *z*, lesquelles ne diffèrent qu'en ce que le *z* porte un point, qu'on a très-souvent omis ou effacé dans les manuscrits (1).

Après neuf ans de séjour en Italie, *Fakr-el-din* revint reprendre le gouvernement de son pays. Pendant son absence, Ali son fils avait repoussé les Turks, calmé les esprits, et maintenu les affaires en assez bon ordre. Il ne restait plus à l'émir qu'à employer les lumières qu'il avait dû acquérir, à perfectionner l'administration intérieure et à augmenter le bien-être de sa nation; mais au lieu de l'art sérieux et utile de gouverner, il se livra tout entier aux arts frivoles et dispendieux dont il avait pris la passion en Italie. Il bâtit de toutes parts des maisons de plaisance; il construisit des bains et des jardins. Il osa même, sans égard pour les préjugés du pays, les orner de peintures et de

---

(1) Cette découverte appartient à un Michel Drogman, barataire de France à Saïde sa patrie; il a fait un *Mémoire sur les Druzes*, dont il a donné les deux seules copies qu'il eût, l'une au chevalier de *Taulès*, consul à Saïde, et l'autre au baron de *Tott*, lorsqu'il passa en 1777 pour inspecter cette échelle.

sculptures qu'a proscrites le Qôran. Les effets de cette conduite ne tardèrent pas à se manifester. Les Druzes, dont le tribut continuait comme en pleine guerre, s'indisposèrent. La faction *Yamâni* se réveilla ; l'on murmura contre les dépenses du prince : le faste qu'il étalait ralluma la jalousie des pachas. Ils voulurent augmenter les contributions : ils recommencèrent les hostilités. *Fakr-el-dîn* les repoussa : ils prirent occasion de sa résistance pour le rendre odieux et suspect au sultan même. Le violent Amurat IV s'offensa qu'un de ses sujets osât entrer en comparaison avec lui, et il résolut de le perdre. En conséquence, le pacha de Damas reçut ordre de marcher avec toutes ses forces contre Baîrout, résidence ordinaire de *Fakr-el-din*. D'autre part, quarante galères durent investir cette ville par mer, pour lui interdire tout secours. L'émir, qui comptait sur sa fortune et sur un secours d'Italie, résolut d'abord de faire tête à cet orage. Son fils Ali, qui commandait à *Safad*, fut chargé d'arrêter l'armée turke ; et en effet, il osa lutter contre elle, malgré une grande disproportion de forces ; mais après deux combats où il eut l'avantage, ayant été tué dans une troisième attaque, les affaires changèrent tout à coup de face, et tournèrent à la décadence. *Fakr-el-dîn*, effrayé de la perte de ses troupes, affligé de la mort de son fils, amolli même par l'âge et par une vie voluptueuse, *Fakr-el-din* perdit le conseil et le courage. Il ne vit plus de ressource que dans la paix; il envoya son second fils la solliciter à bord de l'amiral turk, essayant de le séduire par des présents; mais l'amiral retenant les présents et l'envoyé, déclara qu'il voulait la personne même du prince. *Fakr-el-din* épouvanté prit la fuite; les Turks, maîtres de la campagne, le poursuivirent; il se réfugia sur le lieu escarpé de *Niha*; ils l'y assiégèrent. Après un an, voyant leurs efforts inutiles, ils le laissèrent libre; mais peu de temps après, les compagnons de son adversité, las de leurs disgraces, le trahirent et le livrèrent aux Turks. *Fakr-el-din*, dans les mains de ses ennemis, conçut un espoir de pardon, et se laissa conduire à Constantinople. Amurat, flatté de voir à ses pieds un prince aussi célèbre, eut d'abord pour lui cette bienveillance que donne l'orgueil de la supériorité; mais bientôt revenu au sentiment plus durable de la jalousie, il se rendit aux instigations de ses courtisans; et dans un accès de son humeur violente, il le fit étrangler vers 1632.

Après la mort de *Fakr-el-din*, la postérité de ce prince ne continua pas moins de posséder le commandement, sous le bon plaisir et la suzeraineté des Turks : cette famille étant venue à manquer de lignée mâle au commencement de ce siècle, l'autorité fut déférée, par l'élection des *chaiks*, à la maison de *Chebak*, qui gouverne encore aujourd'hui. Le seul émir de cette maison qui mérite quelque souvenir, est l'émir *Melhem*, qui a régné depuis 1740 jusqu'en 1759. Dans cet intervalle, il est parvenu à réparer les pertes que les Druzes avaient essuyées à l'intérieur, et à leur rendre à l'extérieur la considération dont ils étaient déchus depuis le revers de *Fakr-el-din*. Sur la fin de sa vie, c'est-à-dire vers 1745, *Melhem* se dégoûta des soucis du gouvernement, et il abdiqua pour vivre dans une retraite religieuse, à la manière des *Oqqâls*. Mais les troubles qui survinrent le rappelèrent aux affaires jusqu'en 1759, qu'il mourut généralement regretté. Il laissa 3 fils en bas âge : l'aîné, nommé *Yousef*, devait, selon la *coutume*, lui succéder ; mais comme il n'avait encore que onze ans, le commandement fut dévolu à son oncle *Mansour*, par une disposition assez générale du droit public de l'Asie, qui veut que les peuples soient gouvernés par un homme en âge de raison. Le jeune prince était peu propre à soutenir ses prétentions ; mais un Maronite nommé *Sad-el-Kouri*, à qui Melhem avait confié son éducation, se chargea de ce soin. Aspirant à voir son pupille un prince puissant, pour être un puissant visir, il travailla de tout son pouvoir à élever sa fortune. D'abord il se retira avec lui à *Djebail*, au Kesraouân, où l'émir *Yousef* possédait de grands domaines ; et là il prit à tâche de s'affectionner les Maronites, en saisissant toutes les occasions de servir les particuliers et la nation. Les gros revenus de son pupille, et la modicité de ses dépenses, lui en fournirent de puissants moyens. La ferme du Kesraouân était divisée entre plusieurs chaiks dont on était peu content; *Sad* en traita avec le pacha de Tripoli, et s'en rendit le seul adjudicataire. Les *Motouális* de la vallée de Balbek avaient fait, depuis quelques années, des empiétements sur le Liban, et les Maronites s'alarmaient du voisinage de ces musulmans intolérants. *Sad* acheta du pacha de Damas la permission de leur faire la guerre, et il les expulsa en 1763. Les Druzes étaient toujours divisés en deux factions (1): *Sad* lia ses intérêts à celle qui contrariait *Mansour*, et il prépara sourdement la trame qui devait perdre l'oncle, pour élever le neveu.

C'était alors le temps que l'Arabe Dâher, maître de la Galilée, et résidant à Acre, inquiétait la Porte par ses progrès et ses prétentions : pour y opposer un obstacle puissant, elle venait de réunir les pachalics de Damas, de Saïde et de Tripoli, dans les mains d'Osman et de ses enfants, et l'on voyait clairement qu'elle avait le dessein d'une guerre ouverte et prochaine. *Mansour*, qui craignait les Turks sans oser les braver, usa de la politique or-

---

(1) Le parti *Qaïsi* et le *Yamâni*, qui portent aujourd'hui le nom des deux familles qui sont à la tête, les *Djambelâts* et les *Lesbeks*.

dinaire en pareil cas ; il feignit de les servir, et favorisa leur ennemi. Ce fut pour *Sad* une raison de prendre la route opposée : il s'appuya des Turks contre la faction de *Mansour*, et il manœuvra avec assez d'adresse ou de bonheur, pour faire déposer cet émir en 1770, et porter *Yousef* à sa place. L'année suivante éclata la guerre d'Ali-Bek contre Damas. *Yousef*, appelé par les Turks, entra dans leur querelle ; cependant il n'eut point le crédit de faire sortir les Druzes de leurs montagnes, pour aller grossir l'armée ottomane. Outre la répugnance qu'ils ont en tout temps à combattre hors de leur pays, ils étaient en cette occasion trop divisés à l'intérieur pour quitter leurs foyers, et ils eurent lieu de s'en applaudir. La bataille de Damas se donna, et les Turks, comme nous l'avons vu, furent complétement défaits. Le pacha de Saïde, échappé de la déroute, ne se crut pas en sûreté dans sa ville, et vint chercher un asile dans la maison même de l'émir *Yousef*. Le moment était peu favorable ; mais la fuite de Mohammad-Bek changea la face des affaires. L'émir croyant Ali-Bek mort, et ne jugeant pas Dâher assez fort pour soutenir seul sa querelle, se décida ouvertement contre lui. Saïde était menacée d'un siège ; il y détacha 1,500 hommes de sa faction pour l'en garantir. Lui-même, déterminant les Druzes et les Maronites à le suivre, descendit avec 25,000 paysans dans la vallée de *Beqâa* ; et dans l'absence des

Motoûâlis qui servaient chez Dâher, il mit tout à feu et à sang, depuis *Balbek* jusqu'a *Sour (Tyr)*. Pendant que les Druzes, fiers de cet exploit, marchaient en désordre vers cette dernière ville, 500 Motouâlis, informés de ce qui se passait, accoururent d'Acre, saisis de fureur et de désespoir, et fondirent si brusquement sur cette armée, qu'ils la jetèrent dans la déroute la plus complète : telles furent la surprise et la confusion des Druzes, que se croyant attaqués par Dâher lui-même, et trahis les uns par les autres, ils s'entre-tuèrent mutuellement dans leur fuite. Les pentes rapides de *Djezîn*, et les bois de sapins qui se trouvèrent sur la route des fuyards, furent jonchés de morts, dont très-peu périrent de la main des Motouâlis. L'émir Yousef, honteux de cet échec, se sauva à *Dair-el-Qamar*. Peu après, il voulut prendre sa revanche ; mais ayant encore été battu dans la plaine qui règne entre Saïde et Sour, il fut contraint de remettre à son oncle Mansour l'anneau, qui, chez les Druzes, est le symbole du commandement. En 1773, une nouvelle révolution le replaça ; mais ce ne fut qu'au prix d'une guerre civile qu'il put maintenir sa puissance. Ce fut alors que pour s'assurer *Bairout* contre la faction adverse, il invoqua le secours des Turks, et demanda au pacha de Damas un homme de tête qui sût défendre cette ville. Le choix tomba sur un aventurier qui, par sa fortune subséquente et le rôle qu'il joue aujourd'hui, mérite qu'on le fasse connaître. Cet homme, nommé *Ahmad*, est né en Bosnie, et a pour langue naturelle le sclavon, ainsi que l'assurent les capitaines de Raguse, avec qui il converse de préférence à tous les autres. On prétend qu'il s'est banni de son pays à l'age de 16 ans, pour éviter les suites d'un viol qu'il voulut commettre sur sa belle-sœur; il vint à Constantinople; et là ne sachant comment vivre, il se vendit aux marchands d'esclaves, pour être transporté en Égypte. Arrivé au Kaire, Ali-Bek l'acheta, et le plaça au rang de ses Mamlouks. Ahmad ne tarda pas à se distinguer par son courage et son adresse. Son patron l'employa en plusieurs occasions à des coups de main dangereux, tels que les assassinats des beks et des kâchefs qu'il suspectait. Ahmad s'acquitta si bien de ces commissions, qu'il en acquit le surnom de *Djezzâr*, qui signifie *égorgeur*. Il jouissait à ce titre de la faveur d'Ali, quand un accident la troubla. Ce bek ombrageux ayant jugé à propos de proscrire un de ses bienfaiteurs, nommé *Sâléh-Bek*, chargea *Djezzâr* de lui couper la tête. Soit remords, soit intérêt secret, *Djezzâr* répugna; il fit même des représentations. Mais apprenant le lendemain que Mohammad-Bek avait rempli la commission, et qu'Ali tenait des propos, il se jugea perdu; et pour éviter le sort de Sâléh-Bek, il s'échappa clandestinement, et gagna Constantinople. Il y sollicita des emplois proportionnés au rang qu'il avait tenu; mais y trouvant cette affluence de concurrents qui assiégent toutes les capitales, il se traça un autre plan, et vint à titre de simple soldat chercher du service en Syrie. Le hasard le fit passer chez les Druzes, et il reçut l'hospitalité dans la maison même du kiâya de l'émir Yousef. De là il se rendit à Damas, où il obtint bientôt le titre d'Aga, avec un commandement de 5 *drapeaux*, c'est-à-dire de 50 hommes : ce fut dans ce poste que le sort vint le chercher pour en faire le commandant de Baîrout. Djezzâr ne s'y vit pas plus tôt établi, qu'il s'en empara pour les Turks. Yousef fut confondu de ce revers. Il demanda justice à Damas; mais voyant qu'on se moquait même de ses plaintes, il traita par dépit avec Dâher, et conclut avec lui une alliance offensive et défensive à *Râs-el-aén*, près de *Sour*. Aussitôt Dâher uni aux Druzes, vint assiéger Baîrout par terre, pendant que deux frégates russes, dont on acheta le service pour 600 bourses, vinrent la canonner par mer. Il fallut céder à la force. Après une résistance assez vigoureuse, Djezzâr rendit sa personne et sa ville. Le chaik charmé de son courage, et flatté de la préférence qu'il lui avait donnée sur l'émir, l'emmena à Acre, et le traita avec toutes sortes de bontés. Il crut même pouvoir lui confier une petite expédition en Palestine; mais Djezzâr arrivé près de Jérusalem, repassa chez les Turks, et s'en retourna à Damas.

La guerre de Mohammad-Bek survint : Djezzâr se présenta au capitan-pacha, et gagna sa confiance. Il l'accompagna au siége d'Acre; et lorsque l'amiral eut détruit Dâher, ne voyant personne plus propre que Djezzâr à remplir les vues de la Porte dans ces contrées, il le nomma pacha de Saïde. Devenu par cette révolution suzerain de l'émir Yousef, Djezzâr a d'autant moins oublié son injure, qu'il a lieu de s'accuser d'ingratitude. Par une conduite vraiment turke, feignant tour à tour la reconnaissance et le ressentiment, il s'est tour à tour brouillé et réconcilié avec lui, en exigeant toujours de l'argent pour prix de la paix ou pour indemnité de la guerre. Ce manége lui a si bien réussi, qu'en un espace de 5 années, il a tiré de l'émir environ 4,000,000 de France, somme d'autant plus étonnante, que la ferme du pays des Druzes ne se montait pas alors à 100,000 francs. En 1784, il lui fit la guerre, le déposa, et mit à sa place l'émir du pays de *Hasbéya*, appelé *Ismaël*. Yousef ayant de nouveau racheté ses bonnes graces, rentra sur la fin de l'année à Dair-el-Qamar. Il poussa même la confiance jusqu'à l'aller trouver à Acre, d'où l'on ne croyait pas qu'il revînt; mais Djezzâr est trop habile pour verser le sang, quand il y a encore espoir d'argent : il a fini par relâcher le prince, et le renvoyer même avec des démonstrations d'amitié. Depuis lors, la Porte l'a nommé pacha de Damas, où il réside aujourd'hui. Là, conservant la suzeraineté du pachalic d'*Acre* et du pays des Druzes, il a saisi *Sád*, kiâya de l'émir, et sous le prétexte qu'il est l'auteur des derniers troubles, il a menacé de les lui faire payer de sa tête. Les Maronites, alarmés pour cet homme qu'ils révèrent, ont offert 900 bourses pour sa rançon. Le pacha marchande, et en aura 1,000; mais si, comme il est probable, l'or s'épuise par tant de contributions, malheur au ministre et au prince ! Le sort de tant d'autres les attend; et l'on pourra dire qu'ils l'ont mérité; car c'est l'impéritie de l'un et l'ambition de l'autre, qui, en mêlant les Turks aux affaires des Druzes, ont porté à la tranquillité et à la sûreté de leur nation, une atteinte dont elle sera long-temps à se relever, si elle ne suit que le cours naturel des événements.

Revenons à la religion des Druzes. Ce qu'on a vu des opinions de *Mahommad-ben-Ismaël*, peut en être regardé comme la définition. Ils ne pratiquent ni circoncision, ni prières, ni jeûne ; ils n'observent ni prohibitions, ni fêtes. Ils boivent du vin, mangent du porc, et se marient de sœur à frère. Seulement on ne voit plus chez eux d'alliance publique entre les enfants et les pères. D'après ceci, l'on conclura avec raison que les Druzes n'ont pas de culte : cependant il faut en excepter une classe qui a des usages religieux marqués. Ceux qui la composent, sont au reste de la nation ce qu'étaient les *initiés* aux *profanes*, ils se donnent le nom d'*Oqqâls*, qui veut dire *spirituels*, par opposé au vulgaire qu'ils appellent *Djâhel* (*ignorant*). Ils ont divers grades d'initiation, dont le plus élevé exige le célibat. On les reconnaît au turban blanc qu'ils affectent de porter, comme un symbole de leur pureté; et ils mettent tant d'orgueil à cette pureté, qu'ils se croient souillés par l'attouchement de tout profane. Si l'on mange dans leur plat, si l'on boit dans leur vase, ils les brisent, et de là l'usage assez répandu dans le pays, d'une espèce de vase à robinet d'où l'on boit sans y porter les lèvres. Toutes leurs pratiques sont enveloppées de mystères : ils ont des *oratoires* toujours *isolés*, toujours placés sur des *lieux hauts*, et ils y tiennent des assemblées secrètes, où les femmes sont admises. On prétend qu'ils y pratiquent quelques cérémonies en présence d'une petite statue qui représente un bœuf ou un veau ; et l'on a voulu déduire de là qu'ils descendaient des Samaritains. Mais outre que ce fait n'est pas avéré, le culte du bœuf pourrait avoir d'autres origines. Ils ont un ou deux livres qu'ils cachent avec le plus grand soin ; mais le hasard a trompé leur jalousie ; car dans une guerre civile qui arriva il y a six à sept ans, l'émir Yousef, qui est *Djâhel*, en trouva un dans le pillage d'un de leurs oratoires. Des personnes qui l'ont lu, assurent qu'il ne contient qu'un jargon mystique, dont l'obscurité fait sans doute le prix pour les adeptes. On y parle du

Hâkem B'amr-eh, par lequel ils désignent *Dieu* incarné dans la personne du kalife : on y fait mention d'une autre vie, d'un lieu de peines et d'un lieu de bonheur, où les *Oqqâls* auront, comme de raison, la première place. On y distingue divers degrés de perfection auxquels on arrive par des épreuves successives. Du reste, ces sectaires ont toute la morgue et tous les scrupules de la superstition : ils sont incommuniquants, parce qu'ils sont faibles ; mais il est probable que s'ils étaient puissants, ils seraient promulgateurs et intolérants. Le reste des Druzes, étranger à cet esprit, est tout-à-fait insouciant des choses religieuses. Les chrétiens qui vivent dans leur pays, prétendent que plusieurs admettent la métempsycose ; que d'autres adorent le soleil, la lune, les étoiles : tout cela est possible ; car, ainsi que chez les *Ansârié*, chacun livré à son sens suit la route qui lui plaît ; et ces opinions sont celles qui se présentent le plus naturellement aux esprits simples. Lorsqu'ils vont chez les Turks, ils affectent des dehors musulmans ; ils entrent dans les mosquées et font les ablutions et la prière. Passent-ils chez les Maronites, ils les suivent à l'église et prennent l'eau bénite comme eux. Plusieurs, importunés par les missionnaires, se sont fait baptiser ; puis sollicités par des Turks, ils se sont laissé circoncire, et ont fini par mourir sans être ni chrétiens, ni musulmans ; ils ne sont pas si inconséquents en matières politiques.

§ IV.

Du gouvernement des Druzes.

Ainsi que les Maronites, les Druzes peuvent se partager en deux classes : le peuple, et les *notables* désignés par le nom de *chaiks* et par celui d'*émirs*, c'est-à-dire *descendants* des *princes*. La condition générale est celle de cultivateur. Soit comme fermier, soit comme propriétaire, chacun vit sur son héritage, travaillant à ses mûriers et à ses vignes : en quelques cantons l'on y joint les tabacs, les cotons et quelques grains, mais ces objets sont peu considérables. Il paraît que dans l'origine, toutes les terres furent, comme jadis parmi nous, aux mains d'un petit nombre de familles. Mais pour les mettre en valeur, il a fallu que les grands propriétaires fissent des ventes et des arrentements; cette subdivision est devenue le principal mobile de la force de l'état, en ce qu'elle a multiplié le nombre des intéressés à la chose publique; cependant il subsiste des traces de l'inégalité première, qui ont encore aujourd'hui des effets pernicieux. Les grands biens que conservent quelques familles, leur donnent trop d'influence sur toutes les démarches de la nation. Leurs intérêts particuliers ont trop de poids dans la balance des intérêts publics. Ce qui s'est passé dans ces derniers temps en a donné des exemples faits pour servir de leçon. Toutes les guerres civiles ou étrangères qui ont troublé le pays, ont été suscitées par l'ambition et les vues personnelles de quelques maisons principales, telles que les *Lesbeks*, les *Djambelâts*, les *Ismaëls de Solyma*, etc. Les chaiks de ces maisons, qui possèdent à eux seuls le 10e du pays, se sont fait des créatures par leur argent, et ils ont fini par entraîner le reste des Druzes dans leurs dissensions. Il est vrai que c'est peut-être à ce conflit de partis divers, que la nation entière a dû l'avantage de n'être point asservie par son chef.

Ce chef, appelé *hâkem* ou *gouverneur*, et aussi *émir* ou *prince*, est une espèce de roi ou général qui réunit en sa personne les pouvoirs civils et militaires. Sa dignité passe tantôt du père aux enfants, tantôt du frère au frère, selon le droit de la force bien plus que selon des lois convenues. Les femmes, dans aucun cas, ne peuvent y former des prétentions à titre d'héritage. Elles sont déja exclues de la succession dans l'état civil; à plus forte raison le seront-elles dans l'état politique. En général les états de l'Asie sont trop orageux, et l'administration y exige trop nécessairement les talents militaires, pour que les femmes osent s'en mêler. Chez les Druzes, lorsque la lignée mâle manque dans la famille régnante, c'est à l'homme de la nation qui réunit le plus de suffrages et de moyens, que passe l'autorité. Mais avant tout, il doit obtenir l'agrément des Turks dont il devient le vassal et le tributaire. Il arrive même qu'à raison de leur suzeraineté, ils peuvent nommer le *hâkem* contre le gré de la nation, ainsi que l'a pratiqué Djezzâr dans la personne d'*Ismaël de Hasbéya;* mais cet état de contrainte ne dure qu'autant qu'il est maintenu par la violence qui l'établit. Les fonctions du gouverneur sont de veiller à l'ordre public, d'empêcher les émirs, les chaiks et les villages de se faire la guerre; il a droit de les réprimer par la force, s'ils désobéissent. Il est aussi chef de la justice, et nomme les *qâdis*, en se réservant toutefois à lui seul le droit de vie et de mort; il perçoit le tribut, dont il paie au pacha une somme convenue chaque année. Ce tribut varie selon que la nation sait se faire redouter : au commencement du siècle, il était de 160 bourses (200,000 livres). *Melhem* força les Turks de le réduire à 60. En 1784, l'émir Yousef en payait 80, et en promettait 90. Ce tribut, que l'on appelle *miri*, est imposé sur les mûriers, sur les vignes, sur les cotons et sur les grains. Tout terrain ensemencé paie à raison de son étendue ; chaque pied de mûrier est taxé 3 medins, c'est-à-dire 3 sous 9 deniers. Le cent de pieds de vigne paie une piastre ou 40 medins. Souvent l'on refait à neuf les rôles de dénombrement; afin de conserver l'égalité dans l'imposition. Les chaiks et émirs n'ont aucun privilége à cet égard, et l'on peut dire qu'ils contribuent aux fonds publics à raison de leur fortune. La perception se fait presque sans frais; chacun paie son contingent à *Dair-el-Qamar*, s'il lui plaît, ou à des collecteurs du prince qui parcourent le pays après la récolte des soies. Le bénéfice du tribut est pour le prince, en sorte qu'il est intéressé à réduire les demandes des Turks : il le serait aussi à augmenter l'impôt; mais cette opération exige le consentement des notables, qui ont le droit de s'y opposer. Leur consentement est également nécessaire pour la guerre et pour la paix. Dans ces cas, l'*émir* doit convoquer des assemblées générales, et leur exposer l'état des affaires. Tout *chaik* et tout paysan qui, par son esprit ou son courage, a quelque crédit, a droit d'y donner sa voix ; en sorte que l'on peut regarder le gouvernement comme un mélange tempéré d'aristocratie, de monarchie et de démocratie. Tout dépend des circonstances : si le gouverneur est homme de tête, il est absolu; s'il en manque, il n'est rien. La raison de cette vicissitude est qu'il n'y a point de lois fixes; et ce cas, qui est commun à toute l'Asie, est la cause radicale de tous les désordres de ses gouvernements.

Ni l'émir principal, ni les émirs particuliers n'entretiennent de troupes : ils n'ont que des gens attachés au service domestique de leur maison, et quelques esclaves noirs. S'il s'agit de faire la guerre, tout homme, chaik ou paysan, en état de porter les armes, est appelé à marcher. Chacun alors prend un petit sac de farine, un fusil, quelques balles, quelque peu de poudre fabriquée dans le village, et il se rend au lieu désigné par le gouverneur. Si c'est une guerre civile, comme il arrive quelquefois, les serviteurs, les fermiers, les amis s'arment chacun pour leur patron, ou pour leur chef de famille, et se rangent autour de lui. Souvent en pareil cas l'on croirait que les partis échauffés vont se porter aux derniers désordres; mais rarement passent-ils aux voies de fait, et surtout au meurtre : il intervient toujours des médiateurs, et la querelle s'apaise d'autant plus vite, que chaque patron est obligé d'entretenir ses partisans de vivres et de munitions. Ce régime, qui a d'heureux effets dans les troubles civils, n'est pas sans abus pour les guerres du dehors : celle de 1784 en a fait preuve. Djezzâr, qui savait que toute l'armée vivait aux frais de l'émir Yousef, affecta de temporiser; les Druzes qui trouvaient doux d'être nourris sans rien faire, prolongèrent les opérations; mais l'émir s'ennuya de payer, et il conclut un traité dont les conditions ont été fâcheuses et pour lui, et par contre-coup pour la nation, puisqu'il est constant que les vrais intérêts du prince et des sujets sont toujours inséparables.

Les usages dont j'ai été témoin dans ces circonstances, représentent assez bien ceux des temps anciens. Lorsque l'émir et les chaiks eurent décidé la guerre à *Dair-el-Qamar*, des crieurs montèrent le soir sur les sommets de la montagne; et là ils commencèrent à crier à haute voix : *A la guerre, à la guerre; prenez le fusil, prenez les pistolets; nobles chaiks, montez à cheval; armez-vous de la lance et du sabre; rendez-vous demain à Dair-el-Qamar. Zèle de Dieu! zèle des combats!* Cet appel, entendu des villages voisins, y fut répété; et comme tout le pays n'est qu'un entassement de hautes montagnes et de vallées profondes, les cris passèrent en peu d'heures jusqu'aux frontières. Dans le silence de la nuit, l'accent des cris et le long retentissement des échos, joints à la nature du sujet, avaient quelque chose d'imposant et de terrible. Trois jours après, il y avait 15,000 *fusils* à Dair-el-Qamar, et l'on eût pu sur-le-champ entamer les opérations.

L'on conçoit aisément que des troupes de ce genre ne ressemblent en rien à notre militaire d'Europe; elles n'ont ni uniformes, ni ordonnance, ni distribution; c'est un attroupement de paysans en casaque courte, les jambes nues et le fusil à la main. A la différence des Turks et des Mamlouks, ils sont tous à pied; les émirs seuls et les chaiks ont des chevaux d'assez peu de service, vu la nature âpre et raboteuse du terrain. La guerre

qu'on y peut faire est purement une guerre de poste.
Jamais les Druzes ne se risquent en plaine ; et ils
ont raison : ils y supporteraient d'autant moins
le choc de la cavalerie, qu'ils n'ont pas même de
baïonnettes à leurs fusils. Tout leur art consiste
à gravir sur les rochers, à se glisser parmi les
broussailles et les blocs de pierre, et à faire de là
un feu assez dangereux, en ce qu'ils sont à couvert, qu'ils tirent à leur aise, et qu'ils ont acquis
par la chasse et des jeux d'émulation, l'habitude
de tirer juste. Ils entendent assez bien les irruptions à l'improviste, les surprises de nuit, les embuscades et tous les coups de main où l'on peut
aborder l'ennemi promptement et corps à corps.
Ardents à pousser leurs succès, prompts à se décourager et à reprendre courage, hardis jusqu'à
la témérité, quelquefois même féroces, ils ont
surtout deux qualités qui font les excellentes
troupes : ils obéissent exactement à leurs chefs,
et sont d'une sobriété et d'une vigueur de santé
désormais inconnues chez les nations civilisées.
Dans la campagne de 1784, ils passèrent trois
mois en plein air, sans tentes, et n'ayant pour
tout meuble qu'une peau de mouton ; cependant
il n'y eut pas plus de malades et de morts que s'ils
eussent été dans leurs maisons. Leurs vivres consistaient, comme en tout autre temps, en petits
pains cuits sous la cendre ou sur une brique, en
oignons crus, en fromage, en olives, en fruit et

quelque peu de vin. La table des chefs était presque aussi frugale, et l'on peut assurer qu'ils ont vécu 100 jours, où un même nombre de Français et d'Anglais ne vivrait pas 10. Ils ne connaissent ni la science des fortifications, ni l'artillerie, ni les campements, en un mot, rien de ce qui fait l'art de la guerre. Mais s'il se trouvait parmi eux quelques hommes qui en eussent l'idée, ils en prendraient facilement le goût, et deviendraient une milice redoutable. Elle serait d'autant plus aisée à former, que les mûriers et les vignes ne suffisent pas pour les occuper toute l'année, et qu'il leur reste beaucoup de temps (1) que l'on pourrait employer aux exercices militaires. Dans les derniers recensements des hommes armés, on en a compté près de 40,000 ; ce qui suppose pour le total de la population environ 120,000 ames : il y a peu à y ajouter, parce qu'il n'y a point de Druzes dans les villes de la côte. La surface du pays étant de 110 lieues carrées, il en résulte pour chaque lieue, 1,090 ames ; ce qui égale la population de nos meilleures provinces. Pour sentir combien est forte cette proportion, l'on observera que le sol est rude, qu'il reste encore beaucoup de sommets incultes, que l'on ne recueille

---

(1) A raison de ce loisir, lorsque la récolte des soies est faite dans le Liban, il en part beaucoup de paysans, qui vont, comme nos Limousins, faire les récoltes dans la plaine.

pas en grains de quoi se nourrir 3 mois par an, qu'il n'y a aucune manufacture, que toutes les exportations se bornent aux soies et aux cotons, dont la balance surpasse de bien peu l'entrée du blé de *Haurán*, des huiles de Palestine, du riz et du café que l'on tire de *Bairout*. D'où vient donc cette affluence d'hommes sur un si petit espace? Toute analyse faite, je n'en puis voir de cause, que le rayon de liberté qui y luit. Là, à la différence du pays turk, chacun jouit, dans la sécurité, de sa propriété et de sa vie. Le paysan n'y est pas plus aisé qu'ailleurs; mais il est tranquille: *il ne craint point,* comme je l'ai entendu dire plusieurs fois, *que l'aga, le quáiemmaquâm, ou le bacha envoient des djendis* (1) *piller la maison, enlever la famille, donner la bastonnade, etc.* Ces excès sont inouis dans la montagne. La sécurité y a donc été un premier moyen de population, par l'attrait que tous les hommes trouvent à se multiplier partout où il y a de l'aisance. La frugalité de la nation, qui consomme peu en tout genre, a été un second moyen aussi puissant. Enfin un troisième est l'émigration d'une foule de familles chrétiennes qui désertent journellement les provinces turkes pour venir s'établir dans le Liban; elles y sont accueillies des Maronites par fraternité de religion, et des Druzes par tolérance

---

(1) Gens de guerre.

et par l'intérêt bien entendu de multiplier dans leur pays le nombre des cultivateurs, des consommateurs et des alliés. Tous vivent en paix; mais je dois dire que les Chrétiens montrent souvent un zèle indiscret et tracassier, propre à la troubler.

La comparaison que les Druzes ont souvent lieu de faire de leur sort, à celui des autres sujets turks, leur a donné une opinion avantageuse de leur condition, qui, par une gradation naturelle, a rejailli sur leurs personnes. Exempts de la violence et des insultes du despotisme, ils se regardent comme des hommes plus parfaits que leurs voisins, parce qu'ils ont le bonheur d'être moins avilis. De là s'est formé un caractère plus fier, plus énergique, plus actif, un véritable esprit républicain. On les cite dans tout le Levant pour être inquiets, entreprenants, hardis et braves jusqu'à la témérité : on les a vus en plein jour fondre dans Damas, au nombre de 300 seulement, et y répandre le désordre et le carnage. Il est remarquable qu'avec un régime presque semblable, les Maronites n'ont point ces qualités au même degré : j'en demandai un jour la raison dans une assemblée où l'on en faisait l'observation, au sujet de quelques faits passés récemment; après un moment de silence, un vieillard maronite écartant sa pipe de sa bouche, et roulant le bout de sa barbe dans ses doigts, me répondit : *Peut-être les Druzes craindraient-ils plus la mort, s'ils croyaient à ce qui la suit.* Ils n'admettent pas non plus la morale du pardon des injures. Personne n'est aussi ombrageux qu'eux sur le point d'honneur. Une insulte dite ou faite à ce nom et à *la barbe*, est sur-le-champ punie de coups de *kandjar* ou de fusil, pendant que chez le peuple des villes, elle n'aboutit qu'à des cris d'injures. Cette délicatesse a causé dans les manières et le propos une réserve ou, si l'on veut, une politesse que l'on est surpris de trouver chez les paysans. Elle passe même jusqu'à la dissimulation et à la fausseté, surtout dans les chefs, que de plus grands intérêts obligent à de plus grands ménagements. La circonspection est nécessaire à tous, par les conséquences redoutables du *talion*, dont j'ai parlé. L'usage peut nous en paraître barbare; mais il a le mérite de suppléer à la justice régulière, toujours incertaine et lente dans des états troublés et presque anarchiques.

Les Druzes ont un autre point d'honneur arabe, celui de l'hospitalité. Quiconque se présente à leur porte à titre de suppliant ou de passager est sûr de recevoir le logement et la nourriture de la manière la plus généreuse et la moins affectée. J'ai vu en plusieurs rencontres de simples paysans donner le dernier morceau de pain de leur maison au passant affamé; et lorsque je leur faisais l'observation qu'ils manquaient de prudence: *Dieu est libéral et magnifique*, répondaient-ils, *et tous les hommes sont freres.* Aussi personne ne s'avise de tenir auberge dans leur pays, non plus que dans le reste de la Turkie. Lorsqu'ils contractent avec leur hôte l'engagement sacré du *pain* et du *sel*, rien ne peut par la suite le leur faire violer : on en cite des traits qui font le plus grand honneur à leur caractère. Il y a quelques années qu'un aga de janissaires, coupable de rébellion, s'enfuit de Damas, et se retira chez les Druzes. Le pacha le sut et le demanda à l'émir, sous peine de guerre ; l'émir le demanda au chaik *Talhouq* qui l'avait reçu ; mais le chaik indigné répondit : *Depuis quand a-t-on vu les Druzes livrer leurs hôtes ? Dites à l'émir que tant que Talhouq gardera sa barbe, il ne tombera pas un cheveu de la tête de son réfugié.* L'émir menaça de l'enlever de force ; Talhouq arma sa famille. L'émir, craignant une émeute, prit une voie usitée comme juridique dans le pays ; il déclara au chaik qu'il ferait couper 50 mûriers par jour, jusqu'à ce qu'il rendît l'aga. On en coupa 1,000, et Talhouq resta inébranlable. A la fin, les autres chaiks indignés prirent fait et cause, et le soulèvement allait devenir général, quand l'aga, se reprochant d'occasioner tant de désordres, s'évada à l'insu même de Talhouq (1).

---

(1) J'ai trouvé dans un recueil manuscrit d'anecdotes arabes un autre trait qui, quoique étranger aux Druzes, me semble trop beau pour être omis.

Les Druzes ont aussi le préjugé des Bedouins sur la naissance : comme eux, ils attachent un

« Au temps des kalifes, dit l'auteur, lorsque *Abdalah* le
« *verseur de sang* eut égorgé tout ce qu'il put saisir de des-
« cendants d'*Ommiah*, l'un d'eux, nommé *Ébrahim*, fils de
« *Soliman*, fils d'*Abd-el-Malek*, eut le bonheur d'échapper,
« et se sauva à Koufa, où il entra déguisé. Ne connaissant per-
« sonne à qui il pût se confier, il entra au hasard sous le por-
« tique d'une grande maison, et s'y assit. Peu après le maître
« arrive, suivi de plusieurs valets, descend de cheval, entre,
« et, voyant l'étranger, il lui demande *qui il est*. Je suis un in-
« fortuné, répond Ébrahim, qui te demande *l'asyle*. Dieu te
« protège, dit l'homme riche ; entre, et sois en paix. Ébrahim
« vécut plusieurs mois dans cette maison, sans que son hôte lui
« fît de questions. Mais lui-même, étonné de le voir tous les
« jours sortir et rentrer à cheval à la même heure, se hasarda
« un jour à lui en demander la raison. J'ai appris, répondit
« l'homme riche, qu'un nommé Ébrahim, fils de Soliman,
« est caché dans cette ville : il a tué mon père, et je le cherche
« pour prendre mon *talion*. *Alors je connus*, dit Ébrahim,
« *que Dieu m'avait conduit là à dessein ; j'adorai son décret,
« et, me résignant à la mort,* je répliquai : *Dieu a pris ta cause ;
« homme offensé, ta victime est à tes pieds.* L'homme riche
« étonné répondit : O étranger ! je vois que l'adversité te pèse,
« et qu'ennuyé de la vie, tu cherches un moyen de la perdre ;
« mais ma main est liée pour le crime. Je ne te trompe pas,
« dit Ébrahim : ton père était un tel ; nous nous rencontrâmes
« en tel endroit, et l'affaire se passa de telle et telle manière.
« Alors un tremblement violent saisit l'homme riche ; ses dents
« se choquèrent comme à un homme transi de froid, ses yeux
« étincelèrent de fureur, et se remplirent de larmes. Il resta
« ainsi quelque temps le regard fixé contre terre ; enfin, levant
« la tête vers Ébrahim : Demain le sort, dit-il, te joindra à
« mon père ; et Dieu aura pris mon talion. Mais, moi, comment
« violer l'asyle de ma maison ? Malheureux étranger, fuis de
« ma présence ; tiens, voilà 100 sequins ; sors promptement ;
« et que je ne te revoie jamais. »

grand prix à l'ancienneté des familles : cependant l'on ne peut pas dire qu'il en résulte des inconvénients essentiels. La noblesse des émirs et des chaiks ne les dispense pas de payer le tribut, en proportion de leurs revenus ; elle ne leur donne aucune prérogative, ni dans la possession des biens-fonds, ni dans celle des emplois. On ne connaît dans le pays, non plus que dans toute la Turkie, ni droits de chasse, ni glèbe, ni dîmes seigneuriales ou ecclésiastiques, ni francs-fiefs, ni lods et ventes : tout est, comme l'on dit, en *franc-aleu* : chacun, après avoir payé son miri, sa ferme ou sa rente, est maître chez soi. Enfin, par un avantage particulier, les Druzes et les Maronites ne paient point le rachat des successions, et l'émir ne s'arroge pas, comme le sultan, la propriété foncière et universelle : néanmoins il existe dans la loi des héritages un abus qui a de fâcheux effets. Les pères ont, comme dans le droit romain, la faculté d'avantager tel de leurs enfants qu'il leur plaît ; et de là il est arrivé, dans plusieurs familles de chaiks, que tous les biens se sont rassemblés sur un même sujet, qui s'en est servi pour intriguer et cabaler, pendant que ses parents sont demeurés, comme l'on dit, *princes d'olives et de fromage* ; c'est-à-dire pauvres comme des paysans.

Par une suite de leurs préjugés, les Druzes n'aiment pas à s'allier hors de leurs familles. Ils préfèrent toujours leur parent, fût-il pauvre, à un étranger riche; et l'on a vu plus d'une fois de simples paysans refuser leurs filles à des marchands de Saïde et de Baîrout, qui possédaient 12 et 15,000 piastres. Ils conservent aussi jusqu'à un certain point l'usage des Hébreux, qui voulait que le frère épousât la veuve du frère; mais il ne leur est pas particulier, et ils le partagent, ainsi que plusieurs autres de cet ancien peuple, avec les habitants de la Syrie, et en général avec les peuples arabes.

En résumé, le caractère propre et distinctif des Druzes, est, comme je l'ai dit, une sorte d'esprit républicain qui leur donne plus d'énergie qu'aux autres sujets turks, et une insouciance de religion qui contraste beaucoup avec le zèle des musulmans et des chrétiens. Du reste, leur vie privée, leurs usages, leurs préjugés sont ceux des autres Orientaux. Ils peuvent épouser plusieurs femmes, et les répudier quand il leur plaît; mais, à l'exception de l'émir et de quelques notables, les cas en sont très-rares. Occupés de leurs travaux champêtres, ils n'éprouvent point ces besoins factices, ces passions exagérées que le désœuvrement donne aux habitants des villes. Le voile que portent leurs femmes est lui-même un préservatif de ces désirs qui troublent la société. Chaque homme ne connaît de visage de femme que celui de la sienne, de sa mère, de sa sœur et de sa belle-sœur. Chacun vit au sein de sa famille et se répand peu au dehors. Les femmes, celles même des chaiks, pétrissent le pain, brûlent le café, lavent le linge, font la cuisine, en un mot, vaquent à tous les ouvrages domestiques. Les hommes cultivent les vignes et les mûriers, construisent des murs d'appui pour les terres, creusent et conduisent des canaux d'arrosement. Seulement le soir ils s'assemblent quelquefois dans la cour, l'aire ou la maison du chef du village ou de la famille; et là, assis en rond, les jambes croisées, la pipe à la bouche, le poignard à la ceinture, ils parlent de la récolte et des travaux, de la disette ou de l'abondance, de la paix ou de la guerre, de la conduite de l'émir, de la quantité de l'impôt, des faits du passé, des intérêts du présent, des conjectures de l'avenir. Souvent les enfants, las de leurs jeux, viennent écouter en silence; et l'on est étonné de les voir, à 10 ou 12 ans, raconter d'un air grave pourquoi *Djezzâr* a déclaré la guerre à l'émir *Yousef,* combien le prince a dépensé de bourses, de combien l'on augmentera le miri, combien il y avait de *fusils* au camp, et qui possédait la meilleure jument. Ils n'ont pas d'autre éducation : on ne leur fait lire ni les psaumes, comme chez les Maronites, ni le *Qôran,* comme chez les musulmans; à peine les chaiks savent-ils écrire un billet. Mais, si leur esprit est vide de connaissances utiles ou agréables, du moins n'est-il pas préoccupé d'idées fausses et nuisibles; et sans doute cette ignorance de la nature vaut bien la sottise de l'art. Il en est du moins résulté un avantage; qui est que les esprits étant tous à peu près égaux, l'inégalité des conditions ne s'est pas rendue aussi sensible. En effet, l'on ne voit point chez les Druzes cette grande distance entre les rangs qui, dans la plupart des sociétés, avilit les petits sans améliorer les grands. Chaiks ou paysans, tous se traitent avec cette familiarité raisonnable qui ne tient ni de la licence, ni de la servitude. Le grand émir lui-même n'est point un homme différent des autres : c'est un bon gentilhomme campagnard, qui ne dédaigne pas de faire asseoir à sa table le plus simple fermier. En un mot, ce sont les mœurs des temps anciens, c'est-à-dire les mœurs de la vie champêtre; par laquelle toute nation a été obligée de commencer; en sorte que l'on peut établir que tout peuple chez qui on les trouve n'est encore qu'à la première époque de son état social.

§ V.

Des Motouâlis.

A l'orient du pays des Druzes, dans la vallée profonde qui sépare leurs montagnes de celles du pays de Damas, habite un autre petit peuple connu en Syrie sous le nom de *Motouâlis*. Le caractère qui les distingue des autres habitants de la Syrie est qu'ils suivent le parti d'Ali, comme les Persans, pendant que tous les Turks suivent celui d'*Omar* ou de *Moâouia.* Cette distinction, fondée sur le schisme qui, l'an 36 de l'hedjire, partagea les Arabes sur les *successeurs* de Mahomet, entretient, comme je l'ai dit, une haine irréconciliable entre les deux partis. Les sectateurs d'Omar, qui se regardent comme seuls *orthodoxes*, se qualifient de *Sonnites*, qui a le même sens, et appellent leurs adversaires *Chiites*, c'est-à-dire *sectateurs* (d'Ali). Le mot de *motouâli* a la même signification dans le dialecte de Syrie. Les sectateurs d'Ali, qui prennent ce nom en mauvaise part, y substituent celui d'*Adlié*, qui veut dire partisans de la *justice* (littéralement justiciers); et ils ont pris cette dénomination en conséquence d'un point de doctrine qu'ils ont élevé contre la croyance des *sonnites.* Voici ce qu'en dit un petit ouvrage arabe, intitulé: *Fragments théologiques sur les sectes et religions du monde* (1).

« On appelle *Adlié* ou *Justiciers*, des sectaires
« qui prétendent que Dieu n'agit que par des
« principes de justice conformes à la raison des
« hommes. Dieu ne peut, disent-ils, proposer
« un culte impraticable, ni ordonner des actions
« impossibles, ni obliger à des choses hors de
« portée : mais en ordonnant l'obéissance, il donne
« la faculté, il éloigne la cause du mal, il permet

---

(1) Abârât-el-Motka lamin fi mazáheb oua Dianât-el-Dònia.

« le raisonnement; il demande ce qui est facile,
« et non ce qui est difficile; il ne rend point res-
« ponsable de la faute d'autrui; il ne punit point
« d'une action étrangère; il ne trouve pas mau-
« vais dans l'homme ce que lui-même a créé en
« lui, et il n'exige pas qu'il prévienne ce que la
« destinée a décrété sur lui, parce que cela serait
« une *injustice* et une *tyrannie* dont Dieu est in-
« capable par la perfection de son être. » A cette
doctrine, qui choque diamétralement celle des
Sonnites, les Motouâlis ajoutent des pratiques
exterieures qui entretiennent leur aversion mu-
tuelle. Par exemple, ils maudissent Omar et
Moâouia comme usurpateurs et rebelles : ils célèbrent Ali et Hosain comme saints et martyrs.
Ils commencent les ablutions par le coude, au
lieu de les commencer par le bout du doigt,
comme les Turks; ils se réputent souillés par l'attouchement des étrangers; et, contre l'usage général du Levant, ils ne boivent ni ne mangent
dans le vase qui a servi à une personne qui n'est
pas de leur secte, ils ne s'asseyent même pas à
la même table.

Ces principes et ces usages, en isolant les Motouâlis de leurs voisins, en ont fait une société
distincte. On prétend qu'ils existent depuis long-
temps en corps de nation dans cette contrée; cependant leur nom n'a point paru avant ce siècle
dans les livres; il n'est pas même sur les cartes

de d'Anville : La Roque, qui parlait de leur pays il y a moins de cent ans, ne les désigne que par celui d'*Amédiens*. Quoi qu'il en soit, ils ont dans ces derniers temps fixé l'attention de la Syrie par leurs guerres, leurs brigandages, leurs progrès et leurs revers. Avant le milieu du siècle, ils ne possédaient que Balbek, leur chef-lieu, et quelques cantons dans la vallée et dans l'Anti-Liban, d'où ils paraissent originaires. A cette époque on les trouve gouvernés comme les Druzes, c'est-à-dire partagés sous un nombre de *chaiks* ayant un chef principal, tiré de la famille de *Harfouche*. Après 1750, ils s'étendirent dans le haut du Beqââ, et s'introduisirent dans le Liban, où ils occupèrent des terrains appartenants aux Maronites jusque vers *Becharrai*. Ils les incommodèrent même par leurs brigandages, au point que l'émir Yousef se vit obligé de les attaquer à force ouverte et de les chasser. D'autre part, leurs progrès les avaient conduits le long de leur rivière jusqu'auprès de *Sour* (Tyr). Ce fut dans ces circonstances, en 1760, que Dâher eût l'adresse de se les attacher. Les pachas de Saïde et de Damas réclamaient des tributs qu'on négligeait de leur payer ; ils se plaignaient de divers dégâts causés à leurs sujets par les Motouâlis : ils eussent voulu les châtier ; mais la vengeance n'était ni sûre ni facile. Dâher intervint; il se rendit caution du tribut, promit de surveiller les déprédations, et par ce moyen, il s'acquit des alliés qui pouvaient, disait-on, armer dix mille cavaliers, tous gens résolus et redoutés. Peu de temps après, ils s'emparèrent de *Sour* (Tyr), et ils firent de ce village leur entrepôt maritime : en 1771, ils servirent utilement Ali-Bek et Dâher contre les Ottomans. Mais pendant leur absence, l'émir Yousef ayant armé les Druzes, vint saccager leur pays. Il était devant le château de Djezîn, quand les Motouâlis revenant de Damas, apprirent la nouvelle de cette invasion. Au récit des barbaries qu'avaient commises les Druzes, un corps avancé de 500 hommes seulement fut tellement saisi de rage, qu'il poussa sur-le-champ vers l'ennemi, résolu de périr en se vengeant. Mais la surprise et le désordre qu'ils jetèrent, et la discorde qui régnait entre les factions de Mansour et de Yousef, favorisèrent cette manœuvre désespérée, au point que toute l'armée, composée de vingt-cinq mille hommes, subit la déroute la plus complète. Dans les années suivantes, les affaires de Dâher ayant pris une fâcheuse tournure, les Motouâlis se refroidirent pour lui; enfin ils l'abandonnèrent dans la catastrophe où il perdit la vie. Mais ils ont porté la peine de leur imprudence sous l'administration du pacha qui lui a succédé. Depuis l'année 1777, Djezzâr, maître d'*Acre* et de *Saide*, n'a cessé de travailler à leur perte. Sa persécution les força en 1784 de se réconcilier avec les Druzes et de faire cause commune avec l'émir Yousef, pour lui résister. Quoique réduits à moins de 700 fusils, ils firent plus dans cette campagne que 15 à 20,000 Druzes et Maronites rassemblés sous Dair-el-Qamar. Eux seuls enlevèrent le lieu fort de *Mar-Djébaa*, et passèrent au fil du sabre 50 à 60 *Arnautes* (1) qui le gardaient. Mais la mésintelligence des chefs druzes ayant fait avorter toutes les opérations, le pacha a fini par s'emparer de toute la vallée et de la ville même de Balbek. A cette époque, on ne comptait pas plus de 500 familles de Motouâlis, qui se sont réfugiées dans l'Anti-Liban et dans le Liban des Maronites; et désormais proscrites de leur sol natal, il est probable qu'elles finiront par s'anéantir, et par emporter avec elles le nom même de cette nation.

Tels sont les peuples particuliers qui se trouvent compris dans l'enceinte de la Syrie. Le reste de la population qui forme la plus grande masse, est, comme je l'ai dit, composé de Turks, de Grecs, et de la race arabe. Il me reste à faire un tableau de la distribution géographique du pays, selon l'administration turke, et à y joindre quelques considérations générales sur le résultat des forces et des revenus, sur la forme du gouvernement, et enfin sur le caractère et les mœurs de ces peuples.

---

(1) **Nom** que les Turks donnent aux soldats Macédoniens et aux Épirotes.

Mais avant de passer à ces objets, je crois devoir donner une idée des mouvements qui ont failli dans ces derniers temps causer une révolution importante, et susciter en Syrie une puissance indépendante : je veux parler de l'insurrection du chaik *Daher*, qui pendant plusieurs années a attiré les regards des politiques. Un exposé succinct de son histoire sera d'autant plus intéressant, qu'il est neuf, et que ce que l'on en a appris par les nouvelles publiques, a été peu propre à donner une idée juste de l'état des affaires dans ces pays éloignés.

FIN DU TOME PREMIER.

TABLE DES MATIÈRES

CONTENUES DANS CE VOLUME.

ÉTAT PHYSIQUE DE L'ÉGYPTE.

                                                 Page.

CHAPITRE PREMIER. — De l'Égypte en général, et de la ville d'Alexandrie.. 1
CHAP. II. — Du Nil, et de l'extension du Delta....... 14
CHAP. III. — De l'exhaussement du Delta............ 27
CHAP. IV. — Des vents et de leurs phénomènes...... 44
CHAP. V. — Du climat et de l'air.................... 54

ÉTAT POLITIQUE DE L'ÉGYPTE.

CHAPITRE Ier. — Des diverses races des habitants de l'Égypte... 59
CHAP. II. — Précis de l'histoire des Mamlouks........ 80
CHAP. III. — Précis de l'histoire d'Ali-Bek........... 92
CHAP. IV. — Précis des événements arrivés depuis la mort d'Ali-Bek jusqu'en 1785...................... 114
CHAP. V. — État présent de l'Égypte................ 129
CHAP. VI. — Constitution de la milice des Mamlouks.. 131
   § I. Vêtements des Mamlouks..................... 134
   § II. Équipage des Mamlouks...................... 136
   § III. Armes des Mamlouks........................ 138
   § IV. Éducation et exercices des Mamlouks......... 140
   § V. Art militaire des Mamlouks................... 142
   § VI. Discipline des Mamlouks..................... 144
   § VII. Mœurs des Mamlouks....................... 146
   § VIII. Gouvernement des Mamlouks............... 147

	Page.
Chap. VII.	149
§ I. État du peuple en Égypte.	ibid.
§ II. Misère et famine des dernières années.	152
§ III. État des arts et des esprits	162
Chap. VIII. — État du commerce.	163
Chap. IX. — De l'isthme de Suez, et de la jonction de la mer Rouge à la Méditerranée.	166
Chap. X. — Des douanes et des impôts.	175
Du commerce des Francs au Kaire	178
Chap. XI. — De la ville du Kaire.	183
Population du Kaire et de l'Égypte.	186
Chap. XII. — Des maladies de l'Égypte.	189
§ I. De la perte de la vue.	ibid.
§ II. De la petite-vérole.	193
§ III. De la peste.	199
Chap. XIII. — Tableau résumé de l'Égypte.	203
Des exagérations des voyageurs.	210
Chap. XIV. Des ruines et des pyramides.	213
Note.	226

ÉTAT PHYSIQUE DE LA SYRIE.

Chapitre Ier. — Géographie et histoire naturelle de la Syrie	258
§ I. Aspect de la Syrie.	260
§ II. Des montagnes.	261
§ III. Structure des montagnes	269
§ IV. Volcans et tremblements.	271
§ V. Des sauterelles.	273
§ VI. Qualités du sol.	275
§ VII. Des rivières et des lacs.	276
§ VIII. Du climat.	279
§ IX. Qualités de l'air.	286
§ X. Qualités des eaux.	288
§ XI. Des vents.	289
Chap. II. — Considérations sur les phénomènes des vents, des nuages, des pluies, des brouillards et du tonnerre.	292

ÉTAT POLITIQUE DE LA SYRIE.

                                                                  Page.
CHAPITRE Ier. — Des habitants de la Syrie............ 314
CHAP. II. — Des peuples pasteurs ou errants de la Syrie. 324
  § I. Des Turkmans................................ *ibid.*
  § II. Des Kourdes................................. 326
  § III. Des Arabes-Bédouins....................... 330
CHAP. III. — Des peuples agricoles de la Syrie........ 363
  § I. Des Ansârié................................. *ibid.*
  § II. Des Maronites.............................. 369
  § III. Des Druzes............................... 388
  § IV. Du gouvernement des Druzes................ 411
  § V. Des Motouâlis.............................. 427

FIN DE LA TABLE.

VUE DU SPHINX.

VUE DES PYRAMIDES DE DJIZÉ

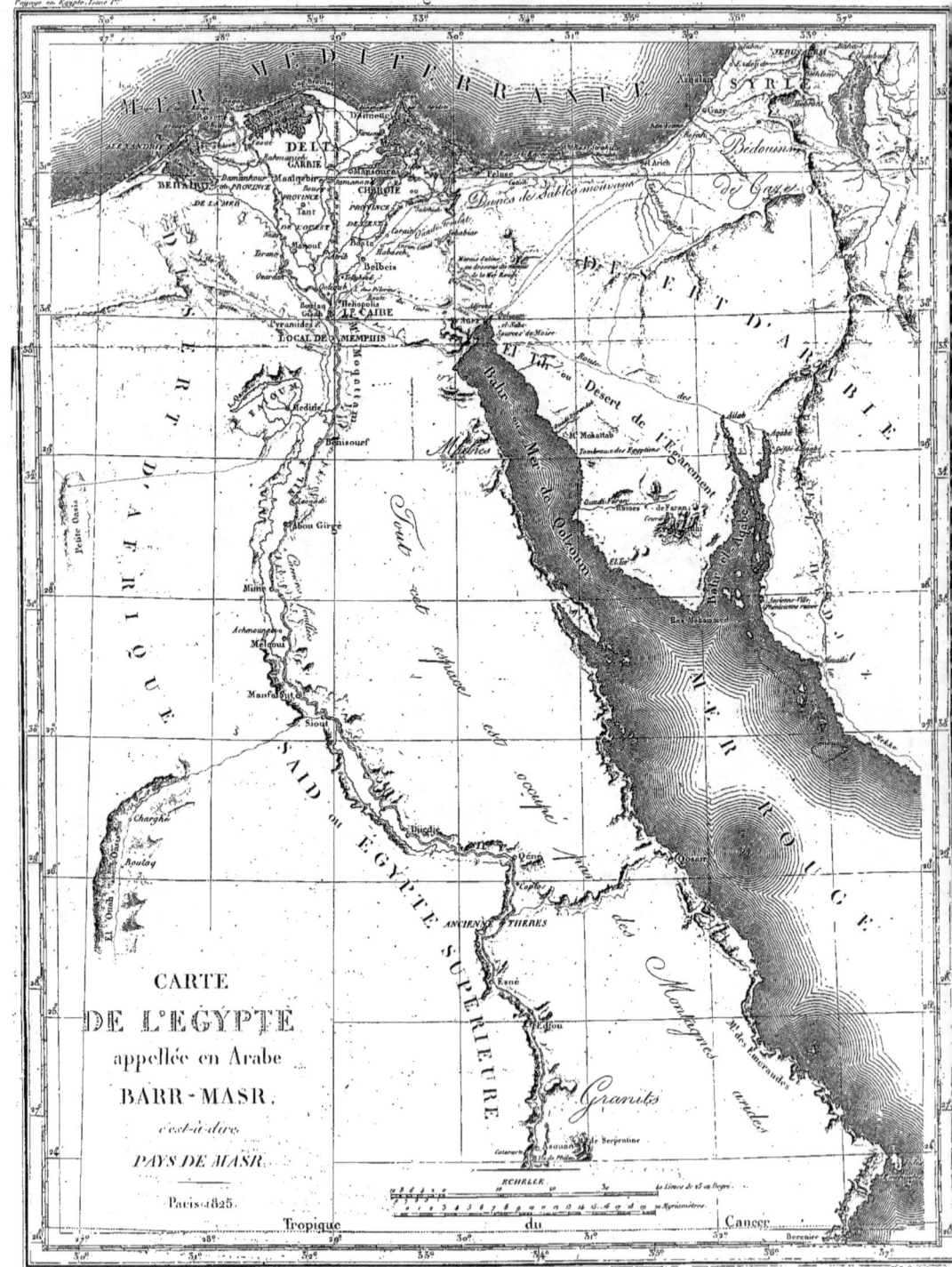

www.ingramcontent.com/pod-product-compliance
Lightning Source LLC
Chambersburg PA
CBHW071109230426
43666CB00009B/1890